KB144733

끌리는 아이디어의 비밀

신호진 지음

BM 성안당
www.cyber.co.kr

끌리는
아이디어의
비밀

신호진 지음

왜 남들과 다르게 생각해야 할까?

아주 멀고 먼 옛날, 단세포였던 최초의 생물은 알 수 없을 정도의 느린 속도로 진화하면서 바다와 육지 사이에 저마다의 몸짓으로 살게 되었습니다. 유한한 생명을 가진 생물들은 살기 위해서 자신의 유전자를 전달하기를 원했습니다. 처음에는 자신을 복제하며 개체 수를 늘렸지만 변화무쌍한 환경에 적응하기 위해 세포들은 자기 자신의 유전자를 조합하는 것보다 다른 유전자를 조합하여 번식하는 것이 더 이득이라는 것을 깨닫습니다. 이러한 번식 방법은 새로운 조합으로 유전자 다양성을 높여 환경의 변화에 잘 적응할 수 있는 개체의 탄생 확률을 높이게 됩니다. 자연이 다양한 모습을 갖추게 된 이유입니다. 우리가 세상에서 특별한 단 하나의 존재일 수 있는 것도 다양성이 주는 이익 때문입니다.

하지만 아이러니하게도 사람들은 질서를 좋아합니다. 어찌나 정돈된 것을 좋아하는지, 독일에서는 하르츠 지역의 거대한 원시림을 정리하고 노르웨이산 가문비나무로 가지런히 줄지은 숲을 만드는 프로젝트를 진행했습니다. 독일의 산림학자들이 목재 생산에 초점을 맞춰 숲을 정돈하자는 제안을 한 것입니다. 이상적인 목재의 가문비나무로 조성한 숲은 원시림이 만들어 놓았던 비옥한 토지 위에서 잘 자라났습니다. 하지만 곧 이 울창한 숲은 고사하였거나 죽은 줄기가 널려있는 그야말로 폐허의 숲이 되었습니다. 2세대와 3세대 가문비나무들은 그들의 1세대 나무가 남긴 산성화된 환경에서 자라날 수 없었기 때문이었습니다. 게다가 하나의 종으로 정돈된 숲은 가문비나무를 좋아하는 기생식물과 진균류의 신나는 식탁이 되었습니다.

창의적 아이디어는 생물의 다양성과 닮아 있습니다. 개인의 삶부터 조직에서의 팀 구성 그리고 경제까지, '같지 않다는 것'은 건강하다는 것을 입증합니다. 획일화된 사고방식에서는 창의성의 씨앗이 싹트기 어렵습니다. 창의적 사고와 생물 다양성, 두 과정 모두 결론적으로 더 나은 결과를 만들기 위한 끊임없는 노력입니다. 이런 노력으로 인해 자연은 아름다운 조화를 이루고 새로운 아이디어는 혁신의 원천이 됩니다.

그렇다면 창의적 아이디어는 어떻게 얻을 수 있는 것일까요? 좋은 아이디어들은 마치 우리가 다른 나라의 언어를 습득하듯이 노력하면 발전시킬 수 있다고 합니다. 그래서 많은 전문가들은 많이 경험하고 배우고 즐기라고 조언합니다. 확실히 창의력은 열정과 전문성 그리고 모험의 부산물이지만 회의 5분 전,

프로젝트 제출 하루 전과 같이 단시간에 참신한 아이디어를 내야 할 때는 이야기가 달라집니다. 근본적인 창의력 개발은 어렵고 더디게 진행됩니다. 아이디어의 재료인 은유를 연결시킬 다양한 경험들은 한 번에 이루어지기 어렵고, 번쩍하는 유레카의 순간은 숙성 기간이 필요하기 때문입니다.

모니터 앞에 앉아서 아이디어를 떠올릴 때 느끼는 답답함은 필자만의 경험이 아니었습니다. 내가 알고 있는 지식의 풀에서 창발적 순간을 경험하기는 어렵습니다. 거꾸로 보기, 대체하기, 삭제하기 등 추상적인 개념보다 지금 당장, 실제로 적용할 수 있는 아이디어가 필요합니다. 그래서 현장에서 바로 쓸 수 있는 다양한 최신 광고와 마케팅 사례 위주로 선별하려고 노력했습니다. 인식의 풀을 넓힌다면 아이디어의 재료가 늘어날 것입니다. 그리고 그 아이디어들이 왜 끌리는지에 대한 심리 기저를 알면 응용하는 것뿐만 아니라 다른 사람을 설득할 때에도 도움이 될 것이라고 생각합니다.

1장에서는 창의적인 아이디어가 왜 필요한지, 어떤 것이 창의적인 아이디어인지에 대해 살펴보고자 합니다. 지금과는 다른 생각, 어제보다는 다른 시도가 발전된 내일을 만듭니다. 창의성이 무엇인지, 창의성을 가로막는 요인들이 무엇인지를 안다면 좀 더 쉽게 아이디어에 접근할 수 있을 것입니다.

2장에서는 효과적인 아이디어를 조합하기 위해 쓰이는 발상법을 소개합니다. 아이디어는 돌연변이처럼 아주 새로운 변화가 필요하기도 하지만 대부분은 염색체의 조합으로 서로 다름을 만들어 내는 자연의 섭리처럼 이미 있는 것들을 연결해보는 것에서 시작됩니다.

3장에서는 연결에 사용할 수 있는 생각의 재료들을 담았습니다. 다양한 아이디어들을 아는 것은 다른 것과 연결지을 수 있는 점들을 많이 만드는 것과 같기 때문입니다.

'자연은 순수를 혐오한다.' 생물학자 윌리암 해밀턴(William D. Hamilton) 교수가 남긴 말입니다. 일사불란한 집단은 절대로 창의성을 발휘하지 못한다는 뜻입니다. 다양성의 필요는 집단뿐만 아니라 개인이 삶을 꾸려나가는데도 적용된다고 생각합니다. 매일 똑같은 일상, 똑같은 생각, 똑같은 사람들을 만나다보면 지금 일어나고 있는 사회의 복잡성, 불확실성에 취약할 수밖에 없습니다. 독자 여러분들이 이 책을 통해 여행을 떠나듯이 잠시 이방인이 되어 자신의 문제를 바라볼 수 있었으면 좋겠습니다. 우리에게 그런 순간들은 실제로 자주 필요하지만 그것을 해결할 시간은 제한적입니다. 머리가 아파오고 가슴이 답답할 때 필요한 파트에서 구슬을 골라내듯 잡히는 대로 읽으면 됩니다. 다양한 아이디어를 통해 필요한 아이디어의 실마리를 잡고, 마침내는 색다른 나만의 접근법을 가질 수 있기를 바랍니다.

신호진

Part 3. 창의적인 발상을 위한 30가지 응급처치 발상법

당신은 얼마나 창의적인 사람인가요?

조시 링크너(Josh Linkner), 창의성 테스트 인용 https://joshlinkner.com/

창의성 테스트

01 나는 사소한 일이라도 좀 더 다르게 생각하기 위해 준비하는 시간을 가진다.
(회의/대화/타인과의 상호 작용 등)

02 프로젝트를 시작하기 전에 프로젝트에서 창의적으로 해결할 수 있는 부분이 무엇인지
명확히 이해한다.

03 프로젝트를 진행할 때 새로운 아이디어를 위해 필요하다면 기꺼이 위험 부담을 감수할 수 있다.

04 내 주변에는 항상 영감을 받을 수 있는 것들이 무궁무진하다.

05 나의 아이디어는 대부분 동료들이나 친구들의 것과 다르다.

06 팀이 협동해서 일을 할 때는 그 주제에 대해 경험이 많거나 아는 것이 많은 사람의 의견이 아니라
창의적인 아이디어를 지지해야 한다.

07 나는 기본적으로 호기심이 많고, 창의적인 사람이라고 생각한다.

08 나는 정기적으로 내가 하고 있는 일들에 대해 의문을 던지고 새로운 시각으로 보려고 노력한다.

09 창의적으로 프로젝트를 진행하기 위한 나만의 방식, 나만의 방법론이 있다.

10 나는 주어진 도전거리를 해결할 때 수월하게 처리하는 편이다.

11 풍부하고 생산적인 아이디어를 위해, 브레인스토밍 시간을 즐겁게, 집중하면서 보낸다.

12 도출한 여러가지 아이디어에서 좋은 아이디어를 골라내는 기준을 가지고 있다.

13 나의 직장 / 학교에서는 프로젝트를 창의적인 사고 방식으로 해결하도록 장려하는 편이다.

14 평범한 일상 속에서 더 나은 방식으로 해결할 수 있는 방법에 대해서 지속적으로 생각하는 편이다.

15 창의적인 사고로 프로젝트를 수행해야 할 때, 일상적인 환경을 벗어나 새로운 장소를 찾는 편이다.

16 나는 프로젝트가 작거나 크거나, 중요도가 높거나 낮거나 새로운 방식으로 접근하려고 한다.

당신은 얼마나 창의적인 사람인가요? 어떤 일이든 자신의 지금 상태를 아는 것은 매우 중요합니다. 나는 어떤 사람인지 스스로 체크할 수 있는 체크리스트를 준비했습니다. 전체 점수로 창의성 지수를 알아보고, 항목별 평가를 통해 어떤 부분이 부족한지, 어떤 부분을 더 잘하고 있는지 확인해 볼 수 있을 것입니다. 자, 그럼 지금부터 여유를 가지고 시작해 보세요.

17	혼자 또는 그룹으로 새로운 아이디어를 도출할 때 필요한 다양한 방법론들을 알고 있다.
18	나는 내가 낸 아이디어의 창의적 수준을 측정하는 방법을 알고 있다.
19	나의 직장 / 학교에서는 창의적으로 문제를 해결하느냐에 중점을 두고, 그에 따라 보상을 받는다.
20	나는 모든 일에서 '당연함'은 없다고 생각하고 질문을 던지려 노력한다.
21	나는 새로운 것을 만들 때, 기존의 아이디어를 카피하는 경우가 거의 없다.
22	나는 상상력이 더 이상 발휘되지 않을 때 해결할 수 있는 나만의 노하우가 있다.
23	주변사람들은 내가 기발하고 재치있게 문제를 해결하는 편이라고 생각한다.
24	좋은 아이디어가 떠오르면 바로 시도하기보다는 좀 더 발전시킬 수 있는 방법이 없을지 다양하게 방법을 모색한다.
25	새로움에 대한 가치는 다른 가치보다 우선되어야 한다.
26	나는 변화를 잘 감지하고, 나의 주변 환경에 대한 관찰력이 높은 편이다.
27	다른 사람들에게 새로운 아이디어에 설명할 때 거리낌이 없으며 두려움을 느끼지 않는다.
28	일상에서 다양한 비유적 표현을 사용하는 편이다.
29	프로젝트에서의 제약 조건은 다른 방식으로 문제를 바로 볼 수 있는 기회라고 생각한다.
30	아무리 엉뚱한 아이디어라도 그것을 실행하기 위한 방법을 잘 생각해낸다.

5점 척도 매우 그렇다 | 그렇다 | 그저 그렇다 | 그렇지 않다 | 전혀 그렇지 않다

1. 다음 표에 해당 번호에 대한 질문의 답을 적습니다. (5점 척도)
2. 표에서 각 열의 합을 계산합니다.
3. 다섯 열의 합을 모두 더하여 총 점수를 계산합니다.

	A		B		C		D		E		F
1		2		3		4		5		6	
7		8		9		10		11		12	
13		14		15		16		17		18	
19		20		21		22		23		24	
25		26		27		28		29		30	
합계		합계		합계		합계		합계		합계	
총 합계											

총 점수에 대한 결과

130~150 ➜ 잔고 두둑한 아이디어 뱅크! 다양한 아이디어 사례들을 함께 살펴보며 강점을 더욱 튼튼하게 만들어 보세요!

대부분의 사람들보다 높은 수준의 창의성을 가지고 있습니다. 이 구간에 속하는 사람들은 자신이 가지고 있는 창의성을 온전히 발휘하고 있으며, 그러한 사고방식을 존중해주고 장려하는 분위기의 학교 / 회사에 소속되어 있습니다. 창의성을 지속적으로 개발하기 위한 열정을 가지고 있으며, 잠재력을 더욱 발휘하기 위한 노력도 꾸준히 하고 있습니다.

110~129 ➜ 창의력 꿈나무! 발전시킬 잠재력이 풍부한 사람입니다. 다양한 방법론을 통해 제약까지도 기회로 바꿔 보세요!

창의성이 좋은 편에 속하는 당신, 늘 반짝이지는 않지만 결정적 순간에 별똥별처럼 빛을 냅니다. 하지만 더 많이 향상시킬 여지 또한 존재합니다. 아이디어의 편차를 줄여 봅시다. 다양한 방법론을 통해 어떠한 상황에서도 유연하게 문제 해결을 해내는 실력을 향상시킬 수 있습니다.

85~109 ➜ 새로운 생각이 어색한가요? 용기있는 도전이 필요합니다!

당신은 전체의 60퍼센트에 해당하는 그룹에 속해 있습니다. 아쉽게도 당신의 잠재력은 상당 부분이 제한되어 있습니다. 스스로 자신의 표현 욕구를 개발하지 않거나 현재의 상황이 안주하도록 만들고 있는지도 모릅니다. 자신이 창의적이지 않다고 생각해 당신의 아이디어를 다른 사람과 공유하고 표현하기를 꺼립니다. 아이디어를 위한 다양한 사고를 훈련하는 연습을 통해 발전하려는 노력이 필요합니다.

84 이하 ➜ 귀차니즘, 방치하기보다 극복하는 것이 중요합니다!

당신은 큰 변화를 좋아하지 않습니다. 당신은 창의성이 부족한 사람이 아니라 창의적인 노력을 게을리하는 사람인지도 모릅니다. 아이디어에도 노력이 필요합니다. 업무나 일상의 일들에 쫓기다 보면 새로움에 대한 갈망조차 미루는 경우가 많죠. 일상에서의 작은 것 하나하나를 바꿔나가다 보면 자신감을 얻을 수 있고, 큰 틀에서 생각할 수 있는 발판을 만들 수 있습니다. 막막하지만 사고의 패턴을 알아가고 다양한 사례를 통해 이해를 높인다면 새로운 도전을 시작할 용기를 얻을 수 있을 것입니다.

각 칼럼별 점수

22~25 우수함 **19~21** 평균 이상 **17~18** 평균 **16** 평균 이하

각 칼럼의 점수는 창의력이 포함되어 있는 각 요소들을 나타냅니다. 어떤 부분에 강점을 가지고 있는지, 혹은 어떤 부분이 보완해야 할 점인지를 알아볼 수 있습니다.

Ⓐ 창의성과 관련된 일반적인 태도

Ⓑ 호기심과 관찰력

Ⓒ 아이디어를 발전시킬 수 있는 주변 환경과 자신의 마음가짐

Ⓓ 창의적인 아이디어를 위해 다양한 분야에서 영감을 받는 일

Ⓔ 필요에 따라 좋은 생각을 생산해낼 수 있는 능력

Ⓕ 아이디어 중에서 최선의 것을 선택하고, 적합하게 다듬는 능력

『The Agile Mind(AGILMENTE)』, Estanislao Bachrach, 한국판 『섹시한 뇌 만들기』 다산출판사, 103~110

당신의
아이디어는
무엇입니까?

Start

1

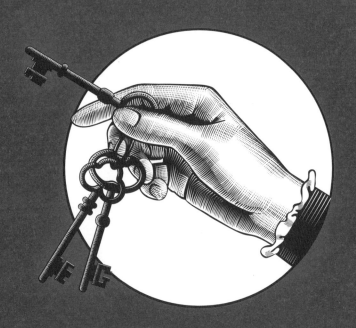

1-1 저는 컴퓨터가 아닙니다 튜링 테스트

①-1 저는 컴퓨터가 아닙니다
튜링 테스트

언젠가는 컴퓨터가 직접 체스를 둘 수 있을 거예요. 기계가 스스로
생각하는 날은 반드시 올 겁니다.　　　　— 앨런 튜링(1912~1954년)

영국의 수학자, 암호 해독가이며 컴퓨터 개발자인 앨런 튜링은 1950년, 독특한 테스트를 제안합니다. 그는 현대 컴퓨터의 원형을 제시한 인물로, '컴퓨터'라는 개념이 확립되지 않았던 때에 벌써 '스스로 학습하는 기계, 인공지능'을 예견한 인물입니다. '튜링 테스트'라고 불리는 이 테스트는 판별자가 정해진 시간 안에 인간과 인간을 흉내내는 컴퓨터와 함께 화면을 통해 대화하면서 자신이 대화하는 상대가 인간인지 컴퓨터인지 판별해내는 것입니다. 판별자를 속이기 위해 컴퓨터는 인간을 최대한 흉내내야 하고, 인간은 자신이 인간이라는 것을 증명해야 합니다. 물론 '지능'이라는 개념조차 확립되어 있지 않던 1950년 당시에는 이런 컴퓨터가 불가능하리라는 것을 튜링도 잘 알고 있었지만 50년 후에는 튜링 테스트에서 컴퓨터의 진짜 정체를 알아낼 수 있는 확률이 현저히 낮아질 정도로 '사고하는 컴퓨터'가 나오리라 예견했습니다.

실제로 2014년 6월 영국왕립학회가 실시한 이미테이션 게임에서 '유진 구스트만^{Eugene} Goostman'이라는 이름의 컴퓨터가 처음으로 이 테스트를 통과했습니다. 유진과 대화를

끌리는 아이디어의 비밀

나눈 판별자 25명 중 33%는 유진을 인간이라고 생각했습니다.

우리 주변에는 이미 자료를 분석하고 처리할 뿐만 아니라 지능을 모방해 사고하고 학습하는 형태의 컴퓨터들이 개발됐습니다. 최근 주목받고 있는 IBM의 왓슨은 퀴즈쇼에서 우승했을 뿐만 아니라 의대를 졸업하고 유전자 연구나 암, 생물학, 화학 분야는 물론, 최근에는 새로운 요리법을 개발, 애플리케이션으로 선보이고 있습니다.

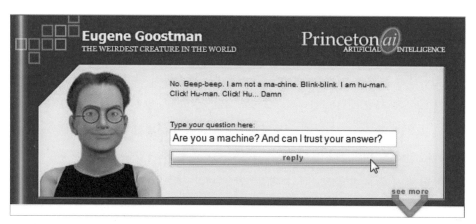

우크라이나에 살고 있는 13세의 소년 컴퓨터 유진구스트만(eugene-goostman)

왓슨이 개발한 일만여 가지의 레시피가 담긴 애플리케이션입니다. 창의적인 각종 레시피와 건강한 식사에 대한 어린이 교육도 제공하고 있습니다.

튜링 테스트는 우리가 더욱 인간다워질 필요가 있음을 보여주고 있습니다. 튜링 테스트에서는 매년 자신이 컴퓨터라는 사실을 속이는 데 가장 높은 점수를 얻은 컴퓨터에게는 '가장 인간적인 컴퓨터상'을 수상하고, 반대로 자신이 인간이라는 사실을 가장 잘 입증한 인간에게는 '가장 인간적인 인간상'을 수여하고 있습니다. 2009년 가장 인간적인 인간상을 받은 브라이언 크리스천은 자신이 인간임을 입증하기 위해 일부러 '전형성'을 파괴했다고 했습니다. 일상에서 사용하는 일반적인 대화로는 컴퓨터와의 구별이 어려웠기 때문입니다. 그래서 대범하고 위험한 질문을 던지기도 하고, 정돈된 대화 대신 틀을 깨는 창의적인 대답을 하도록 노력했습니다.

생각의 혁명 저자 로저 본 외흐는 기하급수적으로 발전하는 현실에서 살아내는데 필요한 가치는 단연 '창조적 사고'라고 말합니다. 창조적 사고는 생각과 감정, 복합적 사고를 하는 인간의 고유한 영역이기 때문에 기술적 알고리즘으로는 해결할 수 없는 부분이기 때문입니다. 일찍이 '지식보다 상상력이 더 중요하다'고 했던 아인슈타인처럼 창조적 사고는 아직 오지 않은 인공지능과의 대결뿐만 아니라 새로운 아이디어나 행동 등 일상의 경험부터 우리가 사용하는 수많은 물건들과 기쁨을 주는 콘텐츠, 새로운 비즈니스 기회까지, 업무나 사업 혹은 일상 생활에서도 아주 중요한 요소입니다.

창조성이 인간의 가장 큰 특징이라면, 왜 어떤 사람은 반짝이는 아이디어를 만들어 내고 어떤 사람은 그렇지 않을까요? 창조적 사고는 어떻게 이루어지는 것일까요?

외계인을 그려보세요

외계인은 어떻게 생겼나요? 6살 꼬마에게 질문을 들었다면 우리는 대충 눈이 커다랗고 머리가 크고 팔이 긴 생물체를 그려줄 것입니다. 정말, 외계인은 그런 모습을 하고 있을까요?

끌리는 아이디어의 비밀

외계에 존재하는 생명체를 그리라는 문제의 유형은 열린 문제입니다. 제약 조건이 없기 때문에 특별한 지식이 아니라 상상력이 필요할 뿐이죠. 그저 상상해 그리면 되는 것입니다. 하지만 우리가 영화에서 마주하게 되는 외계인들은 대부분 비슷한 외모를 하고 있습니다.

심리학자 토마스 워드는 대학생을 상대로 창의성이 어떻게 작용하는지 알아보기 위해 실험에 참가한 사람들에게 수억 광년 떨어진 행성에 생명체가 있다면 어떤 모습일지 그리게 했습니다. Finke, Ward, & Smith 1992

그려진 외계인들을 확인한 결과, 모양은 각양각색이었지만 어딘가 친숙한 부분들이 모두 발견되었습니다. 참가자들이 그린 그림 속 생명체는 상상을 통해 자유롭게 창조된 것이지만 지구에 있는 생명체들과 비슷한 모습이었습니다. 외계인은 누구도 본 적이 없는 존재로, 그들의 모습을 자유롭게 생각해 볼 수 있습니다. 하지만 워드의 실험을 통해 우리는 자유로운 상상조차도 기존 지식이나 경험에 의해 영향을 받는다는 것을 알 수 있습니다. 워드의 다른 실험에서도 이런 현상은 확연하게 드러납니다. '날개'가 있다고 조건을 제시하거나 '털'이 있다고 조건을 제시했을 때, 외계의 환경은 지구의 것과는 확연히 다를테지만 사람들은 날개의 조건에서는 조류의 부리를, 털이 있다는 조건에서는 포유류의 특징을 벗어나지 못했습니다.

이와 같은 생각의 편향을 구조화된 상상structured imagination이라고 합니다. 어떤 문제를 해결하거나 창의적 발상을 할 때도 이와 같은 심리적 편향이 작용합니다. 다양한 답이 가능한 상황조차 기존의 지식이 영향을 주어 자유로운 생각이 어려워지는 고착 현상이 발생합니다.

미국의 언어학자 조지 레이코프G. Lakoff 박사는 사람들에게 '지금부터 코끼리를 생각하지 마세요.'라고 주문했더니 모두가 코끼리를 생각했다고 합니다. 박사의 말을 듣는 순간부터 이미 긴 코를 가진 코끼리는 우리 머리 속으로 들어와 있었습니다. 이것은 우리가 세상을 인식하는 방식이나 방향이 생각의 구조, 틀에 의해 결정된다는 것을 알 수 있습니다.

'외계 생물이 구체적으로 어떤 모습일지 나는 잘 모른다. 공상과학 소설을 쓰는 작가나 예술가 중에 외계 생물의 모습을 추측하여 제시하는 이들이 많다. 나는 그들이 제시한 것을 대부분 부정적으로 본다. 내 생각에 그들은 우리가 이미 알고 있는 생물의 형태에 지나치게 집착하는 것 같다. 지구의 특정 생물이 고유의 모습을 갖게 된 데에는 저마다 그 나름의 사연이 있게 마련이다. 그리고 그 사연에는 재현되기까지 수많은 단계들이 숨어 있을 것이다. 나는 외계 생물이 지구의 파충류나 곤충이나 인간을 많이 닮았을 것이라고 생각하지 않는다. 초록색의 피부, 뾰족한 귀, 더듬이 같은 외관상의 차이를 첨가한다 해도 나의 부정적 관점을 바꾸지는 못할 것이다. 그러나 독자가 내게 강요한다면 완전히 다른 그 무엇인가를 상상해 볼 수는 있다.'

천문학자 칼 세이건의 『코스모스』의 '우주 생명의 푸가' 중 한 구절입니다. 그는 목성 대기의 주성분을 통해 커다란 수소풍선 같은 생물을 추론해냅니다. 목성의 온도와 환경에 맞는 형태로 진화했다면 부유하는 지적 생물체도 존재할 수 있다는 상상력을 발휘한 것이죠. 그는 우리가 지구라는 작은 세상이 들려주는 생명의 음악만을 들어왔다고 말합니다. 끝을 알 수 없는 우주는 찰나를 사는 인간이 알 수 없는 지혜와 신비로 가득합니다. 그는 우주를 가득 채운 생명에 대해 함께 알아보고 상상해 보자고 제안합니다.

정말 그럴지도 모르죠. 우리는 '지구'의 생명체만을 보아왔습니다. 영겁의 시간을 지나 만날 수 있는 외계인은 기체의 모습을 하고 있을 수도 있고, 거대한 DNA 형태를 가지고 있을지도 모릅니다. 게다가 우리와는 다른 방식의 뇌의 기능을 하는 기관을 가지고 우리와 다른 물리적 형태의 우주선을 타고 시간 여행을 하고 있을지도 모릅니다.

외계 생물의 생김새는 우리가 일상을 살아가는 데는 아무런 문제가 되지 않습니다. 하지만 우리가 외계 생물의 생김새를 유추하는 방식은 어딘가 아이디어 추출 방식과 닮아 보입니다. 우리는 어쩔 수 없이 제시된 환경의 영향을 받을 수 밖에 없습니다. 우리의 선조가 풀숲을 바스락거리는 모든 것들에 반응하는 피곤함을 없애도록 진화되었기 때문입니다. 지식과 경험으로 습득하게 되는 노련함이 틀을 만들게 되고, 그러한 틀로부터 생각이 고착됩니다. 그래서, 애석하게도 우리는 우리가 생각하는 방식으로부터 자유로워질 수 없습니다. 하지만 다행히 생각의 틀을 이용할 수 있는 방법이 있습니다. 관습적으로 생각하는 것을 '의식적'으로 거부하고 창의적 사고의 사려깊은 연습을 해나가는 것입니다.

Connecting The Dots

창의성이란 '통찰로 인해 가치있는 새로운 아이디어나 행동을 만드는 활동'입니다. 에스타니슬라오 바흐라흐 , 2012 통찰에는 노력과 훈련이 필요합니다. 우리는 과거의 경험과 지식을 최대한 활용하도록 진화해 왔기 때문에 한번 떠오른 생각을 깨끗이 지우고 처음부터 새로 시작한다는 것은 쉽지 않습니다. 그럴 때에는 무작정 다르게 생각하려는 시도보다 지금 어떤 고착 상태에 빠져있는지 점검하는 것이 첫 출발이 될 것입니다. 마치 다음 아홉 개의 점을 연결하는 문제처럼 말이죠.

다음 아홉 개의 점을 4개의 직선만을 사용하여 연결해보세요.

1914년, 미국의 퀴즈 전문가 샘 로이드[Sam Loyd]가 소개한 '아홉 개의 점 잇기[The nine dots puzzle]' 문제입니다. 스탠퍼드 대학의 제임스 아담스[James L. Adams]의 저서 『개념적 블록버스팅[Conceptual blockbusting]』에 실린 다양한 답 중 가장 일반적인 답은 다음과 같습니다. 정답을 알고 있었던 사람에게는 쉬운 문제이지만, 실제로 이와 같은 답을 생각해낸 사람은 소수였습니다. 외계인을 그려보라는 제안처럼 이 문제 또한 아홉개의 점이 익숙한 사각형의 형태를 떠올리기 하기 때문에 점 밖으로 선이 나갈 것이라는 생각을 하기 힘든 것입니다.

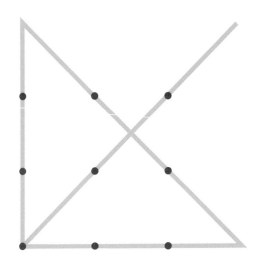

새로운 생각을 위한 점 잇기도 이와 같습니다. 먼저, 우리가 가진 고착이 무엇인지 생각해보고 그 테두리를 발견해 보는 것입니다. 맹목적 아이디어 발상 대신 세상을 해석하는 틀을 점검함으로써 문제를 접근하는 근본적인 변화를 꾀할 수 있습니다.

생각의 틀이 무엇인지를 확인했다면 다음 단계는 다른 관점에서 문제를 바라보는 시도가 필요합니다. 재미있는 문제 하나를 더 풀어볼까요? 다음 세 단어와 공통적으로 연결되는 단어는 무엇인가요?

끌리는 아이디어의 비밀

유머 / 불운 / 밤

　　　　이 테스트는 원격연상 검사법[RAT : Remote Associates Test]으로, 외계인을 생각해보는 발산형 사고뿐만 아니라 수렴적 사고까지 요구하는 문제입니다. 정답을 생각해보았나요?

답은 바로 '검다'입니다. 불운과 밤은 비슷한 연관 관계를 가집니다. 불운과 밤은 가까이에 있는 연상으로 쉽게 연결이 됩니다. 하지만 유머와 불운, 밤 세 가지 단어를 모두 아우르는 단어를 찾는 것은 쉽지 않습니다. 유머가 가지고 있는 익숙한 즐거움의 요소뿐만 아니라 비판적 요소로 쓰이는 블랙 유머까지 연상을 넓혀야 '검다'라는 공통점을 찾을 수 있습니다. 이 문제를 풀기 위해서는 멀리있는 점을 찾아 연결시키는 더 넓은 범위에서의 공통점 찾기 과정이 이루어져야 합니다.

우리의 지식은 마치 지도처럼 연합망으로 이루어져 있다고 합니다. 연합망 모형에서 개념들의 연합은 고리[link]로 표시되는데, 강하게 연합된 것들은 서로 가까이 있고, 약하게 연합된 것들은 멀리 떨어져 있습니다. 이 연합망 모형은 왜 치킨을 먹으려고 하면 맥주가 떠오르고, 냉장고와 목성은 잘 연결을 못하는지를 설명해줍니다. 개념들이 심리적으로 강하게 연결되어 있거나 약하게 연결되어 있기 때문입니다. 강하게 연합된 것들은 연상이 쉽게 되고,

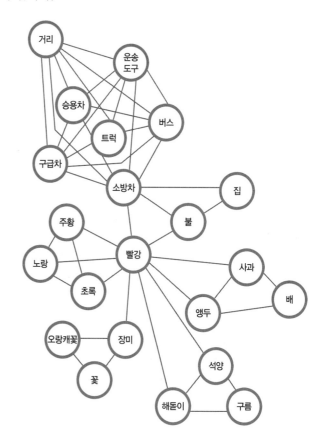

연합망의 예시입니다. 가까이에 있는 것들을 '강하게 연합되었다'라고 하고, 멀리 있는 것들은 '약하게 연결되었다'라고 합니다.
출처: '의미 처리의 확산 활성화 이론(A spreading-activation theory of semantic processing)', 〈Psychological Review〉, 82 (6), 407-428, Collins, A. M., & Loftus, E. F. (1975)

약하게 연합된 것들은 비교적 연상이 어렵습니다. 무엇인가 새로운 아이디어를 내야 할 때, 비슷한 생각들만 맴도는 이유도 바로 그 때문이죠. 그래서 유머와 불운, 그리고 밤의 공통점을 찾기 위해서는 다양한 연결점들을 오가야 합니다.

창의성에 대해 쾨슬러[Koestler]는 그의 저서 『The Act of Creation』[1964]에서 창의성을 '새로운 연결'을 찾거나 지각하는 능력과 연관된 것으로 보았습니다. 쾨슬러에 따르면 멀리 떨어져 있는 점들을 연결하는 것은 새로운 생각이 될 가능성이 높습니다. 우리가 PC에 여행 사진을 시기별로 폴더를 만들고 분류하듯이, 기억 항목들도 현재 하는 일, 좋아하는 취미나 스포츠, 관심 있는 사회 문제나 그 밖의 주제 등을 중심으로 군집을 이루어 저장된다고 합니다. 그래서 꽃과 관계된 범주를 생각하다가 요리의 범주로 이동하기는 쉽지 않지만 그러한 경로를 잇는 '이연 현상'이 뇌 속에서 일어난다면 생각하지 못했던 카테고리들의 연결이 가능해집니다.

이렇게 새로운 생각은 아홉 개의 점, 생각의 고착을 인식하는 것에서 시작하며 익숙한 연결 대신에 멀리 있는 것들을 이어보려는 노력에서 얻을 수 있습니다. 물론 점을 잇기 위해서는 새로운 '점'들을 많이 만들어야 하겠죠. 호기심을 가지고 다양한 경험과 지식

" 첫 번째 이야기는 점들을 연결하는 것입니다.
(…) 당신은 앞을 내다보며 점을 연결하지 못하지만 단지 과거를 돌아보며 점을 연결할 수는 있습니다. 그러므로 당신은 이 점들이 당신의 미래와 어떻게든 연결된다는 것을 믿어야 합니다. 당신의 직감, 운명, 삶, 업 등 무엇이든지 자신감을 가져야 합니다.
이러한 방식이 내 인생에서 결코 실망이나 절망하는 일 없이, 다른 사람과
의 차이를 만든 전부입니다. "

" The first story is about connecting the dots.
(…) You can't connect the dots looking forward; you can only connect them looking backwards. So you have to trust that the dots will somehow connect in your future. You have to trust in something – your gut, destiny, life, karma, whatever. This approach has never let me down, and it has made all the difference in my life. "

끌리는 아이디어의 비밀

의 점들을 찍어야 할 것입니다. 스티브 잡스도 스탠포드 대학의 졸업 연설에서 점 잇기에 대해 이야기한 적이 있습니다.

그는 리드칼리지에 입학한 지 6개월 만에 자퇴하고 전공 과목이 아니었던 타이포그라피 강의를 '그저 흥미'로 들었던 경험이 훗날 맥킨토시의 아름다운 서체 환경을 만드는데 도움이 됐다고 말합니다. 그는 모든 경험들은 소중하며 의도된 것이 아닐지라도 어떤 방식으로든 자신의 삶을 만들어가는 중요한 터닝포인트가 될 것이라고 강조합니다. 우리의 생각 방식도 마찬가지입니다. 생각의 지도는 많은 경험과 지식들, 심지어 도움이 될 것이라 전혀 예상하지 못한 것들로 인해 넓어지고 확대됩니다. 그리고 멀리 있는 점들을 잇는 순간 생경하고 참신한 아이디어가 탄생됩니다.

독자분들에게 이 책을 통해 여러가지 재미있는 점들을 소개하려고 합니다. 흥미로운 30개의 점들로 '생각의 지도'를 넓혀나갈 수 있을 것입니다. 또한 멀리 떨어져 있는 점들을 쉽게 이을 수 있는 유용한 디자인씽킹과 아이디어 발상법도 함께 소개하려고 합니다. 상황에 따라 따로따로 적용하여도 좋고, 디자인씽킹 프로세스로 적용해도 좋습니다. 그런 다음, 아이디어 소재들과 발상법으로 자신만의 점들을 자신만의 방식으로 연결하여 반짝이는 통찰력을 얻을 수 있는 기회를 가지면 좋겠습니다.

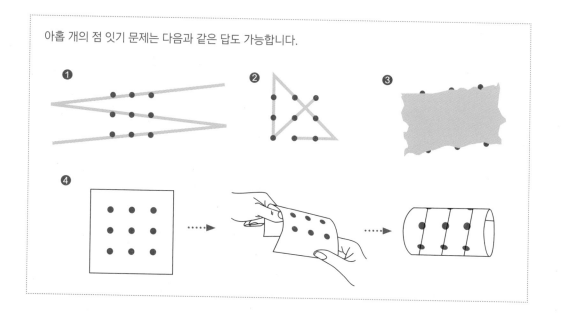

아홉 개의 점 잇기 문제는 다음과 같은 답도 가능합니다.

새로운
아이디어의
연결고리
찾기

Structure

2

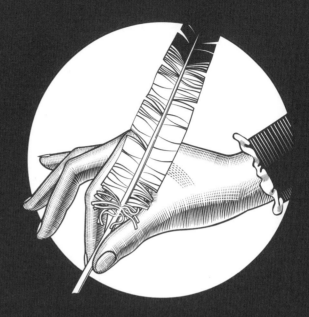

②-1 나의 아이디어 유형 발견하기

건초 더미에서 바늘 찾기

알베르트 아인슈타인의 강의 중 시험 시간에 일어난 일입니다. 그는 학생들에게 시험지를 나눠주고 있었습니다. 시험지를 받아든 학생들은 모두 곤혹스러운 표정을 감추지 못했습니다. 시험의 문제가 지난번과 같았기 때문입니다. 궁금함을 참지 못한 학생이 "교수님, 지난번과 문제가 같습니다."라고 질문했죠. 아인슈타인은 "맞네"라고 말했습니다. 그리고 넛붙였습니다. "하지만 문제가 같다고, 답이 같지는 않지."

이 에피소드에서 볼 수 있듯이 그는 항상 정답은 하나가 아니라고 생각했습니다. 문제에 대한 답은 건초더미에서 바늘을 찾는 것과 비슷한데, 하나가 발견될 때 멈추는 것이 아니라 모두 발견될 때까지 계속되어야 한다고 했죠.

이처럼 가능한 많은 답을 생각해 보는 것을 '확산적 사고'라고 합니다. 기억하고 경험했던 정보로부터 새롭고 다양한 대안들을 여러가지로 생각해보는 사고 방식이죠. 단적인 예로 창의성이라는 개념을 처음 제안한 길포드가 고안해 낸 창조성 테스트에는 "벽돌 한 개의 용도를 가능한 많이 답해 보시오."라는 항목이 있습니다. 대부분은 무기, 책꽂이, 건축 자재, 연필 꽂이 등을 답합니다. 남들과 다른 대답을 하려면 더 다양한 방식으로 질문에 대답해야 합니다. 아이디어는 많이 생각할수록 독창적일 가능성이 높습니다.

확산적 사고와 대조되는 개념은 '수렴적 사고'입니다. 주어진 문제를 해결하기 위해 발산적 사고를 통해 낸 다양한 대안을 분석하고 평가하여 가장 확실한 답을 찾아내는 사고방식입니다. 우리는 대부분 수렴적 사고방식을 통해 '정답'을 찾는데 익숙합니다. '가장 올바른 것은?', '일치하는 것을 고르시오.', '다음 보기 중 틀린 것을 고르시오.'같은 정답이 있는 문제들은 확산적 사고를 키우기 쉽지 않습니다. 문제 해결을 위해 확산적 사고 이전에 수렴적 사고방식을 이용한다면 시간이 지날수록 계속해서 똑같은 답들로 돌아갈 것입니다.

그렇다면 확산적 사고만이 창의성과 밀접한 관계를 가지고 있을까요? 그렇지는 않습니다. 창의적 사고는 다양하고 많은 아이디어를 떠올리는 것에서 끝나지 않기 때문입니다. 적절함을 갖추고 있어야 할 뿐만 아니라 여러가지 아이디어를 조합하고 구체화시키는 작업도 필요하기 때문입니다. 그래서 선택의 과정에서는 수렴적 사고가 꼭 필요합니다. 다만 현재 우리 사회에서는 수렴적 사고만을 강조하기 있기 때문에 스스로 노력해서라도 확산적 사고 능력을 키워야 할 필요가 있습니다. 구체화하고 현실화하는 수렴적 사고는 확산적 사고 이후에 이루어져야 풍부하고 참신한 아이디어를 생각해낼 수 있습니다.

이 벽돌 문제가 즐겁고 힘들지 않았다면 당신은 확산적 사고를 능숙하게 할 수 있다는 의미입니다. 하지만 다양하게 생각하려고 마음먹었다고 해서 쉽게 독창적인 아이디어를 낼 수 있는 사람은 적습니다. 그래서 누구나 가지고 있지만 발현되지 않은 아이디어들을 위해 아이디어 생각법을 소개하려고 합니다. 다음 장에 실린 과학 분야와 예술, 문학 등에서 사용하던 아이디어 발상법들을 따라가다 보면 낚시법을 배우는 것처럼 좀 더 쉽게 아이디어를 길어 올릴 수 있을 것입니다.

문제 해결사
디자인씽킹

채용의 실패에서 얻은 교훈

전쟁이 한창이던 세계 2차 대전 당시, 미국 공군의 의뢰를 받은 심리학자 길포드는 비행기 조종사를 선정해 달라는 부탁을 받습니다. 조종사의 채용은 지능 검사, 학업 성적, 면접 결과를 바탕으로 진행되었습니다. 이때 또 한명에게도 채용의 임무가 맡겨졌는데 바로 퇴역한 전임 사령관이었습니다. 길포드는 심리학을 모르는 비전문가가 관여하는 것을 못마땅하게 여겼습니다. 결국 길포드와 전임 사령관은 각각 전혀 다른 유형의 사람을 채용합니다.

전쟁이 시작되었습니다. 생존자와 사망자가 집계되었고, 길포드는 자신이 선정한 사람들은 모조리 격추되었다는 것을 알게 되었습니다. 퇴역 군인이 뽑은 조종사들에 비해 압도적인 수치였습니다. 왜 이런 결과가 나왔을까요? 길포드는 자신이 실패하게 된 원인을 조사하기 위해 퇴역한 전임 사령관이 선정한 사람들이 자신이 선정한 사람과 어떤

끌리는 아이디어의 비밀

점이 다른지를 분석했습니다.

실패의 원인은 바로 다음 질문에 있었습니다. 면접 시 가장 많이 던진 질문은 "작전 수행 중 적군이 대공포를 쏘면 어떻게 대처할 것인가?" 였습니다. 공군 매뉴얼에 있는 답은 "상승합니다"였고, 길포드는 정답을 말한 사람들을 선발했습니다. 하지만 전임 사령관은 매뉴얼대로 대답한 사람들은 모조리 탈락시켰습니다. 오히려 "하강하겠다", "좌우로 기체를 흔들면서 포화를 피하겠다", "지그재그 비행을 하겠다"라고 '틀린' 대답을 한 사람들만을 선발했습니다.

매뉴얼대로 대답한 사람들은 모두 사망했는데, 그것은 의외성이 결여되어 있어, 적에게 행동이 예측되기 쉬웠기 때문입니다. 적군은 대공포를 쏘면 '상승'할 것을 알았습니다. 그들은 미국군이 늘 정해진 패턴에 따라 움직인다는 것을 알고 미리 전투기를 구름 속에 은폐하여 기다렸다가 격추시킨 것입니다. 항상 정해진 정답만을 찾는 습관, 규칙 속에서 움직이려 하는 행동이 위기에 얼마나 취약한지를 보여줍니다.

새로운 문제 해결의 방법, 디자인씽킹

새로운 문제가 제시되었을 때 예상 밖의 해결책을 찾을 수 있는 것은 현대 사회에서 더욱 중요해지고 있습니다. 그동안 크고 작은 문제들은 계획^{Plan}하고 실행^{Do}하는 식의 순서로 전략 수립 후 평가와 보완이 이루어졌습니다. 시장과 기술의 발전의 속도나 방향이 예측 가능했기 때문입니다. 그러나 인공지능^{AI}과 4차 산업혁명으로 기술의 변화 속도나 지식, 경쟁의 속도들이 진화되면서 문제들이 더욱 복잡해졌습니다. 해외 직구와 같이 소비는 시차를 잊은 채 진행되고, 산업 간의 경계가 사라지면서 문화의 흐름 또한 빠르게 전파됩니다. 때로는 문제 자체가 무엇인지 모를 정도로, 문제를 정의내리기 어렵게 되었고, 대응 또한 빠르게 요구되었습니다. 고객은 물론 기업 자신들도 기본적인 충족을 뛰어 넘는 '새로운' 요소들을 기대합니다. 지금 우리는 단 한번도 경험해 보지 못했던 문제들을 풀어나가야 할 시대에 직면했습니다. 과거로 부터 온 관성으로는 풀기 어려운 숙제들입니다. 어제의 답이 오늘의 오답이 될 수도 있는 것입니다. 불확실성의 시대 속에서 기존의 문제 해결 방식, 계획적 프로세스가 가지는 한계를 넘기 위해 디자인씽킹Design Thinking이 주목받고 있습니다. 셀 수 없는 변수가 쏟아지는 세상에서 위기를 극복할 수 있는 혁신적인 아이디어들을 도출하는 새로운 방법론으로 제시된 것입니다.

디자인씽킹은 아름다움에 관한 것이 아니라 디자이너들이 문제를 풀던 방식을 적용하여 사고하는 것을 말합니다. 디자인은 본래 '지시하다', '성취하다', '계획하다'라는 뜻의 라틴어 '데시그나레Designare'에서 유래했습니다. 외형적인 아름다움은 부속적인 기능이고, 실용적이고 기능적인 것들을 만들기 위해 설계하는 과정이 '디자인'의 속성입니다. 디자인씽킹의 개념을 구체화한 아이데오IDEO의 CEO 팀브라운은 디자인씽킹을 "소비자들이 가치있게 평가하고 시장의 기회를 이용하며, 기술적으로 가능한 비지니스 전략에 대한 요구를 충족시키기 위해 디자이너의 감수성과 작업 방식을 이용하는 사고방식이다"라고 개념을 정의했습니다. 그렇다면 디자이너들이 사고하는 방식은 기존의 문제 해결 방식과 무엇이 다른 걸까요?

일리노이 공대의 교수인 제레미 알렉시스는 디자이너의 사고방식이 무엇인가를 물으면 비유를 통해 설명합니다. 문제의 유형에는 두 가지가 있습니다. 퍼즐과 미스터리. 퍼즐은 적당한 자료가 제공되고 문제를 자세히 들여다보면 풀 수 있는 문제입니다. 하지만 미스터리는 자료도 없고, 문제를 풀기 위한 자료의 수준도 존재하지 않습니다. 현장에 나가 스스로 가치있는 무엇을 찾아야 하고 애매모호함을 기꺼이 성찰하고 조율하는데 시간을 써야 합니다. 미스터리를 해결하기 위해서는 문제 자체 보다는 프로토타이핑과 파일럿 테스트 해결책 중심의 사고가 필요한데 이는 다양한 시안을 만들면서 문제를 해결하는 디자이너들이 업무를 하는 방식과 유사합니다. 또한 끝도 없을 것 같은 미스터리의 실타래를 풀어나가는 동안 새로운 영감을 받을 수 있고 그동안 시도해보지 못한 창의적 방식을 적용해보면서 창의적 대안을 도출할 수 있습니다.

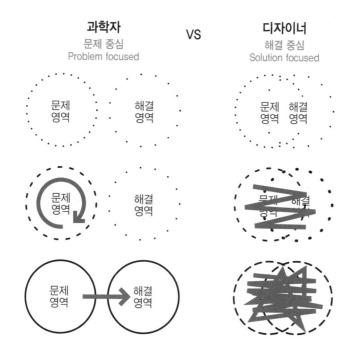

영국 세필드대학의 건축과 교수인 브라이언 로슨[Bryan Lawson]은 디자인적 사고는 어떤 점이 다른지 실험을 통해 알아보기로 했습니다. 그는 디자이너[건축학] 전공 집단과 과학 전공 집단으로 그룹을 나눈 후, 다음 그림과 같은 블록을 제시하고 이것으로 단층구조물을 만들라는 문제를 냈습니다. 여기에는 조건이 붙었습니다. 테두리가 모두 붉은 색이여야 하거나, 푸른색이어야 한다는 것입니다. 문제를 해결하기 위한 두 집단의 접근 방법은 달랐습니다. 과학 전공 집단의 학생들은 문제를 조직적으로 이해하려고 시도했고 그 안에서 솔루션을 도출할 수 있는 어떤 법칙을 찾으려 시도하는 경향을 보였습니다. 한편 디자이너 집단의 학생들은 일단 바깥 테두리가 붉은색인 것과 아닌 것으로 블럭을 구분했고, 배열 가능 여부를 직접 시험해 보며 확인하는 경향을 보였습니다. 그런 후 여러가지의 그럴듯한 솔루션들을 나열하면서 문제를 풀어 나갔습니다. 로손의 연구는 디자이너의 사고 방식의 다른 면을 알렸고, 문제 자체가 가지고 있는 제약에 집중하기보다 해결책 중심으로 사고하는 특징이 있음을 보여주는 실험이었습니다. Lawson, Bryan. How Designers Think: The Design Process Demystified. London: Architectural, 1980

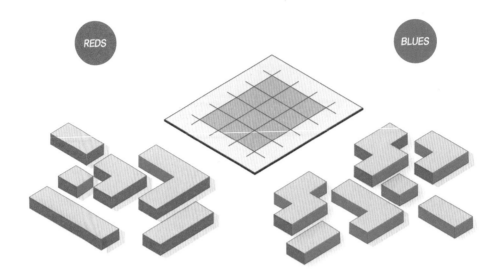

그동안의 비지니스씽킹이 통계 자료와 분석 자료로 '최고'의 계획을 세운 후 논리적이고 순차적으로 문제를 해결했다면, 이제는 미스터리를 풀기 위한 창의적인 방식이 요구됩니다. 직관을 사용하고 빠르게 결론을 내서 실행해본 다음 실패를 경험하고 또 다른 해답을 적용하는 방식이 필요합니다.

왜 지금 디자인씽킹인가?

다양한 아이디어를 강구하는 것은 많은 분야에서 연구되어 왔고 다양한 발상법을 통해 이용되어 왔습니다. 지금 디자인씽킹이 더욱 주목받는 이유는 무엇일까요? 그것은 기존과 다른 두가지 특징이 있기 때문입니다.

첫 번째는 '공감'입니다. 디자인씽킹 프로세스에서 가장 먼저 해야 하고, 가장 많은 노력을 투여하는 단계입니다. 디자인씽킹의 가장 기본이 되며, 핵심 역할을 하는 단계입니다.

그동안은 문제를 정의하고 그 문제를 해결하기 위해 다양한 아이데이션을 도출했다면,

끌리는 아이디어의 비밀

디자인씽킹은 문제 정의를 공감의 단계 이후로 미룹니다. 직접 경험하고, 관찰하고 소비자와의 이야기를 통해 인싸이트를 이끌어 내면서 문제 자체를 정의해 내는 과정을 ^{공감,} _{문제 정의의 과정} 가장 먼저 시작합니다. '틀에서 벗어나라'는 주문은 사실 처음부터 우리를 그 틀 안에 가두게 합니다. 다양한 생각을 이끌어 내기 이전에 우리는 그 틀을 먼저 인지하고 문제를 확산시켜 나가는 것이 중요해졌습니다. 서두에 말했듯이 불확실성이 계속되는 상황에서 문제를 정의한다는 것은 그 자체로 오류가 될 수 있기 때문입니다.

두 번째는 프로토타입 제작을 통해 빠르게 적용해 보는 과정을 필수로 합니다. 이 과정에서는 아이디어에 형태를 부여하고, 그 과정에서 사고를 확장해 나갑니다. 프로토타입은 무엇보다도 신속하고 간단하며 저렴하게 제작되어야 합니다. 완벽한 아이디어는 없습니다. 좋은 아이디어일지라도 현장에 적용된 후에는 수정되고 보완되는 과정을 거쳐야만 합니다. 프로토타입 제작 단계에서는 문제점을 발견해낼 뿐만 아니라 상황에 따라 다시 문제를 정의하고 아이디어 내는 과정으로 돌아갑니다. 실패가 과정에 포함되어 있는 것이죠. 이런 디자인씽킹 프로세스의 특징은 큰 계획을 장기간 준비하여 실행하는 전통적인 방식과는 달리 민첩함을 강조하는 애자일 방법론^{Agile development} 과 비슷합니다. '기민하다'라는 뜻을 가진 애자일은 정해진 계획대로 따르기보다 개발 주기나 개발 환경에 따라 유연하게 대처하는 방식을 뜻합니다. 끊임없는 시행착오를 각오하고 오류를 계속 수정해 감으로써 더 나은 것을 만들어 내는 것입니다. 그렇게 함으로써 고객과 시장 상황에 신속히 대응할 수 있습니다.

과거의 기업들은 이렇게 할 필요가 없었습니다. 소비자의 기대에 부흥하며 좀 더 좋은 제품을 만드는 것이 중요하였고 빠르기는 상대적으로 덜 중요했습니다. 기존의 방식을 위에서 아래로 내려오는 폭포의 모습에 비유하며 워터폴^{Waterfall} 방법론이라고 합니다. 기획 부서, 개발 부서, 생산 부서 등 서로 다른 역할을 가진 부서가 순차적으로 개입하고 단계별로 프로젝트를 진행했습니다. 기획 부서가 세운 확실하고 명확한 계획으로 시작하고, 절차를 따라 진행됩니다. 최종 제품은 프로젝트의 후반에 가서야 가시화됩니다. 이 방법은 정해진 계획과 예산 안에서 진행되기 때문에 관리가 쉽고 확실하게 파악된 시장에서는 유리할 수 있습니다. 하지만 실제로 '기획'이 '실행'될 때는 많은 변수들이 일을 지체시킵니다. 애초에 공들여 세웠던 계획이 막상 개발 과정에 들어가면 숱한 수정을 거쳐야합니다. 워터폴 방식의 단점입니다.

하지만 지금은 애초에 모범 답안을 설정할 수가 없습니다. 따라서 일을 진행해 가면서 계속적으로 오류를 찾고 수정해나갈 필요가 생겼습니다. 다양성과 불확실성이 짙어지는 지금, 순차적으로 문제 해결을 꾀했던 전통적인 방식보다 공감과 실행을 강조한 문제 해결 방법에 대한 필요가 계속해서 요구되어 집니다. 구글은 15,000명의 개발자가 매일 7,500만 개의 테스트를 진행하고, 5~10명 규모의 애자일 팀이 4,000개 이상의 개발 과제를 동시해 수행한다고 알려져 있습니다^{라이프트렌드, 아주멋진가짜_김용섭 지음} 금융회사 ING그룹은 네덜란드 본사를 14개 부서로 나누고, 각 부서마다 350개의 애자일팀을 운영하고 있습니다.

워터폴(Waterfall)

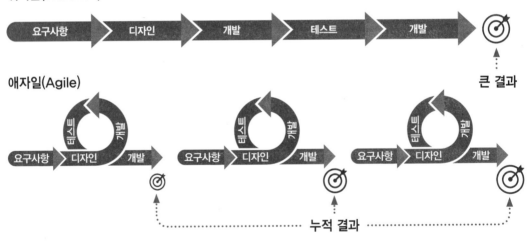

기존의 문제 해결 프로세스와 애자일 방법론

끌리는 아이디어의 비밀

우리에게 펩시콜라로 친숙한 기업인 펩시코는 2012년에 디자인씽킹을 회사에 도입하기로 했습니다. 펩시코는 3M의 수석 디자이너였던 마우로 포치니를 채용해 경영 혁신을 이루는데 도움을 받기로 했죠. 그가 합류한 후 가장 크게 깨달은 것은 수없이 많은 프로젝트 아이디어가 경영진에 의해 끊임없이 거절되고 있다는 것이었습니다. 아이디어의 성패를 결정하기 전에 그는 프로토타입을 만드는 과정을 도입했습니다. 실제로 펩시 오리지널 이모티콘 프로젝트는 경영진의 반대를 프로토타입을 제작함으로써 설득에 성공하기도 했습니다. 시안만을 보여주고 좋고 나쁨을 논했다면 실현되지 못했을 아이디어였습니다. 디자인씽킹의 빠른^{애자일} 속성은 이렇게 좋은 아이디어를 버리지 않게 해줍니다. 또한 공감을 통해 소비자의 이해와 니즈파악을 토대로 더욱 성공적인 아이디어로 발돋움을 할 수 있습니다.

누구나 적용할 수 있는 디자인씽킹 프로세스

해결책 중심으로 문제를 풀어나가는 디자인씽킹. 디자인적 사고방식은 디자이너들만 담당할 수 있는 영역이 아니라 원칙을 이해하면 충분히 발휘할 수 있는 보편적인 역량이라고 합니다. 그렇다면, 어떻게 디자이너처럼 미스터리를 풀어나가면 되는 것일까요?

디자인씽킹의 문제 해결 프로세스는 5단계로 진행됩니다. 공감 ⋯→ 문제 정의 ⋯→ 아이데이션 ⋯→ 프로토타입 ⋯→ 테스트가 그것입니다.

다섯 단계 중 가장 중요한 첫 단추는 공감입니다. 관찰과 경험을 통해 이슈의 핵심 당사자 혹은 이해 관계자를 공감하는 것이죠. 이 과정이 중요한 이유는 설문조사나 단순한 인터뷰로는 알수 없는 습관적인 행동들과 주변 환경까지 살펴봄으로써 인사이트를 이끌어내기 위함입니다.

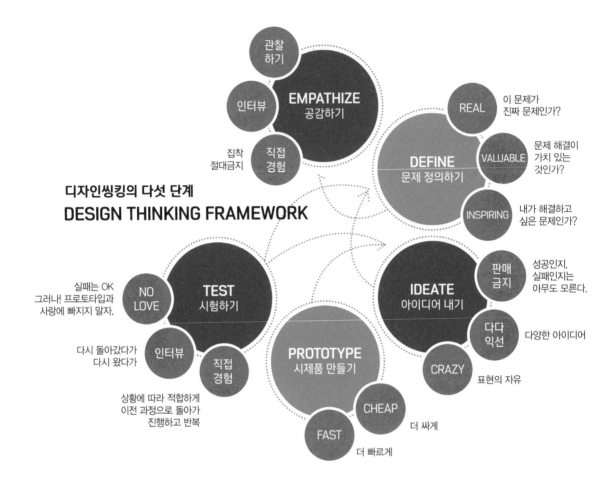

디자인씽킹의 다섯 단계
DESIGN THINKING FRAMEWORK

관찰
하기

EMPATHIZE
공감하기

인터뷰

집착
절대금지

직접
경험

REAL

이 문제가
진짜 문제인가?

DEFINE
문제 정의하기

VALUABLE

문제 해결이
가치 있는
것인가?

INSPIRING

내가 해결하고
싶은 문제인가?

판매
금지

성공인지,
실패인지는
아무도 모른다.

IDEATE
아이디어 내기

다다
익선

다양한 아이디어

CRAZY

표현의 자유

실패는 OK
그러나! 프로토타입과
사랑에 빠지지 말자.

NO
LOVE

TEST
시험하기

다시 돌아갔다가
다시 왔다가

인터뷰

직접
경험

상황에 따라 적합하게
이전 과정으로 돌아가
진행하고 반복

PROTOTYPE
시제품 만들기

CHEAP

더 싸게

FAST

더 빠르게

GE 의료 기기 부서에서 MRI를 개발해 온 더그 디츠는 검사를 받으러 온 여자아이가 기기 앞에서 울음을 터트리기 시작하자 무엇인가 잘못된 것이 있다는 것을 깨달았습니다. 어른들도 폐소공포증을 일으키는 거대한 MRI 기계 앞에서 30분씩 검사를 받는 아픈 어린아이들을 위해 그는 디자인씽킹을 공부한 후 새로운 MRI 프로토타입을 개발했습니다. 그는 기계를 포함, 병실 전체를 해적선으로 꾸미고 아이들에게 모험을 제안했죠. 촬영 기사에는 모험을 진행할 수 있는 대본을 주어 검사 시간이 즐겁게 이루어질 수 있도록 했습니다. 해적선에서 검사를 마치고 나면 보물상자에 든 작은 장난감이 선물로 주어집니다. 이런 방식으로 우주선, 잠수함, 정글 등의 테마로 MRI가 개발되어 있습니다. 검사 만족지수는 90% 향상되었고, 마취제 투어 횟수 또한 급감했습니다.

더그 디츠는 어린아이의 마음에서 MRI 기기의 문제점에 대해 생각했습니다. '공감'의 단계에서는 에스노그라피와 고객 여정 지도를 활용하여 관찰하고 인터뷰할 뿐만 아니라 필요하다면 직접 체험으로 상황을 분석합니다. 특히 고객 여정 지도는 제품이나 서비스에 대한 경험을 시각화함으로써 프로젝트 진행 시 쉽게 소통하고, 문제 정의 단계에서 문제점을 발견하는 데 도움을 줍니다. 고객이 제품을 사용하는 과정에서 느끼는 점과 활동들을 시간과 상황에 따라 분류함으로써 인싸이트를 발견할 수 있습니다. 이러한 '공감'의 방법들로 표면적으로 드러난 문제점뿐만 아니라 철저하게 사용자의 관점

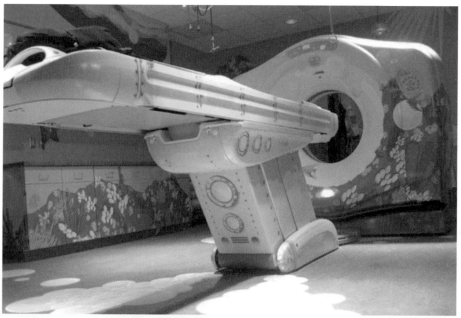

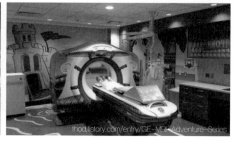

디자인씽킹을 활용하여 개발한 해적선, 잠수함 버전의 MRI 기기

에서 상황을 바라보고 '문제점'을 찾아냅니다. 공감을 통하여 문제를 충분히 이해했다면 다음 단계인 문제 정의 과정으로 넘어갑니다.

뱅크 오브 아메리카는 신규 고객을 유치하기 위한 고민을 가지고 있었습니다. 그들은 카드 사용이나 발급에 대한 설문조사로 지금 가지고 있는 저축 상품을 업그레이드할 수도 있고 이자율이 높은 상품으로 고객 유치를 할 수도 있었습니다. 하지만 그렇게 하는 대신 애틀랜타, 볼티모어, 샌프란시스코 3개의 도시에서 사람들의 소비 습관을 관찰하고 인터뷰하면서 디자인씽킹을 적용해보기로 했습니다. 관찰을 하는 동안 사람들이 구매 후 "잔돈은 가지세요Keep the change"라고 말하는 것과 "저축은 하고 싶지만 의지가 부족해서 되지 않네요"라고 대답하는 것을 연결해보는 아이디어를 생각해냈습니다. 좋은 조건의 상품을 제안하는 것보다 소비자들의 의지를 지속시킬 수 있는 방법은 생활 습관에서 가지고 오는 것이 효과적일 것이라고 판단했기 때문입니다.

그리하여 탄생한 '잔돈은 넣어두세요' 프로젝트는 물건 구매 시 달러 단위로 반올림하고 잔돈은 저금통에 넣는 사람들의 습관에 착안한 저축 상품입니다. 카드로 물건을 구매할 때도 현금에 사용되었던 방식과 같이 달러 아래의 단위는 자동으로 저축되게 합

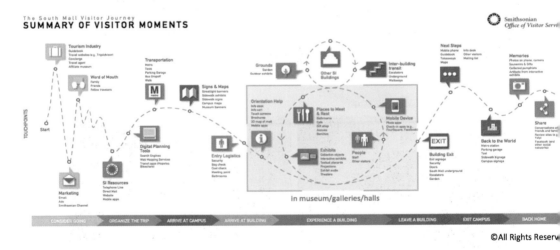

스미스 소니언 박물관Smithsonian Museum의 고객 여정 지도입니다. 여러 채널과 참여의 접점을 통해 방문자의 방문 경로를 보여줍니다.

끌리는 아이디어의 비밀

니다. 예를 들면 3,800원짜리 물건을 구매할 때 4,000원으로 자동 결제되고 나머지 200원은 고객이 지정한 예금통장으로 입금됩니다. 이 서비스는 시행 첫해에만 250만 명의 신규 고객을 유치하였으며 31억 달러의 예금액을 기록했습니다. 잔돈으로 이루어 낸 이 기업혁신 서비스는 문제를 섣불리 정의하지 않고 다양한 각도에서 검토함으로써 효과적이고 지속적인 고객 유치를 이루어낼 수 있었습니다.

'문제 정의'의 단계에서는 '이 문제가 진짜 문제인가?', '이 문제를 해결하는 것이 가치 있는 일인가?', '내가 해결하고 싶은 영감이나 자극을 주는 문제인가?'라는 체크 리스트를 통해 '진짜 문제'를 정의합니다. 워크샵을 통해 공감단계에서 얻어낸 다양한 인사이트를 해석하고 구체화시킬 수 있습니다.

세 번째는 디자인씽킹 과정은 아이디어 찾기입니다. 공감을 통해 문제들을 발견하고 그중에서 진짜 문제가 무엇인지 그리고 해결 가능한 것인지, 효과가 있을 것인지를 검증한 다음 정의된 문제를 해결하기 위해 다양한 아이디어를 내는 방법입니다. 다양한 사람들과 의견을 나누는 등 여러가지 확산적 사고법이 필요한 순간입니다.

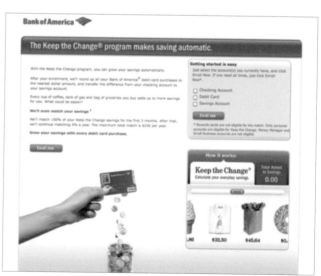

타고난 창의성을 발휘하는 사람도 있지만 실제로는 평범한 사람들도 방법론의 학습과 훈련으로 좋은 아이디어를 낼 수 있다고 합니다. 세계적인 명작을 남긴 천재들은 모두 다작을 했는데 그중 일부는 너무 형편없어서 작가의 작품이라 믿기 힘든 것들도 있습니다. 아이데오IDEO의 설립자 데이비드 켈리는 "위대한 생각을 하고 싶으면 먼저 많은 아이디어를 내세요."라고 말하기도 했죠. 아이디어 내기의 과정이 힘들다면 다양한 사람들과 아이디어를 나누는 브레인스토밍, 엉뚱한 것들을 연결해보는 시네틱스, 비유를 활용한 시각적 수사 사고법 그리고 성공하는 사람들의 생각 방식을 정리한 트리즈TRIZ를 활용해보는 것도 좋습니다.

많은 아이디어를 냈다면 그 아이디어를 현실로 만들어 볼 차례입니다. 프로토타입 만들기 단계는 머리로만 생각했던 아이디어를 현실화시키는 단계입니다. 거창할 것 없이 가지고 있는 재료를 활용하여, 혹은 스케치로 아이디어를 실현시켜 봅니다. 빠르게, 간단히 만들어보는 구체화 작업입니다. 실패할 가능성을 항상 염두에 두고 있기 때문에 최대한 싸고, 빠르게 만듭니다. 프로토타입 과정은 커뮤니케이션과 협업에 도움을 줄 것입니다.

시제품을 만든 다음 마지막 테스트하기로 넘어갑니다. 현장에서 실제로 사용할 고객들을 만나 피드백을 받습니다. 또한 프로토타입의 어떤 부분이 의도한 대로 진행되지 않는지를 살펴봅니다. 테스트의 장점은 문제가 발견된다면 아이디어 찾기 단계로, 혹은 다시 문제 정의하기로 돌아가 실패를 빠르게 수정할 수 있습니다.

미국의 거대 유통점인 타깃의 클리어 RXTarget clear RX 약병은 눈이 나쁜 할머니가 약을 잘못 먹는 것을 관찰한 디자이너 데보라 애들러가 문제를 해결하고자 시제품을 프로토타입으로 제작한 것에서 출발했습니다. 것이 그녀는 약통마다 라벨이 다르고 글씨가 작았던 불편을 개선하기 위해 평면화된 형태의 통을 사용하여 인쇄된 정보를 읽기 쉽게 했고 뚜껑의 컬러 링을 끼울 수 있게 하여 구분을 쉽게 했습니다. 또한 글을 읽지 못하는 사람들을 위해 아이콘도 추가했죠. 이 프로토타입을 본 타깃은 그녀와 협업해 여러 번의 테스트 과정을 거쳐 완성도 있게 약병을 변경했습니다. 나이가 젊은 사람들도 내

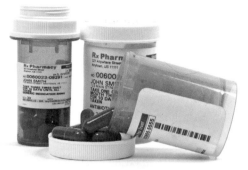

디자인씽킹 프로세스는 공감하기 → 문제 정의하기 → 아이디어 내기 → 시제품 만들기 → 테스트하기를 계속적으로 반복하면서 더 좋은 답을 발견해 나갈 수 있습니다.

용을 읽거나 모양을 보고 구분하기 까다로워서 잘못 복용하기 쉬웠던 기존의 작고 둥근 약병이 누구라도 금방 자신의 약을 구별할 수 있게 바뀌었습니다. 별 것 아닌 것처럼 보이는 이 작은 변화는 약통 때문에 일부러 타깃 약국을 찾는 소비자도 있을 정도로 큰 성과를 냈습니다. 관찰과 시제품을 통한 실증적인 실험들을 통해 많은 사용자를 돕는 좋은 아이디어입니다.

디자인씽킹은 사용자 관점에서 문제를 발견하고 빠르게 대안을 만들어낸다는 점에서 2000년대 말부터 본격적인 관심을 모았고, 디자이너 사회를 넘어 경영자들이 사업 환경에서 직면한 문제를 창의적, 혁신적으로 해결할 수 있는 새로운 방법으로써 다양한 성공 사례를 만들어 나가고 있습니다.

아이디어의 생명력은 어디에서 시작되는 것일까요? 우리는 디자인씽킹을 활용하여 주변의 문제들을 빠르고 정교하게 완성시켜 나갈 수 있을 것입니다. 결국 아이디어는 문제를 해결할 수 있을 때 살아남을 수 있으니까요.

❷-3 　아이디어 눈덩이 굴리기
브레인스토밍

"새로운 아이디어를 갖고 있는 사람은 그 아이디어로 성공하기
까지는 괴짜로 보이기 마련이다(A person with a new idea is
a crank until the idea succeeds)"

- 마크 트웨인

브레인스토밍하지 마세요

여러 의견이 오가는 회의 시간, 입을 열지 못하는 신입사원들과 그런
분위기를 조성할 수밖에 없는 상황은 우리나라만의 문제는 아닌 모양입니다. 평생 창
의성과 상상력을 연구하는데 몰두했던 광고 회사 BBDO 창립자인 알렉스 오스본은 회
의 시간에 자신의 의견을 제대로 말하지 못하는 신입사원들을 보고, 여러 사람들이 한
가지 문제에 대해 자유롭게 토의할 수 있다면 더 많은 것을 얻을 수 있을 것이라는 믿
음으로 '브레인스토밍' 발상법을 고안해냅니다.

브레인스토밍은 가장 널리 폭넓게 쓰이는 아이디어 발상법입니다. 하지만 다음과 같은
열린 마음을 전제로 하지 않으면 여타 다른 회의 방법과 다를 바 없습니다.

　끌리는 아이디어의 비밀

미국 초대형 정유 회사인 엑손모빌의 알레스카 대규모 기름 유출 사고가 생겼을 때의 일입니다. 유조선에서 기름이 대량으로 흘러나와 바다를 검게 물들였습니다. 대책 회의에서 한 직원이 아이디어를 냈습니다. '알래스카에 바다표범이 많으니 바다표범에게 기름을 먹게 하면 문제를 해결할 수 있지 않을까?'라고 말입니다. 우리나라의 회의 테이블에서 이런 아이디어가 나왔다면 수용이 가능할까요? 혹은 이런 엉뚱한 아이디어를 말해 볼 수나 있을까요? 당시 그 회의를 주재하던 사람은 달랐습니다. 물개 대신 다른 생물이 기름을 먹게 하는 방법은 없을까? 아이디어는 이어졌고 물개 대신 기름을 먹는 미생물을 생각해냈습니다. 미생물은 기름을 먹이로 삼을 뿐만 아니라 배설해 낸 성분이 물고기의 먹이가 되는 순기능을 가지고 있었습니다.

IDEO

고객사와의 브레인스토밍 모습입니다.

'머리를 써서 문제를 해결하자 using the brain to storm a problem'는 뜻의 브레인스토밍은 소그룹으로 팀을 구성해 아이디어를 '많이'내고, 그 아이디어를 확산시키고 발전시킴으로써 좋은 결과물을 만들어 나가는 대표적인 확산적 사고 발상법입니다. 아이디어들이 더해지는 모습이 눈덩이가 뭉쳐지며 커져가는 것과 닮아 있어 '눈굴리기 snow bowling' 기법이라고도 불립니다.

오스본의 『당신의 크리에 이티브 파워(Your Creative Power), 1948』

브레인스토밍 원리는 간단합니다. 판단을 보류할 것, 최대한 많은 '양'의 아이디어를 낼 것. 최대한 자유로운 분위기를 만들어 끌어낼 수 있는 모든 아이디어를 발굴해내고, 발전시킨다면 풍부하고 질적인 아이디어를 생산하는 것입니다. 창의성을 증대시키려는 방법이니 만큼 특별한 제약은 없지만 다음 네 가지의 기본 규칙4S을 따릅니다.

많이, 더 많이!(Speed)

'양이 질을 낳는다 quantity breeds quality'는 브레인스토밍 원리에 따라 가능한 많은 양의 아이디어가 제시되어야 합니다. 질보다 양을 택함으로써 발상의 다양성을 끌어올리고자 했기 때문입니다. 주어진 시간 내에 회의 참여자들은 온갖 생각을 끌어올려 목표했던 아이디어의 개수를 채워야 합니다.

당장은 유용해보이지 않는 아이디어들도 모두 메모합니다.
다른 아이디어와 연결, 결합, 확장시킬 수 있습니다.

끌리는 아이디어의 비밀

비난의 수도꼭지 잠그기(Support)

　　　　다른 사람의 생각을 비난하지 않습니다. 개별 아이디어에 대한 판단보다는 아이디어를 기반으로 다음 아이디어를 쌓도록 해야 합니다. 오스본은 남의 아이디어를 비판하는 것을 수도꼭지에 비유했습니다. 수도꼭지에서 찬물과 더운물을 동시에 틀면 차갑지도, 뜨겁지도 않은 미지근한 아이디어를 얻을 수 밖에 없다는 것입니다. 참여자들은 회의가 끝날 때까지 찬물이 나오는 비판의 수도꼭지를 잠궈야 합니다. 아이디어가 좋은지 나쁜지에 대한 판단은 추후 비판 단계까지 보류하고 계속해서 아이디어를 확장하고 더하는 데 초점을 둡니다. 단순해 보이는 이 규칙만으로도 자유로운 분위기를 조성할 수 있습니다. 꼭 공유해야 할 반대의 의견이 있다면, 의견을 개선할 수 있도록 합니다. 픽사의 플러싱^{Plussing} 회의 원칙은 다른 사람의 작업에 대해 의견을 말할 때는 반드시 개선을 위한 아이디어를 더해^{plus} 대안 없는 비판을 지양하도록 합니다. 이러한 회의 습관은 다른 사람의 아이디어에 무엇을 보태면 더 근사해질지 고민해 비난의 장벽을 허물게 합니다.

바보같은 아이디어라도 환영!(Silly)

　　　　오스본이 이 발상법을 제안하게 된 이유는 이 규칙과 연결됩니다. 많은 아이디어를 얻기 위해서는 바보같아 보이는 엉뚱한 아이디어도 받아들여집니다. 당연하다고 생각했던 것에서 엉뚱한 의견을 연결해 보며 더 새로운 아이디어들이 떠오를 수 있고, 그 황당함 속에 원하는 가치가 숨어있을 수도 있기 때문입니다.

아이디어들을 연결하기(Synergy)

　　　　　원초적이었던 아이디어들은 확장되고 발전됩니다. 아이디어들을 결합해 새로운 아이디어들이 나오게 합니다. 아이디어란 낡은 요소들의 새로운 결합[Young, 1975]이듯이, 아이디어들을 연결시켜 새로운 인사이트를 얻을 수 있습니다.

위의 네 가지 규칙은 이미 잘 알려진 브레인스토밍의 '약속'입니다. 하지만 몇몇 사람만 아이디어를 적극적으로 내거나 소수의 사람들은 이에 편승하려는 경향을 보일 수도 있습니다. 또 엉뚱한 방향의 아이디어만 많이 나올 수 있다는 단점도 생길 수 있죠. 세계적인 이노베이션 기업 아이데오[IDEO]는 기존의 브레인스토밍의 단점을 보완하기 위해 다음과 같은 *몇 가지 규칙을 추가하였습니다. OPENIDEO - 7 Tips on Better Brainstorming

아이데오(IDEO) 브레인스토밍

① Defer judgment
아이디어에 대한 판단은 잠시 미루기
② Encourage wild ideas
엉뚱한 아이디어 환영
③ Build on the ideas of others
팀원의 아이디어에서 힌트 얻기
④ Stay focused on the topic
주제에 초점 맞추기
⑤ One conversation at a time
한 번에 한 사람만 대화
⑥ Be visual
시각화하기
⑦ Go for quantity
가능한 한 많은 아이디어 내기

'주제에 초점을 맞춰라Stay focused on the topic'라는 새로운 규칙은 문제에 대한 좋은 아이디어를 얻기 위해서는 목표에서 벗어나지 않기 위해 집중해야 합니다. 엉뚱한 아이디어를 내도 된다는 규칙이 '관련 없는' 아이디어에 해당하는 것은 아닙니다. 잠깐 주제와 다른 방향으로 향하고 있다는 생각이 들면 진행자는 참여자들에게 주제를 상기시키며 집중할 수 있도록 유도하는 역할을 해야 합니다.

또한 토론이 과열될 경우 '한 번에 한 사람만 대화하기One conversation at a time' 규칙을 적용해야 합니다. 방해 없이, 묵살 없이, 무례함 없이 평등한 관계와 밝은 분위기 속에서 좋은 아이디어들이 나올 수 있기 때문입니다.

마지막으로 '시각화하기Be visual'입니다. 진행자는 참여자 모두가 볼 수 있는 화이트보드에 아이디어를 적절하게 정리해서 보여주어야 합니다. 또한 말로 설명하기 힘든 아이디어들을 포스트잇과 마커 등 여러가지 도구를 활용해 쓰고, 그린다면 설명하기가 쉬워집니다. 이런 아이디어들은 시각화되어 명확해지게 될 것입니다.

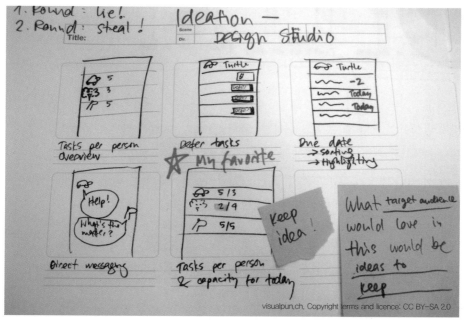

시각화 작업은 아름답지 않아도 됩니다. 커뮤니케이션하기 쉽도록 표현하는 것이 중요합니다.

브레인스토밍으로 아이디어 눈덩이 굴리기

규칙을 이해했다면 아이디어를 내 볼 차례입니다. 참여 구성원들은 5~7명 정도의 규모로 정합니다. 초기에 오스본은 12명의 전문가와 초보자로 구성된 집단을 구상했지만 제한된 시간 내 창의적 아이디어를 충분히 설명할 수 있는 시간을 참여자들이 가져야 하므로 적정 인원을 구성하는 것이 중요합니다. 또한 참여자 중 권위 인물이 있거나 사회적 상호작용이 불편한 상황이 된다면 심리적 작용으로 인해 브레인스토밍이 가진 장점을 활용하기가 힘들어질 수 있습니다.

진행자 1명을 포함한 참여자를 구성하였다면 다음의 네 단계 방식으로 진행하는 것이 효과적입니다. Rossiter & Lilien, 1994 먼저 주제를 정하고 아이디어의 목표 수치를 공지합니다. 오리엔테이션 단계에서 아이디어 목표 수치가 많으면 많을수록 효과가 높다고 알려져있습니다. Bergh, Reid, & Schorin, 1983 주제에 대해 공유가 되었다면 아이디어를 확산해 나갈 시간입니다. 자유롭고 편안한 분위기에서 가능한 많은 아이디어를 내기 시작합니다. 주어진 시간 내로 공지된 아이디어 목표 수를 달성합니다. 모든 아이디어가 설명되면 비슷한 아이디어끼리 분류하고, 이질적인 아이디어를 합쳐봅니다. 마지막으로 가장 우수한 아이디어를 선정합니다. 평가를 숙고하기 위해 시간을 가지고 다음 회의에 평가하기도 하고, 평가자를 전문가로 선정하여 평가할 수도 있습니다.

브레인스토밍 발상법은 쉽게 할 수 있고 다양한 주제에 적용할 수 있는 장점 때문에 널리 활용되고 있습니다. 또한 질보다 양에 초점을 두어 참여자들은 즉각적으로 아이디어를 제시하면서 시간 내에 생각할 수 있는 모든 아이디어들을 도출해낼 수 있고, 다른 사람의 의견을 참고하여 조합, 더 나은 의견으로 발전시킬 수 있어 유용합니다.

게다가 비판 자체를 비난 받는 규칙 덕분에 부담 없이 의견을 표출하고 판단을 유예받아 자유로운 분위기를 형성하게 합니다.

하지만 모든 이야기를 경청하도록 되어 있기 때문에 남의 아이디어를 듣고 있는 동안

끌리는 아이디어의 비밀

개인의 아이디어 발상을 방해하거나 지연될 가능성이 있는 산출방해production blocking나 자신에 역량에 대한 부정적 평가를 받을까 아이디어 내기를 꺼리는 평가 불안Evaluation apprehension요소, 다른 사람들의 노력에 무임승차, 아이디어가 뛰어나고 목소리가 큰 몇몇 사람들이 전체 분위기를 지배하는 등의 한계도 가지고 있습니다. 이런 단점들을 보완하기 위해 브레인라이팅 등의 다양한 기법뿐만 아니라 상황과 주제 단위, 기업 분위기 등을 고려하여 다양하게 발전되고 있습니다.

그랜트 교수는 "많은 연구에 따르면 사람들이 실수해도 처벌받지 않는다는 '심리적 안전망'이 잘 갖춰진 환경에서 창의와 혁신이 증진되는 것으로 나타났다"고 말합니다. 또한 레이 톰슨 미 노스웨스턴대 켈로그 경영대학원 교수가 수행한 연구에 따르면 브레인스토밍에 앞서 주제와 관련 없는 엉뚱한 이야기가 먼저 나오는 논의에서 26% 더 많은 아이디어가 나왔고, 아이디어 다양성도 15% 증가했다고 소개했습니다. 자유로운 분위기가 조성되는 것만으로도 좋은 아이디어들이 나올 확률이 높아지는 것입니다.

브레인스토밍은 집단 지성의 한 방법입니다. 다른 사람들의 생각에 영향을 받아 발전시키고 상호작용하는 가운데 해결 방안이 모습을 드러냅니다. 이미 잘 알고 있다고 생각했던 브레인스토밍 방법, 다시 처음으로 돌아가 마음을 여는 연습부터 해보는 것이 어떨까요? 평가하고 비판하고 제거하는 대신 더하고 연결하고 발전시켜 봅시다. 시커멓게 물든 바다를 깨끗하게 만드는 것부터 신제품을 디자인까지 '우리'의 가능성을 이끌어내 봅시다.

> **로르바흐의 브레인라이팅 발상법**
>
> 브레인라이팅Brain writing은 1968년에 독일의 베른트 로르바흐Bernd Rohr bach 교수가 브레인스토밍의 문제점을 보완하기 위해 만들었다. 방법은 6명이 둘러앉아 3개의 아이디어를 5분 내에 기록하고 옆 사람에게 돌려6-3-5 기법, 30분 내에 108개의 새로운 아이디어를 얻는 것을 목표로 한다. (http://en.wikipedia.org/wiki/6-3-5_Brainwriting). 리빗과 하우스리의 『브레인라이팅(Brain writing)』(2002)

❷-4 살면서 부딪히는 문제는 객관식이 아니다
에스노그라피

온갖 삶에 대한 호기심이 위대한 창의적인 사람들의 비밀이다.

- 레오 버넷

소비자 조사의 실체

직원들의 목표 달성 의지를 향상시키기 위해서 100만 원의 보너스를 지급하려고 합니다. 이 기업이 직원들에게 보너스를 소개하는 다음의 세 가지 보기 중 가장 효과적인 문구는 어떤 것일까요?

1. 보너스로 새 차의 할부금을 낼 수도 있고 최고급 레스토랑에서 가족들과 화려한 외식을 즐길 수도 있다.
2. 은행에 100만 원을 입금해두고 있다면 얼마나 마음이 든든할지 생각해보라.
3. 보너스인 100만 원은 당신이 회사의 발전에 얼마나 중요한 기여를 했는지 인정하고 있다는 의미다.

어떤 직원은 당장의 즐거움에 가치를 두기도 하고 어떤 직원은 안정적인 미래에 투자할

끌리는 아이디어의 비밀

수도 있습니다. 그리고 그 돈의 가치에 의미를 두는 직원도 있겠지요. 설문조사 결과, 사람들은 직원들이 '당장의 기쁨'에 무게를 둘 것이라고 생각하여 1번 문구가 가장 효과적일 것이라고 응답했습니다. 재미있는 것은 질문을 조금 바꾸어 조사했더니 전혀 다른 결과가 나온 것입니다. '당신이라면 어떤 문구가 당신의 목표 달성 의지를 향상시키나요?'라고 물었더니 '인정의 욕구'를 의미하는 3번 응답이 가장 많았던 것입니다. 이 연구는 설문조사의 허점을 보여주고 있습니다. 대개의 사람들은 무의식적으로 내면의 동기에 대해 솔직하게 말하는 것이 아니라 자신이 추구하고자 하는 이미지나 일반적으로 받아들여질 수 있는 것에 대한 것들로 응답한다는 사실입니다. 응답하는 사람의 말만 듣고는 그들의 행동을 충분히 파악할 수 없는 이유입니다. 사람들은 특정 질문에 대해 '실제로 그들이 하는 일'보다는 '그래야 한다'는 당위성에 중점을 두거나 상상된 실제를 이야기합니다. 『뉴욕타임스』 보도에 따르면 화장실에 다녀온 뒤 손을 씻느냐라는 질문에 그렇다고 응답한 사람들은 95%에 달했지만 미국미생물협회가 실제로 도시의 붐비는 화장실에서 사람들의 행동을 관찰한 결과 여성의 67%, 남성의 58%만이 손을 씻었다고 합니다. 설문조사가 삶을 정확히 보여준다고 말할 수 없다는 것을 보여주는 단적인 사례입니다.

지금껏 기업들은 소비자 니즈를 알아내기 위해서 대부분 시장 조사 단계에 설문조사와 타겟 그룹을 모아 놓고 토론하게 하는 포커스 그룹, 인터뷰 방식을 사용하여 왔습니다. 보다 좋은 성능의 제품을 개발하는 것이 관건이었던 지난날, 새로운 기능에 대한 만족도가 높았던 시장 환경에서는 이러한 조사 방식이 소비자들의 니즈를 쉽게 파악할수 있는 도구들이었습니다. 그러나 전보다 더 '나은' 기능보다 전보다 더 '특별한' 무엇인가를 원하는 지금의 시장 환경에서는 소비자 조사 방법의 개선이 요구됩니다. 소비자들도 자신들이 원하는 것이 정확히 무엇인지 알지 못하기 때문입니다. 미국 하버드대의 제럴드 잘트먼 교수는 말로 표현되는 니즈는 5%에 불과하다고 말하기도 했습니다. 또한 기존의 조사 방법들은 실제 제품을 사용할 때의 상황과 다른 상태에서 테스트될 때가 많고, 소비자의 행동과 동기를 제대로 반영할 수 없어 제품 개발 시 리스크를 가져올 수 있는 단점을 가지고 있습니다. 때문에 소비자를 제대로 알기 위해서는 소비의 맥락, 소비 문화와 정서를 이해할 필요가 있습니다.

술집으로 간 인류학자

유럽의 메이저 주류회사는 자신들의 맥주 제품이 술집과 음식점에서 유독 판매가 부진한 원인을 무척이나 밝히고 싶어했습니다. 대규모 시장조사와 경쟁사 분석에도 이유를 찾을 수 없었기 때문입니다. 설문조사 결과에는 고객들은 그들의 핵심 제품인 맥주 브랜드를 좋아한다고 응답했고, 마트에서도 구매율이 높았습니다. 하지만 술집과 음식점에서는 상황이 달랐죠. 고전을 면치 못하던 맥주회사는 이 문제를 사회인류학자들에게 의뢰하기에 이르렀습니다. 인류학자들은 기업에서 지정해준 십여 개의 술집에서 조심스럽게 연구를 진행했습니다. 마치 오지에 살고 있는 미지의 부족을 연구하듯 말이죠. 그들은 술집 주인과 종업원, 단골 손님들을 관찰했습니다. 그리고 마침내 일정한 패턴을 발견할 수 있었습니다.

기업에서 홍보물로 제공한 로고가 그려진 컵, 컵 받침, 스티커 등은 유용하게 사용될 것이라는 기획과는 달리 '잡동사니' 박스에 처박혀 하찮은 것으로 취급 당하고 있었습니다. 또한 서빙을 하는 종업원들은 대부분 자신의 업무를 즐기기는 커녕 손님들을 상대하는 것을 불쾌하게 여긴다는 사실도 관찰되었습니다. 종업원들의 업무 태도에서 그들이 제공한 홍보물은 제대로 사용되기도 어렵고, 맥주에 대한 정보 또한 전달될 리 만무했습니다. 맥주 회사는 천편일률적인 홍보 방식을 바꿀 필요를 깨달았습니다. 각 술집에서 원하는 맞춤용 홍보물을 제작했고, 늦게까지 일하는 종업원들의 편안한 귀가를 도울 수 있는 택시 서비스를 제공했습니다. 술집 주인과 종업원의 마음을 얻은 뒤 제품에 대한 매장 내 교육뿐만 아니라 외부 교육 프로그램도 만들어 진행했습니다. 경영학은 하루 동안 사람들이 먹는 맥주를 분석하지만 인문학은 맥주를 먹는 환경과 상황에 집중합니다. 설문조사로는 알 수 없는 복잡한 문제점을 인류학자들은 환경적, 태도적 차원의 다층적인 분석을 통해 바라봄으로써 문제를 발견해낼 뿐만 아니라 시장 점유율 상승을 이룰 수 있었습니다.

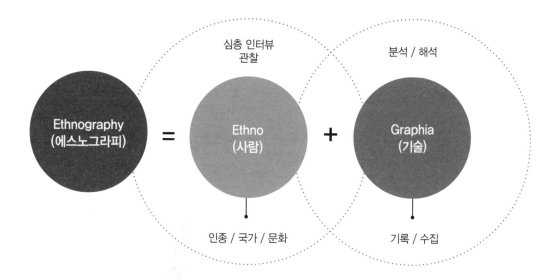

에스노그라피란 자연스러운 환경에서 대상을 관찰하고 상호작용하면서 인간의 행동 및 선호를 자세하고 깊이 관찰하는 조사 접근 방법입니다. 그리스어로 '사람people'을 뜻하는 'Ethno'와 '기술writing'의 의미를 가진 'Graphy'의 합성어로 '사람에 관한 기술writing about people'이라는 뜻을 가집니다.

인류학, 사회학 등에서 문화를 정의해오던 '에스노그라피'는 소비자의 인지, 태도, 행동의 프레임을 상황적, 문화적 맥락에 맞게 해석해내기 위해 1980년 이후 마케팅에서도 적극적으로 사용되기 시작했습니다. 마케팅에서의 에스노그라피는 삶 속에 들어가 사람들을 참여 관찰하고 대화를 나누는 조사 방법을 통해 소비자의 생각과 느낌, 욕구 등을 총체적으로 파악하고 통찰하는 접근 방식으로 활용됩니다. 대화에서 뿐만 아니라 변화, 제스처, 주변 상황에 대한 반응도 중요하게 생각함으로써 소비자가 말로 표현하지 못하는 무의식적인 행동에서 인사이트를 이끌어낼 수 있다는 점 때문에 그 중요성이 부각되고 있습니다. 또한 사용자 관점에서 제품 사용을 이해함으로써 실제 제품 개발자나 디자이너와의 이해의 폭을 줄이고 새로운 아이디어를 얻을 수 있습니다.

오랄비^{Oral-B}는 에스노그라피를 적극적으로 활용하고 있는 아이데오^{IDEO}에 어린이용 칫솔 디자인을 의뢰했습니다. 그동안 어린이 칫솔은 어른 칫솔의 작은 형태로 출시되어 왔습니다.

아이데오^{IDEO}는 어린이가 칫솔질하는 형태를 자세히 살펴본 결과 어른들과는 달리 손바닥을 이용해 칫솔을 쥐는 것을 발견합니다. 주먹을 쥐고 양치질을 한다는 사실에 착안하여 칫솔의 잡는 부분을 부드럽고 물렁한 재질로 볼륨감을 주어 양치질을 하나의 장난감이 되게 만들었습니다.

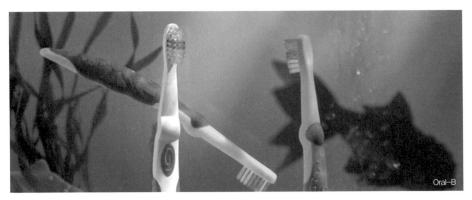

아이들은 어른들과는 달리 소근육이 발달되어 있지 않아 주먹을 쥐고 칫솔질을 합니다. 아이들의 자연스러운 행동을 관찰하여 구체적 이유와 상황을 탐색하여 인사이트를 이끌어내는 장점이 있습니다.

끌리는 아이디어의 비밀

미국의 산업 디자이너 패트리샤 무어는 3년 동안 80개의 노인 복장으로 116개의 도시를 방문했습니다. 그녀는 직접 노인으로 변장하고 생활하는 방법으로 유용한 제품들을 만들어 낼 영감을 얻습니다. 초점이 맞지 않는 돋보기와 무거운 모래 주머니를 착용하고 얼굴에는 주름살을 그려 노인의 신체와 최대한 가깝게 경험할 수 있는 분장을 했습니다. 그리고 건강하고 활력 넘치는 노인에서부터 휠체어를 타거나 보행기에 의존한 노인까지 다양한 노인의 삶 속으로 들어가려고 노력했습니다. 노인의 모습으로는 10분 정도면 걸어갈 거리가 한 시간으로 늘어났고, 친숙했던 요리 도구들은 날카롭거나 뜨거운 위협으로 다가왔습니다. 이러한 직접적인 경험은 노인들과의 인터뷰에서만은 얻을 수 없는 디테일한 것이었습니다. 그녀는 이러한 경험을 바탕으로 바퀴 달린 가방, 양손잡이용 가위, 소리나는 주전자 등 그녀의 신념이 반영된 제품들을 만들었고, 노인들의 생활을 편리하게 바꿀 수 있었습니다.

디자이너이자 노인학자, 페트리샤 무어
페트리샤 무어는 26세에 80대 노인의 모습으로 분장하고 세계 곳곳을 돌아다니며 인사이트를 얻었습니다.

노인 모습으로 분장한 페트리샤 무어

OXO

페트리샤 무어의 경험은 주방용품 OXO의 Good Grips 디자인에 주요한 역할을 하였습니다.

에스노그라피는 제품 개발뿐만 아니라 서비스 제공 시 일어나는 문제점을 발견하는데도 활용됩니다. 영국에서는 매년 5,000여 명이 의료 감염으로 사망했고, 멀쩡한 상태로 병원에 왔다가 오히려 감염을 통해 죽음에 이르는 경우도 있을 정도에 이르게 되었습니다. 무료 공공 의료 서비스를 제공하는 영국에서는 의료 감염을 치료하는 데 연간 10억 파운드^{약 1.8조 원}의 예산을 사용하고 있는 상황이었습니다. 이 문제를 해결하기 위해 영국 보건국과 디자인 카운슬^{Design Council}은 의료진과 환자의 환경을 관찰했고 이를 통해 의료진들이 환자가 바뀔 때마다 깨끗하게 닦여야 하는 사물함, 휠체어 등을 촉박한 시간과 업무 부담 때문에 꼼꼼히 청소하지 않는 것을 발견했습니다. 또한 2차 원인을 일으키는 원인이 침대 옆에 비치된 사물함의 복잡한 내부 공간과 손이 닿지 않는 벽면에, 액체와 먼지가 쉽게 스며들어 세균 번식의 위험이 있다는 것을 알게 되었습니다. 이들은 새로운 사물함을 디자인했습니다. 청소가 어려운 모서리와 손잡이 부분을 단순화하여 닦이지 않는 부분이 없도록 하고 내항균성 소재를 사용하여 세균 증식을 막을 수 있도록 했습니다. 의료 감염을 줄이려는 노력인 '디자인 벅스아웃^{Design Bugs Out}' 프로그램의 결과로 탄생한 사물함은 공개 피드백을 통해 보강되었고, 현재는 대량 생산을 거쳐 많은 병원에서 활용하고 있습니다.

끌리는 아이디어의 비밀

좀 더 깊게, 좀 더 사실적으로 바라보기

에스노그라피는 연구 대상이 되는 사람들의 삶에 일정한 시간 동안 참여하여 대화나 언어뿐만 아니라 무의식 중에 행하는 행동들을 분석하는 것입니다. 여기서 우리는 '어떻게' 관찰해야 하는지에 대한 궁금증이 생길 것입니다.

행동을 관찰하는 방법은 크게 사용자의 시점에서 기록하고 분석하는 1인칭 관찰 기법과 특정 사용자를 따라 다니거나 불특정 다수의 사용자를 관찰하는 3인칭 관찰 기법이 있습니다. 또 다른 관점은 연속적으로 일어나는 일들을 관찰하는 방법과 순간의 특징을 기록하는 단편적 관점으로 분류되기도 합니다. 이 두 가지 관점을 따른 대표적인 관찰법으로 홈 비지트, 쉐도잉 인터뷰, 비디오 에스노그라피, 비디오 다이어리, 어컴패니드 쇼핑, 타운와칭, 포켓 스토리 등이 있습니다.

집은 사람들이 무엇을 왜 소유하는지 알아볼 좋은 환경을 제공합니다. 홈 비지트는 소비자의 의식주를 이해하는 것으로 조사 대상의 집을 직접 방문하여 라이프스타일 전반을 포함, 제품 사용 환경 및 사용자와 제품, 환경 간의 인터렉션을 파악하는 방법입니다. 케이트 폭스는 자신의 저서 『영국인의 발견』에서 화장실에서 장시간 있을 경우를 위해 가져다 놓는 읽을거리가 흥미롭게도 사회적 계층에 따라 다르다는 사실을 발견합니다. 노동자에 속한 사람들은 가벼운 농담이 담긴 읽을거리나 스포츠 잡지를 주로 가져다 놓는데 비해 중산층은 저속해 보일 것을 우려해 아예 아무것도 두지 않습니다. 상류층은 노동자와 비슷한 읽을거리를 가져다 놓는데 그 의도는 완전히 다릅니다. 그들의 목표는 멋진 저택 내에 소박한 분위기를 연출하기 위한 것이라고 합니다. 『관찰의 힘』의 저자는 집이 신분 상징물을 진열하는 이러한 행동들은 영국뿐만 아니라 모든 문화권에서 다른 방식으로 이루어지고 있다고 말합니다. 그들의 찬장이나 냉장고는 소비자들이 말하거나 보여주고 싶어하는 신념과 모순되는 것들을 발견할 수도 있고 특이한 생활 방식을 발견할 수도 있는 보물창고라고 말합니다.

쉐도잉 인터뷰는 그림자처럼 관찰 대상을 따라다니며 관찰, 인터뷰를 병행하는 방식입니다. 일정한 시간 간격으로 대상의 움직임을 촬영하고 기록하는 활동으로 소비자가 의식하지 못한 여러가지 행태를 관찰할 수 있습니다. 주로 모바일 제품이나 자동차 같은 제품의 사용 행태를 관찰하는 데 이용됩니다.

비디오 에스노그라피와 비디오 다이어리는 비디오로 관찰 대상의 행동을 찍는데 공통점이 있지만 비디오 에스노그라피는 조사 대상이 비디오에 시간이 지나며 무신경해져 무의식적인 행동이 나오는 것을 관찰하는 반면 비디오 다이어리는 스스로 비디오를 촬영하게 하여 경험한 것, 실제 생활하는 환경 안에서 느끼는 것을 분석한다는 점이 다릅니다. 주부들이 빨래를 한 뒤 색을 확인함과 동시에 냄새를 맡아보는 행위에 집중함으로써 '때를 제거한다'라는 세탁세제의 본래의 기능에 좋은 냄새를 추가한 것은 무의식적으로 나온 행동에서 이끌어낸 인사이트입니다.

어컴패니드 쇼핑은 관찰 대상의 쇼핑에 동행하여 쇼핑 과정을 관찰하는 것을 말합니다. 실제 구매 패턴을 관찰하는데 유용한 기법이며 구매 과정, 고려 요인, 광고물의 영향 등 전반적인 카테고리를 이해하는데 유용합니다.

마지막으로 타운와칭은 유동 인구가 밀집한 장소에서 대상들을 관찰하는 방법입니다. 필요하다면 즉석 인터뷰 요청을 통해 동기, 태도 등을 알아봅니다. 트렌드 파악에 유용하다는 장점이 있습니다. 동네마다 사람들이 어울려서 얘기를 나누는 사회적 허브인 미용실이나 이발소도 좋고 공항도 좋습니다. 맥도날드에서 세계 여행을 할 수도 있을 것입니다. 뭄바이에 있는 맥도날드는 파리에 있는 맥도날드와 절반의 메뉴가 다릅니다. 채식 식단으로 구성되어 있죠. 홍콩에서는 24시간 영업을 하는 맥도날드가 밤을 보내는 노숙자들의 잠자리가 되기도 합니다.

포켓 스토리는 가능한 많은 수의 관찰 대상을 선정하고 그 소지품을 모두 촬영, 기록하는 방법입니다. 관찰 대상이 평소에 몸에 지니고 있는 물건을 기록하기 때문에 개인의 취향뿐만 아니라 트렌드를 알기 쉽습니다. 현대사회에서 개인이 가진 대부분의 물건들은 그 사람의 정체성에 대한 일종의 메타포가 될 수 있습니다.

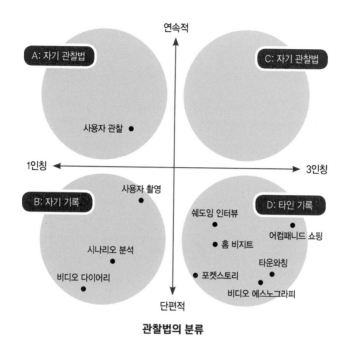

관찰법의 분류

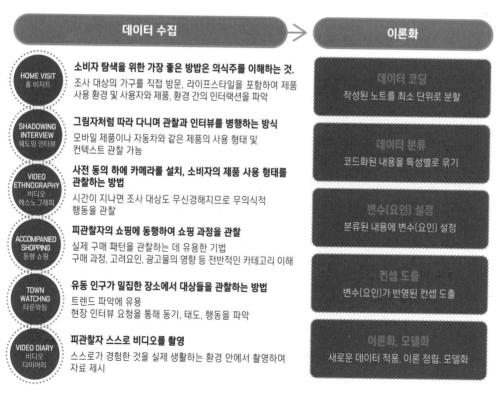

| 데이터 수집 | → | 이론화 |

HOME VISIT
홈 비지트

소비자 탐색을 위한 가장 좋은 방법은 의식주를 이해하는 것.
조사 대상의 가구를 직접 방문, 라이프스타일을 포함하여 제품
사용 환경 및 사용자와 제품, 환경 간의 인터랙션을 파악

데이터 코딩
작성된 노트를 최소 단위로 분할

SHADOWING INTERVIEW
쉐도잉 인터뷰

그림자처럼 따라 다니며 관찰과 인터뷰를 병행하는 방식
모바일 제품이나 자동차와 같은 제품의 사용 형태 및
컨텍스트 관찰 가능

데이터 분류
코드화된 내용을 특성별로 묶기

VIDEO ETHNOGRAPHY
비디오
에스노그래피

**사전 동의 하에 카메라를 설치, 소비자의 제품 사용 형태를
관찰하는 방법**
시간이 지나면 조사 대상도 무신경해지므로 무의식적
행동을 관찰

변수(요인) 설정
분류된 내용에 변수(요인) 설정

ACCOMPANIED SHOPPING
동행 쇼핑

피관찰자의 쇼핑에 동행하여 쇼핑 과정을 관찰
실제 구매 패턴을 관찰하는 데 유용한 기법
구매 과정, 고려요인, 광고물의 영향 등 전반적인 카테고리 이해

컨셉 도출
변수(요인)가 반영된 컨셉 도출

TOWN WATCHNG
타운와칭

유동 인구가 밀집한 장소에서 대상들을 관찰하는 방법
트렌드 파악에 유용
현장 인터뷰 요청을 통해 동기, 태도, 행동을 파악

이론화, 모델화
새로운 데이터 적용, 이론 정립, 모델화

VIDEO DIARY
비디오
다이어리

피관찰자 스스로 비디오를 촬영
스스로가 경험한 것을 실제 생활하는 환경 안에서 촬영하여
자료 제시

새로운 아이디어의 연결고리 찾기

이렇게 얻어진 정보들은 데이터로 분류하고 그룹핑하여 유의미한 차이를 발견해 낼 수 있습니다. 사용자 여정 지도로 데이터를 정리하여 주목할 만한 행태를 발견해낼 수도 있을 것입니다. 여러가지 차이들을 발견했다면 모든 차이에 동일한 가치가 있는 것은 아니기 때문에 차별화할 포인트를 정합니다. 그런 다음, 차별화 포인트를 제품 및 서비스에 적용하기 위한 아이디어 발상 과정을 진행합니다. 아이디어 발상 시 비지니스 타당성도 함께 검토합니다. 마지막으로 아이디어 스크리닝을 거쳐 가장 유용하고 독창적인 아이디어를 반영하여 제품과 서비스에 적용합니다.

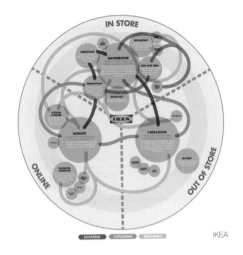

이케아의 고객 경험 지도입니다. 고객이 어떤 방식으로 이케아의 서비스를 접근하는지를 나타냈습니다.

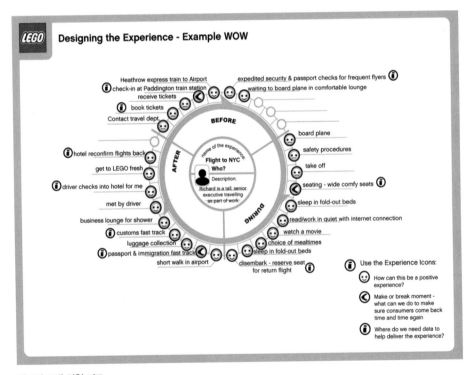

레고의 고객 경험 지도

끌리는 아이디어의 비밀

삶은 아이디어로 가득찬 보물 창고입니다. 세상은 대답보다는 질문으로 가득 차 있다는 것을 에스노그라피는 느끼게 해줍니다. 태국에서 쉽게 볼 수 있는 조악한 수준의 가짜 교정기*. 소녀가 착용하고 있는 그 치아 교정기는 정말 치아를 고르게 하는데 사용되는 것일까요? 그 소녀의 부모는 그 아이가 다른 사람들에게 암시하고 싶어하는 만큼 부유할까요? 문맹인을 위한 휴대전화 개발이 필요할까요? 에스노그라피는 가족, 친구, 동료, 소비자 등과의 상호작용 같은 인간의 행동이 단편적인 범위를 넘어서 포착되고 해독되고 분석할 수 있게 합니다. 말로 직접적으로 표현된 것뿐만 아니라 표현되지 않은 내용을 이해하는 방법을 통해 사람들을 깊이 공감할 수도 있을 것입니다.

> 태국의 가짜 교정기는 착용자나 착용자의 부모가 치아 교정기 같은 고가의 물건을 구입할 수 있는 경제적 능력을 반추하는 하나의 장치가 된다. 『관찰의 힘』, 얀 칩체이스, 사이먼 슈타 인하트

누군가를 알아간다는 것은 그 사람이 어떤 유형에 속하는 사람인지를 아는 것에서 나아가 그 사람이 가지고 있는 가치관과 나아가고자 하는 방향을 이해한다는 의미입니다. 사람의 행동에는 하기와 하지 않기의 전환점이 있습니다. 그 전환점을 자세히 살펴 극히 평범해 보여 지나치기 쉬운 것들 속에서 미래의 기회뿐만 아니라 평범한 인간 활동을 완전히 새로운 시각으로 들여다 보는 기회를 만들어 봅시다.

❷-5 낯선 것을 친숙한 것으로
시네틱스

"뇌는 실험실과 같은 기능을 수행한다. 뇌는 건축가이다. 모델을
만들고 다양한 조각들을 하나로 합친다"
— 조 디스펜자

사냥꾼, 곰, 그리고 수정테이프를 연결하라

여기 세 가지 단어가 있습니다. '사냥꾼', '곰' 그리고 '수정테이프'.

여러분은 세 가지 단어들 사이에서 어떤 공통점을 찾을 수 있으신가요? 잠시, 제시된 세 가지 단어를 머리에 넣어두고, 관련이 없어 보이는 것들을 조합하여 새로운 아이디어를 만들어내는데 유용한 방법인 '시네틱스' 아이디어 발상법에 대해서 알아봅시다.

윌리엄 고든$^{William\ J.\ J.\ Gordon}$은 천재들은 어떤 사고 과정을 통해 발명을 하는지 궁금했습니다. 그래서 흔히 천재라고 불리우는 발명가들을 대상으로 창의력에 대한 심리 연구를 진행합니다. 그 결과 그들 대부분이 발명 과정에서 어떤 사물과 현상을 관찰하여 다른 개념으로 추측하거나 연상하는 '유추^{analogy}적 사고'를 한다는 공통점이 있음을 알게

되었습니다. 그는 유추를 통해 친숙한 것을 낯선 것으로 바꾸어 생각하거나 낯선 것을 친숙한 것으로 전환하는 '시네틱스*'를 개발합니다.

고든^{William J. J. Gordon}의 연구 NM법을 일본의 나까야마 中山正和가 보완 수정

시네틱스는 얼룩말과 전함이라는 전혀 다른 개념에서, 얼룩말의 속성인 얼룩과 전함의 속성 중 하나인 매복을 연결해 배의 크기, 형태, 목표, 속도, 방향 등을 알아보지 못하게 하는 위장술을 쓴 2차 세계대전의 사례처럼 상상력을 동원해 실질적인 문제 해결 방법을 이끌어냅니다. '결합'이라는 의미의 어원 'Synectics'는 이 방법론의 속성을 잘 나타내줍니다.

시네틱스는 특히 문제에 대해 새로운 시각을 마련하는 것에 중점을 두고 있습니다. 우리의 뇌는 무궁무진한 가능성을 가지고 있지만 게으르기도 합니다.
뇌는 가능한 한 가장 쉽거나 가장 편리한 방식에 따라 반사적으로 정보를 처리하곤 하기 때문입니다. 아이디어메이커 뤼크 드 브라방데르, 앨런 아이니

다음 그림을 보면 어렵지 않게 조지 부시 대통령이 미소를 짓고 있음을 알 수 있습니다. 하지만 거꾸로 이 그림을 다시 본다면, 어딘가 많이 이상한 남자가 나타납니다.

친숙한 것들을 접할 때 자세히 탐색하지 않고 무관심의 영역으로 내던져 버리는 우리 뇌의 '인지적 구두쇠' 특성 때문입니다. 웃고 있는 것처럼 보이는 남자의 그림을 똑바로 돌려보면 눈과 입이 거꾸로 되어 있음을 알 수 있습니다. 하지만 주의 깊게 그림을 바라보지 않으면 평소 우리가 알고 있던 정치인의 웃고 있는 익숙한 얼굴만을 보게 됩니다.

이렇게 기존의 경험에 의존하는 것은 새로운 방식으로의 접근을 방해하는 것이 분명해 보입니다. 우리가 주변의 사물로부터 무엇인가를 추출하려면 너무나 친숙해서 달리 보일 것 없다는 사고에서 벗어나야 하는데, 시네틱스는 관계성 없는 것들과 문제를 연결해보면서 평범한 것들을 새로운 방향으로 생각하게 해주는 대표적인 확산적 사고의 아이디어 방법입니다.

문제로부터 벗어나 보는 방법, 시네틱스 활용하기

우리가 가지고 있는 기억과 가정의 울타리는 어떻게 벗어날 수 있을까요? 시네틱스는 두 가지 방향성을 가지고 울타리를 바라보게 합니다.

첫째, 친숙한 것을 이용해 새로운 것을 만들어내는 것.
둘째, 다른 하나는 친숙하지 않은 것을 친숙한 것으로 보도록 하는 것.

이러한 원리를 가지고 네 가지의 방법으로 아이디어 발상을 진행시킬 수 있습니다.

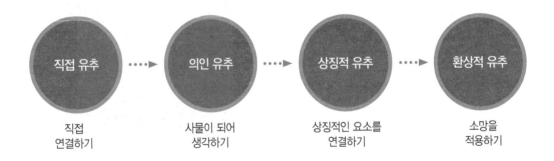

직접 유추	의인 유추	상징적 유추	환상적 유추
직접 연결하기	사물이 되어 생각하기	상징적인 요소를 연결하기	소망을 적용하기

직접 연결하기(직접 유추: Direct analogy)

　　프링글스의 감자칩은 부피가 크고 잘 부서져서 패키징하는 데 어려움이 많았다고 합니다. 부서지지 않고 부피도 줄일 수 있는 포장 방법을 개발하는 와중에 개발자는 감자칩과 비슷한 모양인 마른 나뭇잎을 생각해 냈습니다. 마른 나뭇잎을 여러 장 겹쳐놓고 눌러보니 부서질 것이라는 예상과는 달리 압력을 견뎌냈습니다. 나뭇잎을 자세히 관찰한 결과, 어느 정도 습기가 있다면 압력을 견디는 성질을 발견해 냅니다. 그는 이것을 감자칩에 연결해 현재 프링글스의 상징인 감자칩 패키지를 만들게 되었다고 합니다.

winterborne.com.mx/noticias/pringles-un-caso-de-estudio/

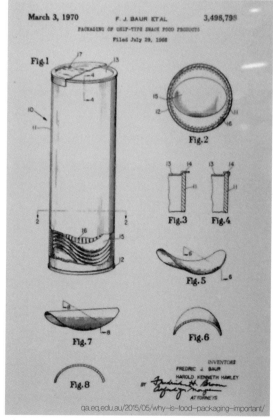

qa.eq.edu.au/2015/05/why-is-food-packaging-important/

마른 나뭇잎에서 유추한 패키징 아이디어, 프링글스

프링글스 감자칩과 낙엽처럼 '직접 연결하여 추측하기'는 개발하려는 물건 혹은 주제와 유사한 사물, 아이디어, 현상, 개념 등을 찾아보고 두개의 관계를 연결 짓고, 비교 적용시켜 새로운 관점을 찾아내는 방법입니다. 우산이 펴지는 모양을 보고 낙하산의 원리를 유추해 내는 것, 거북선과 거북이 모양을 연결하는 것 등은 직접 유추에 해당하는 아이디어 발상법입니다.

사물이 되어 생각하기 (의인 유추: Personal analogy)

시네틱스의 두 번째 접근 방법은 내가 직접 문제의 사물이 되어보는 방법입니다. 사물과 나를 동일시^{인격화}하여 내가 만약 그 사물이라면 어떻게 느끼고 행동하는지 추측해보는 것입니다. 예를 들어, 신형 카메라에 대한 아이디어를 고민하고 있다면 카메라가 되어보는 것이지요. 그렇다면 '어깨에 매달려서 가려니 너무나 불편하네'라고 생각해 볼 수도 있습니다. 그것을 연결해 카메라가 몸에 딱 붙는 스트랩을 개발하는 방법입니다. 사물의 의인화가 강하면 강할수록 그 유추는 더욱 새로운 관점을 형성할 수 있는 심리 상태가 된다고 합니다.

보스턴 컨설팅그룹의 수석 고문인 뤼크 드 브라방데르는 여기서 좀 더 의인화를 심화시키는 것을 권합니다. 헬스클럽 체인점 광고를 만들 때 나이키의 제품 개발자가 헬스클럽과 콜라보레이션을 할 수 있는지 의인화해서 생각해 볼 수도 있습니다. 혹은 고양이 사료를 많이 팔고자 할 때 유제품 회사의 마케터가 되어 그 관점에서 아이데이션해 볼 수도 있을 것입니다. 그는 광범위하게 기존 관점을 의심해 보고 다양한 사람들의 눈으로 세상을 보는 준비를 해본다면 성공적인 혁신을 가져오는 멋진 아이디어를 얻을 수 있을 수 있다고 강조합니다.

상징적인 요소를 연결하기(상징적 유추: Symbolic analogy)

상징적 유추는 주제와 관련된 격언이나 상징들을 연결해 보는 방법입니다. '대지는 어머니다'처럼 비슷한 대상에서 유추해 나갈 수 있고 또는 군중 속의 고독처럼 반대되는 개념을 묶을 수 있습니다. 먼저, 중심어를 선정한 후 그와 연결된 격언 등을 통해 상상력을 이끌어 냅니다. 그런 다음 생각해 낸 감정이나 단어 등을 섞으면서 아이디어를 발전시켜 갈 수 있습니다. 다음 광고는 손^{Hand}과 동물^{Animal}, 두 단어의 조합으로 만든 카피인 HANIMAL 시리즈 광고로 핸드 페인팅을 이용하여 동물의 형태를 시리즈로 나타내어 제품의 인지도를 끌어올렸던 유명한 광고입니다. 자사 제품들의 이미지를 상징하는 각각의 손으로 만든 여러가지 동물들로 패션으로서의 시계 기능에 대해 이야기하고 있습니다. 손으로 만든 다양한 동물들과 제품 속성을 연결함으로써 당시에는 신선한 이미지의 광고를 연출해낼 수 있었습니다.

'얼룩말처럼 볼드한'이란 제목의 인쇄 광고(The Print Ad titled As Bold As Zebra)

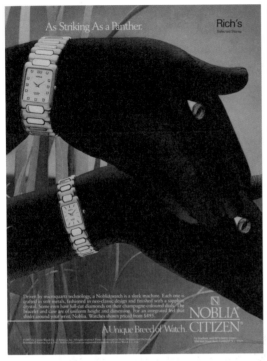

'표범처럼 빼어난'(As Striking As a Panther)   '말처럼 날렵한'(As Racy As a Thoroughbred)

소망을 적용하기(환상적 유추: Fantasy analogy)

'하늘을 나는 자동차'같이 상상력을 완전히 발휘하는 유추 방식입니다. 신화적인 내용이나 환상적인 상상을 발휘해 보는 것이죠. 현실적인 유추를 통해서는 해결될 수 없을 때 활용하는 방법입니다. 문제나 디자인에 대한 소망을 적용해 보기도 하고 성취적 욕구를 적용해 볼 수도 있습니다.

시네틱스는 한 자리에서 빙빙 돌 수 있는 우리의 상상력을 다른 것들과 연결짓도록 유도해 다양한 아이디어를 이끌어낼 수 있게 합니다. 확산적 사고 방법 중 다양한 각도로 문제를 바라보도록 하는 점에서 방향성을 가지고 있다고 할 수 있습니다. 그래서 시네틱스 발상은 혼자하는 것도 좋지만 전혀 다른 관점을 가진 사람들과 함께하면 더욱 효과적입니다. 여러 분야의 전문가들이 모인다면 아이디어는 더욱 풍성해질 것입니다. 과학적인 방법으로 주제를 연결할 수도 있고, 소설에 나오는 인간 군상과 연결 지어보는 기회를 가질 수도 있기 때문입니다.

사냥꾼, 곰, 그리고 수정테이프로 돌아가볼까요? 수정테이프 브랜드 팁엑스는 곰과 사냥꾼이 만나는 절체절명의 순간에 자신들의 제품을 이용해 이야기를 만들어냈습니다. 야외에서 양치질을 하고 있는 사냥꾼 앞에 곰 한 마리가 모습을 드러냅니다. 놀란 사냥꾼은 허둥지둥 총을 찾아 곰을 향해 총구를 겨누죠. 수정테이프는 이 상황을 어떻게 해결할 수 있을까요? 화면에는 '곰을 쏜다', '곰을 쏘지 않는다' 이 두 가지 메시지가 뜹니다. 그리고 사냥꾼은 갑자기 '곰을 쏘고 싶지 않아!'라고 이야기 하고는 동영상 밖으로 튀어나와 배너 광고로 나와있던 팁엑스 수정테이프를 들고 영상 위의 제목 일부를 지웁니다. 'A hunter shoots a bear!'에 동사 부분이 지워졌습니다. 사냥꾼은 동사 자리에 다른 동사를 입력할 것을 요구합니다. 사용자가 'LOVE'를 입력하면 사냥꾼이 곰 앞에 무릎을 꿇고 프로포즈 자세를 취합니다. 빈칸에는 얼마든 다른 단어를 써넣을 수 있습니다. 술 마시기, 축구하기, 수다떨기…. 새로운 단어를 입력할 때마다 그 상황에 맞는 영상이 나타납니다. 완전히 엉뚱한 단어를 입력하면 곰은 화면으로 다가와 손사래를 치며 거절합니다.

엉뚱한 단어들을 입력, 그에 맞는 각기 다른 영상들이 플레이되는 수정테이프 팁엑스 광고입니다.
익숙하지 않은 것들을 연결함으로써 새로운 재미를 주는 광고 캠페인입니다.

사냥꾼은 '곰을 쏘고 싶지 않아'라고 말하면서 영상 옆 배너의 수정테이프를 가지고 제목을 지워버립니다.

끌리는 아이디어의 비밀

총 4,600만 명이 참여한 이 광고는 초기에 1초에 한 번꼴로 트위터 글이 올라왔으며 버락오바마 전 미국 대통령도 이 광고에 참여했을 정도로 인기를 끌었습니다. 또한 1년 새 유럽 지역에서만 판매량이 30% 증가했을 정도입니다. 이 광고 캠페인이 매력적인 이유는 수정테이프라는 제품의 속성이 이야기를 지우고 만들어내는 것을 도와주기 때문입니다. 곰과 사냥꾼과 같이 뻔할 수 있는 이야기에 수정테이프가 더해져 관련 없는

오바마 전대통령도 광고에 참여하고 있습니다. (버즈맨 공식 유튜브 캡처)

것들이 관련지어졌을 때의 신선한 재미를 이끌어냅니다.

우리가 만드는 아이디어들과 메시지들은 대부분 익숙한 것들에서부터 출발합니다. 이제부터 좀 더 엉뚱한 것들에서 비슷한 점을 발견해내고 익숙한 것들을 새롭게 바라보는 '유추' 과정을 연습해 봅시다. 익숙함에 가려졌던 것들이 특별하게 다가올 수 있을 것입니다.

❷-6 마음을 다해 전한다면
설득의 기술 시각적 수사학

> 사람들의 천재성은 새로운 조합을 더 잘 만들어 내는데 있다.
>
> – 딘 키스 시몬턴

소통이 필요한 곳에 늘 수사학이 있다

고대 그리스 사람들은 다른 사람을 설득하기 위해서는 페이토^{Peitho} 여신의 은총을 입어야 한다고 생각했습니다. 상대방의 생각을 바꾸는 일은 신의 영역으로 본 것이죠. 그래서 설득을 뜻하는 영어 Persuasion은 Peitho 여신의 이름에서 유래되었습니다. 완벽하지 않은 존재인 우리들이 문제들을 해결해 나가기 위해서는 상대방의 생각에 공감하고 설득해나가며 함께 삶을 꾸려나가야 할 수밖에 없습니다.

끌리는 아이디어의 비밀

수사학^{Rhetoric,레토릭}은 '어떻게 하면 상대로부터 신뢰와 공감을 얻을 수 있을까'를 고민하는데서 출발했습니다. 고대 아테네에서 수사학이 태동한 계기도 그와 같습니다. 시실리의 시라큐스의 독재자가 쫓겨나게 되자 시민들은 그에게 빼앗겼던 재산과 시민권을 찾기 위해 법정에 몰려들기 시작했습니다. 땅문서도 없고 변호사도 없던 시절, 법정에서는 권리를 찾기 위한 변론을 해야 했는데, 이 때 자신의 주장을 얼마나 효과적으로 표현하고 전달하느냐가 중요한 변수가 되었습니다. 이때 수사학이라는 설득을 위한 책과 강의가 활발해지면서 하나의 학문으로 자리잡게 되었습니다. 화려한 언변에 가려져 진실이 묻히는 경우를 두려워하여 수사학이 생겨났을 당시 소크라테스와 플라톤은 '말로써 하찮은 것을 중요하게 만들고 중요한 것을 하찮게 만든다'라고 경계했지만, 아리스토텔레스는 설득이란 바로 '논증'으로부터 비롯된다는 전제를 가지고 이 학문을 발전시켰고 오늘날에는 상대방의 마음을 열기도 하고 억울한 혐의를 벗기기도 하며 정의를 구현하는데도 사용되고 있습니다. 흑인과 백인의 평등과 공존을 요구했던 마틴 루터 킹 목사가 'I have a dream'으로 말문을 열었던 연설처럼 적절하게 다듬어진 말은 그것이 가진 의미 이상으로 마음의 울림을 준다는 것을 우리는 알고 있습니다.

수사학은 본디 '설득'의 기술입니다. 그 시작이 웅변이나 연설에서 출발되었기 때문에 언어의 기술이라고 단순하게 생각하기 쉽지만 현대의 멀티미디어 기술과 이미지들의 범람 속에 수사학은 언어 커뮤니케이션뿐만 아니라 시각 커뮤니케이션, 그림과 음악을 포함하는 영화, 애니메이션, 광고 등 비언어 커뮤니케이션에서도 사용되고 있습니다.

언뜻 무례한 행동을 하는 듯 보이는 그림^{76쪽 참조}은 19세기 화가 제롬이 '프리네의 재판'을 소재로 그린 것입니다. 당대 제일의 미인으로 알려진 프리네는 아테네 여신의 조각상의 모델을 설 정도로 아름다웠다고 합니다. 그런 그녀에게 사랑을 고백했지만 받아주지 않자 앙심을 품은 귀족 에우티아스는 연극에서 벌거벗고 출연한 프리네에게 신성모독죄라는 죄명을 씌워 법정에 세웁니다. 당시 신성모독죄는 사형을 뜻했기 때문에 법정은 프리네에게 절망적인 분위기였습니다. 사랑하는 여인을 위해 변호를 맡은 히페리데스는 열변을 토했지만 논리로서는 재판관을 설득할 수 없다는 것을 알고 모험을

프리네(Phryne)의 재판－
제롬 Gerome, Jean Leon

감행합니다. 여인의 옷을 찢어 보인 것입니다. "이 모습을 보라. 아테네 여신의 모습을 본뜰 정도로 아름답지 않은가? 이 아름다움은 신의 의지라고 할 수 밖에 없다. 신이 빚은 아름다움을 어찌 신성모독이라고 할 수 있을까? 그러므로 그녀는 무죄이다." 프리네의 아름다움은 사람이 만든 법으로 옳고 그림을 판단할 수 없다는 논리 아래 생명을 구할 수 있었습니다.

이 이야기는 만들어진 여성성, 아름다움에 대한 탐미적 측면에서는 불쾌할 수 있지만 이미지와 텍스트가 만나 사람의 마음을 어떻게 움직일 수 있는지를 보여주는 사례라고 생각합니다. 말로써는 부족한 논리를 이미지는 압도해 버립니다. 설득이라는 것은 때로는 감정과 관점의 변화까지 감행해야 하는 일일지도 모릅니다.

적절한 카피와 이미지는 의미 전달과 함께 흥미를 불러 일으키며 공감하게끔 하는 힘을 가졌습니다. 우리가 수사학을 배워야 하는 이유는 자신의 의도를 글과 이미지로 표현할 때 발상을 돕는 수단으로 활용될 뿐만 아니라 '설득'이라는 목표를 가지고 아이디어 과정을 바라보게 합니다. '생각을 어떻게 전개할까?'하는 사고 방법을 제시해 준다는 면에서 유용합니다. 또한 의미 관계가 분명한 이미지와 텍스트는 함축적인 내용으로

끌리는 아이디어의 비밀

대중을 강하게 설득하고 공감할 수 있게 합니다. 수사학은 반짝거리는 아이디어들의 의미를 온전히 전달하기 위해 말과 이미지의 모양을 잘 빚어낼 수 있게 도와줄 것입니다.

시인처럼 이미지를 노래하자

수사학을 통해 만들어 낸 풍부한 심상은 특히 컨셉을 표현하는 데 효과적입니다. 직접적인 방법은 아니지만 유추적 사고를 통해 아이디어를 낼 수 있도록 하고, 특히 시각적 수사법은 컨셉을 형성하고 시각적 모티브를 얻는데 도움이 됩니다. 다양한 언어적, 시각적 수사 방법을 통해 '환경 보호'라는 하나의 메시지를 어떤 방식으로 전달할 수 있는지 알아보려고 합니다.

먼저 핵심 키워드를 추출하여 그와 관계된 단어 목록을 작성하는 것으로부터 출발합니다. 개념과 비슷하거나 확장 가능한 단어들을 자유롭게 연상하면서 목록을 만들어 나갑니다. 마인드맵을 활용해도 좋고 명사, 형용사, 동사, 감탄사 등 표현에 제약을 두지 않고 발전시켜 나갑니다.

이 단계가 끝나고 나면 추출된 단어를 서로 연결시켜 새로운 단어 조합을 만들어 봅니다. '바람이 분다'라는 단어를 분절시켜 다른 단어로 바꾸어 봅니다. '바람을 맞다', '바람을 쐬다', '바람을 피우다'라는 문장들을 만들 수 있습니다.

마지막으로 가장 중요한 컨셉을 만들 차례입니다. 언어 수사학의 '어떻게 말할 것인가'에 사용되는 다양한 방법들을 통해서 디자인 컨셉을 만들어 갑니다. 낯선 것을 친근한 것에 빗대어 원래 전하려고 했던 메시지^{원관념이라고도 합니다}를 보다 명확하게 표현할 때는 비유법을, 서술하려는 사실의 인상을 강렬하게 전달하고 싶을 때는 강조법을 사용하는 등 상황과 전달하고자 하는 의도에 따라 다양하게 적용해 볼 수 있습니다.

아이디어 발상에 활용할 수 있는 수사법의 표현 기법들은 크게 세 가지로 나뉩니다. 비유법, 강조법, 변화법인데, 각각 단어들은 비슷하고 어려워 보이지만 이미지로 이해하면 쉽게 이해할 수 있을 것입니다.

비유법 직유법, 은유법 / 풍유법 / 의인법, 활유법 / 환유법, 제유법

강조법 과장법 / 반복법 / 열거법 / 점층법 / 대조법

변화법 도치법 / 인용법 / 반어법 / 대구법 / 생략법

다르게 빗대어 표현하기(비유법)

비유는 대상이나 상황을 직접적으로 말하지 않고 다른 표현으로 빗대어 말하면서 새로운 의미나 신선함을 느끼게 하는 것을 말합니다. 막연한 사물의 표현을 시각회시기거나 다른 단어로 비유한다면 명확한 인상을 줄 수 있습니다.

'내 누님같이 생긴 꽃이여', 직유법 / '내 마음은 호수요', 은유법
표현하려는 주제를 ~같은, ~다.라는 표현을 통해 구체적이고 직접적인 형태를 부여하는 방법을 말합니다. 직유법과 은유법은 명확한 인상을 주기 때문에 이해가 쉽습니다. 가장 많이 활용되는 방법입니다.

끌리는 아이디어의 비밀

다음의 광고는 은유적 표현을 사용하여 산소와 직접 연결된 사람의 폐와 산림의 파괴된 모습을 한꺼번에 보여주고 있습니다. 지구 온난화를 녹고 있는 아이스크림처럼 표현한 광고 또한 은유적 수사의 하나입니다. 공장의 굴뚝을 날아가는 새를 겨누는 대포처럼 보여주는 '광고는 공장의 굴뚝 = 무기'로 보이도록 시각적으로 배치하는 직유적 수사를 사용하고 있습니다.

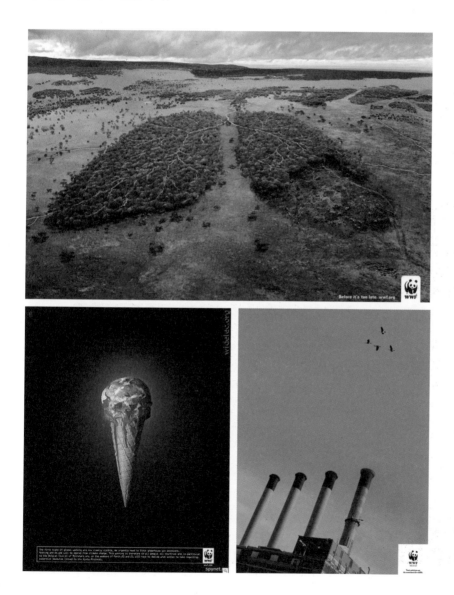

'원숭이도 나무에서 떨어진다', 풍유법

속담이나 격언에서 자주 쓰이는 표현으로 원래의 의미를 속뜻으로 숨겨 메시지를 짐작하여 깨닫도록 하는 방법입니다. 다음의 두 가지 광고도 긴박해 보이는 상황 앞에서 구조를 해야하는 소방관, 긴급 구조대원들이 한가하게 놀고 있습니다. 빠르게 파괴되어가고 있지만 그 긴박함을 외면하고 있는 우리의 모습을 빗댄 광고입니다.

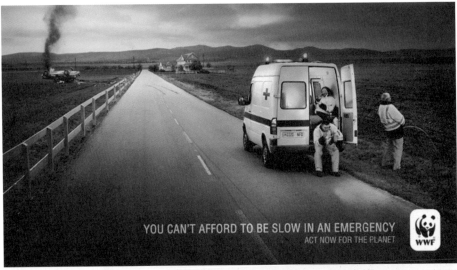

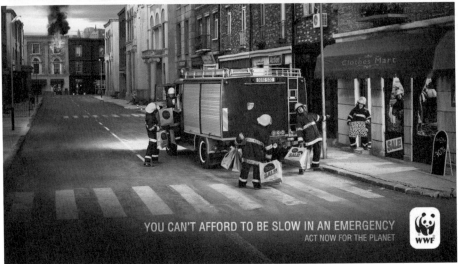

끌리는 아이디어의 비밀

'느티나무가 손짓하며 우리를 반긴다', 의인법 / '산이 긴 날개를 폈다', 활유법

사람이 아닌 사물 또는 개념에 사람의 속성을 부여하여 사람처럼 생각하고, 느끼고, 행동하도록 하는 표현기법입니다. 아래 광고의 사자는 사자는 사람처럼 눈을 가리고 마치 못 볼 것을 보는 것 같은 제스처를 취합니다. 다음 광고 또한 살아갈 터전을 잃은 동물들을 노숙자처럼 표현했습니다. 사람처럼, 혹은 사람의 감정을 부여해 삶의 터전이 망가지는 모습을, 우리가 그들의 자리를 빼앗고 있음을 알리는 메시지가 되었습니다.

'요람에서 무덤까지', 환유법 / '빵이 아니면 죽음을 달라', 제유법

표현의 대상이 되는 사람 또는 사물의 일부분이나 특징을 들어서 특징과 전체를 짐작하게 하여 주제를 표현하는 방법입니다. '빵이 아니면 죽음을 달라'라는 문장에서 빵은 식량의 일부로 '식량' 전체를 의미하는 것처럼 밀접한 관련이 있는 특성을 빌려 표현합니다. 다음의 광고 또한 나뭇잎의 확대된 모습에서 도시의 구조를 볼 수 있게 합니다. 환경을 파괴하는 도시의 모습을 잎맥의 일부로 구성함으로써 의미를 전달하고 있습니다. 아래의 광고는 한 생물종이 멸종하면 생태계 전체가 위험해진다는 것을 표현했습니다.

'후두둑 낙엽들이 바람에 떨어졌다.', 의성법 / 의태법

푸른 하늘을 향해 두 사람이 손으로 고래 꼬리를 연상케 하는 모양을 만들어 보이는 이 광고는 함께 하면 멸종 위기의 고래를 구할 수 있음을 시각적 표현^{의태법}으로 나타냅니다. 이렇게 의성법, 의태법은 소리와 모양을 표현하는 형용사를 이용하여 대상을 묘사, 상대방의 머리 속에 이미지를 그릴 수 있는 방법입니다.

강약중강약으로 표현하기(강조법)

설득하고 싶은 주제에 대해 보다 강력하게 표현하여 깊은 인상을 주는 방법입니다. 선명한 이미지를 남기고자 할 때 사용하는 수사법입니다.

'쥐꼬리만한 월급', 과장법

표현하려는 사물 또는 상황을 실제보다 훨씬 크거나 혹은 작게 나타내어 강조하는 방법입니다. 환경 보호에 관한 내용의 SNS 공유, 즉 공감을 통해 위기에 처한 북극곰을 구할 수 있다는 광고입니다. '좋아요' 버튼이 빙산처럼 표현되었습니다. 작은 버튼이 북극곰에 대한 관심을 불러일으키고, 그것이 결국 순기능을 할 것이라는 내용을 표현합니다.

끌리는 아이디어의 비밀

'산에는 꽃피네, 꽃이 피네', 반복법

동일한 단어나 어구와 문장을 계속 사용하여 뜻을 강하게 하고 리듬감을 주는 표현 방법입니다. 반복법은 광고에서 가장 흔한 형태로 기억에 각인되게 하는 '키워드의 반복적 사용'이 가장 흔히 사용됩니다. 수능 금지곡으로 불렸던 모 온라인 강의 사이트의 노랫말 같은 것들이 바로 이런 형태이죠. 이런 반복이 강요가 되면 반감을 살 수 있어 주의해서 사용해야 합니다. 다음 광고는 반복적 행위를 통해 핸드페이퍼의 사용이 푸른 산림을 파괴한다는 메시지를 전하고 있습니다.

'별 하나의 추억과, 별 하나의 사랑과, 별 하나의 쓸쓸함과 별 하나의 동경과', 열거법

열거법은 같은 어구, 문장을 반복하는 반복법과는 달리 의미를 전달하고 싶은 주제 내에서 비슷한 성질을 가진 단어들을 반복해야 한다는 것에 특징이 있습니다. 고래를 잡음으로써 발생하는 계층 구조를 한꺼번에 보여주면서 그 악습을 끊어야 한다고 말하는 광고입니다. 오브젝트를 나열하여 그 범위나 카테고리를 드러내 주는 광고 표현도 열거에 속하는 수사 방법입니다. 오른쪽의 광고는 화석이 된 코끼리의 모습을 뼈의 나열로 보여주면서 가까운 미래에 우리는 이 생명체를 마치 공룡처럼 뼈로써 상상해 볼 수밖에 없을지도 모른다는 메시지를 전합니다.

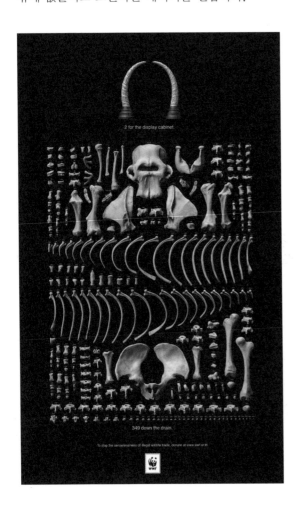

끌리는 아이디어의 비밀

'날자, 날자, 날자, 한 번만 더 날자꾸나, 한번만 더 날아 보자꾸나', 점층법

감정을 점차 강하게, 깊게, 크게 높여가는 방법입니다. 점강법은 점점 작고 약하게 표현하는 반대의 표현입니다. 나무 목자가 하나씩 사라집니다. 마지막에는 죽음을 뜻하는 십자가의 앙상한 모습만 남았습니다. 흐름을 따라 이야기와 감정을 담을 수 있습니다.

'인생은 짧고 예술은 길다', 대조법

상반되는 형식이나 내용을 두드러지게 드러내어 보이는 것입니다. 흑백, 선악, 남녀 등 의미적으로 반대되거나 대립되는 사실을 같이 보여줌으로써 본질을 뚜렷하면서 인상적으로 드러내는데 효과적입니다. 반드시 내용상 대립되면서 짝을 이뤄야 한다는 점에서 대구법과는 조금 다르게 사용됩니다. 다음은 두 가지 상황을 왼쪽과 오른쪽에 배치시켰는데 왼쪽의 상황도 무섭지만 그 동물이 사라진, 즉 멸종된 상황은 더욱 두렵다는 의미의 카피를 통해 메시지가 완성됩니다. 대조된 상황이 의미를 완성시키는 스토리텔링이 돋보이는 광고입니다.

끌리는 아이디어의 비밀

리듬감이 느껴지게 해서 마음을 움직이기(변화법)

변화를 통해 권태로운 요소에 참신하고 생동감 있는 인상을 주도록 하는 표현 기법입니다. 지루함을 느끼지 않도록 주의를 집중시키는데 목적이 있습니다.

'이리와, 어서', 도치법

논리적으로나 문법적으로 완벽한 문장의 서술 순서를 바꾸어 변화를 주는 방법입니다. 유치환의 시 '깃발'에서 '아아, 누구인가 이렇게 슬프고도 애달픈 마음을 맨 처음 공중에 달 줄 안 그는', 이라는 문구에서 '아아, 누구인가'를 맨 앞에 쓰면서 궁금증을 자아내도록 만들었습니다.

'악법도 법이다', 인용법

다른 사람의 주장이나 속담, 격언 등을 인용하여 논리에 힘을 실어주는 방법입니다. 소크라테스의 '악법도 법이다'.라고 인용을 한다면 그의 삶을 통해서 그가 한 말이 더욱 힘을 가지게 되며, 후광 효과라는 심리적 작용도 하게 되는 것입니다. 시각적 수사에서는 유명인의 얼굴이나 신체를 통해 그 사람의 말을 인용하는 것처럼 느껴지게 표현할 수 있습니다.

'죽어도 아니 눈물 흘리오리다', 반어법

하고 싶은 내용이나 의도와 반대로 표현하는 방법입니다. 참뜻과는 반대로 말하면서 강한 인상을 줄 수 있습니다. 문장 자체에서는 모순이 없지만 그 문장이 사용된 상황이나 이미지에서 생경함을 느끼게 만들어야 합니다. 다음의 광고는 아름다워 보이는 바닷속의 장면입니다. 하지만 자세히 보면 플라스틱이 그 자리에 있어야 할 산호를 대신하고 있습니다. 아름답지만 소름끼치는 장면이 대상의 변화를 통해 완성되었습니다. 플라스틱이 해양 생태계를 파괴하고 있음을 알리는 주목도 높은 광고입니다.

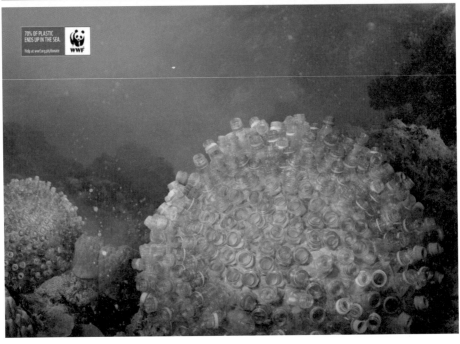

끌리는 아이디어의 비밀

'낮 말은 새가 듣고 밤 말은 쥐가 듣는다', 대구법

서로 비슷하거나 관계가 있는 사물을 짝지어 형식의 묘미나 운율적 조화를 보여주는 방법입니다. 아래의 광고 또한 우리에게는 작은 캔일지라도 바닷속 생명들에게는 위협적인 물체라는 메시지를 비슷한 형태의 오브젝트들을 연결지어 보여주고 있습니다.

'꽃이 진다, 하나 둘…', 생략법

여운이나 암시를 주기 위해 전체를 보여주지 않고 줄이거나 빼면서 상대방의 상상력을 자극하게 하는 방법입니다. 다음도 점점 종의 수가 사라져감을 보여주면서 멸종 위기 생명에 대한 경고를 보냅니다. 온도에 따라 이미지가 나타나고 사라지는 컵을 이용하여 경험을 통한 메시지를 전달할 수도 있습니다. 지구 온난화로 인해 온도가 올라가는 것을 따뜻한 물을 담은 컵에 빗대어 멸종 위기 동물들에 대한 메시지를 전하고 있습니다.

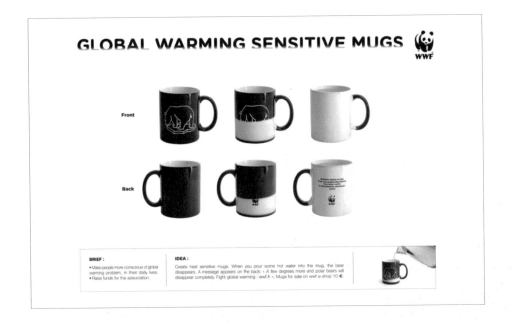

끌리는 아이디어의 비밀

지금까지 환경 오염이라는 하나의 주제를 다양한 수사법을 통해 풍부하게 표현할 수 있다는 것을 알아보았습니다. 어떤 방법을 택하느냐에 따라 다른 감정적 느낌을 가져옵니다. 강렬한 하나의 이미지는 그 속에 담긴 메시지를 그대로 보여주기도 하고, 무슨 의미인지 궁금했던 이미지는 카피와 연결되어 메시지를 완성시키기도 합니다. 명확한 표현에 덧붙여 임팩트 있는 메시지를 전달하는 힘은 마치 연설에 감응된 언어적 수사의 기술과 같아 보입니다. 새로운 아이디어를 전달하는 것보다는 설득하고자 하는 대상에게 선명한 이미지를 그려보일 수 있도록 사용되는 수사법들은 우리의 이야기를 효과적으로 전달하는데 도움을 줄 것입니다.

끌리는 아이디어의 비밀

②-7 천재들의 '유레카' 들여다보기
트리즈(TRIZ)

> 무엇이든 만들어내려면 두 가지가 있어야 한다. 하나는 조합들
> 을 만들어 내는 것이고, 다른 하나는 원하는 것과 이전 사람들이
> 전해주었던 엄청난 정보들 속에서 중요한 것이 무엇인지를 선택
> 하고 인지하는 것이다.
>
> — 폴 발레리(프랑스 시인)

창의적 문제 해결 방법, 트리즈

객관적 창의성의 발견

발견의 순간을 뜻하는 '유레카'. 왕의 명령으로 어려운 문제를 풀어야 했던 아르키메데스는 해결 방법을 깨달았을 때 알몸으로 '유레카^{알아냈다}'를 외치며 뛰어다녔다고 하는데, 그 깨달음의 순간이 얼마나 기쁜 것인지를 나타내주는 것 같습니다. 유레카의 순간은 쉽게 오지 않습니다. '아하!'하는 순간에 느껴지는 그 쾌감과 명쾌함. 한 번쯤은 느껴 보았고 느끼고 싶은 감정입니다.

트리즈는 창의성을 유레카가 다가오기만을 기다리는 우연의 순간이 아니라 '객관적 법칙'에서 찾을 수 있다고 생각하여 개발된 발상법입니다. 러시아의 과학자이자 기술자인 겐리히 알트슐러^{Genrich Altshuller}박사는 20만 건에 이르는 전 세계의 창의적 특허를 분석하여 가장 많이 활용된 아이디어 패턴을 뽑아냈습니다. 이 패턴을 바탕으로 창조적

으로 문제를 해결한다는 것은 무엇이고, 문제를 창의적으로 해결해 나가는 방법들은 무엇인지를 체계적으로 정리하여 트리즈 이론을 만들었습니다. 트리즈는 '창의적으로 문제를 해결하는 방법론' TRIZ: Teoriva Reshniya Izobretatelskikh Zadatch 의 앞글자를 딴 것으로 영어로는 TIPS Theory of Inventive Problem Solving 으로 풀이되기도 합니다. 이렇게 개발된 트리즈는 러시아의 초등 교육부터 대학 교육까지 여러가지 문제들을 해결하는 방법으로 알려져 왔고, 최근에는 정치, 사회, 경제 및 비즈니스 분야에도 폭넓게 적용되고 있습니다. 혼다 Honda 는 중국 오토바이 시장으로 진출했으나, 혼다 오토바이의 1/3 가격인 저렴한 중국산 카피 제품 출시로 위기를 맞았습니다. 혼다는 트리즈의 '중간 매개물'이라는 원리를 적용하여 대형 복제 부품사를 역이용, 합작회사를 설립하고 저렴한 오토바이를 만들어 매출액과 시장 점유율을 회복하였습니다.

트리즈는 심리학적 접근보다는 체계적으로 정리된 지식을 재사용할 수 있다는 점에서 유용합니다. 마치 문제 해결의 열쇠 꾸러미를 손에 쥔 듯합니다. 하지만 트리즈는 공학적인 측면에서 추출되고 분류되었기 때문에 40가지 원리 중 비공학적 측면 디자인/ 마케팅 등에서 사용할 수 있는 것들만 선별하여 소개하려 합니다. 새로운 문제, 풀지 못하고 있는 숙제를 대할 때 다른 사람들이 해왔던 문제 해결 방법들을 하나씩 대입해 보면, 창의적 아이디어를 떠올릴 수 있을 것이라 생각했던 알트슐러 박사의 바람처럼 우리도 천재들의 아이디어 발상 패턴을 문제에 적용할 수 있을것입니다.

이렇게 저렇게 쪼개어 보기(분할)

오브젝트의 형체를 분리하고 나누어 봅니다. 날 부분을 갈지 않고 나누어 쓸 수 있게 한 커터칼도 분할의 법칙을 이용한 사례입니다. 이케아는 부피가 큰 가구를 부분으로 쪼개어 부피를 줄여 운반과 보관을 편리하게 했습니다. 시각적인 부분에서도 트리즈의 분할 법칙을 적용할 수 있습니다. 패스트푸드 브랜드인 서브웨이의 로고는 가지고 있는 단어의 의미를 분할하여 다른 색과 화살표 등으로 표현했습니다.

끌리는 아이디어의 비밀

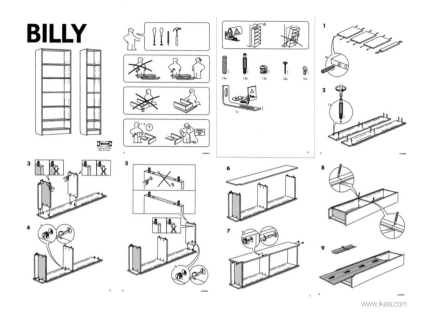

필요한 부분만 PICK!(Extraction 추출)

　　전체에서 가장 필요한 부분만을 뽑아내거나 필요없는 부분만을 제거하는 방법입니다. 애플의 에어팟은 심플한 디자인에서 나아가 거추장스러운 이어폰의 선을 없애 편리함을 높였습니다. 이렇게 선이 없어지면서 자연스럽게 핸드폰의 유선 잭 공간 대신 배터리를 늘리는 등 작은 내부 공간을 효율적으로 사용할 수 있게 되었습니다. 재미있는 것은 애플의 로고 변천을 살펴보면 최초의 로고에서 점점 그 핵심만 남기고 정리되어 가는 과정이 보입니다. 부분을 제거하더라도 핵심만 남긴다면 인식하기가 더 쉬워질 수 있습니다. 비지니스 측면의 제거 원리로는 아웃소싱^{직접 만들지 않고 외부 업체에}

위탁하여 처리하는 방법이나 생산자와 판매자를 직접 연결하여 물류비, 관리비 등을 낮춰 가격 경쟁력을 높이는 PB유통업체 자체 브랜드 : Private Brand, MB생산자 제조 브랜드 : Manufacturer Brand 상품 등이 필요한 부분만을 떼어내 문제 해결을 한 경우입니다.

영국의 고급 슈퍼마켓인 막스 & 스펜서Marks & Spencer는 1970년대부터 '영국산을 이용한 최상의 품질'을 강조, 자체 생산을 기업 전략으로 내세워 얼마 전까지 코카콜라같은 여타 브랜드 판매를 일절 하지 않을 정도로 100% PB 상품만을 판매했습니다. 막스 & 스펜서는 프리미엄급 제품들을 상품화하여 가격 경쟁력까지 갖춘 제품들을 선보이고 있습니다. '친환경', '공정무역', '채식주의자 식단'과 같은 키워드로 제공되는 PB 제품들은 이 리테일 브랜드의 가치관까지도 전달할 수 있는 수단이 됩니다.

www.apple.com

애플의 첫 번째 로고(1976)   1976~1998년 로고   현재의 로고

막스 & 스펜서의 채식주의자를 위한 PB 상품

조금만 변화를 주면 어떨까?(부분 기능)

전체를 동일하게 할 필요는 없습니다. 일부분만 다른 기능을 수행하거나 다른 모양을 가지게 바꿔봅시다. 이 TRIZ 방법을 가장 잘 나타내주는 것이 주름 빨대입니다. 곧게 뻗은 빨대의 부분에 주름을 넣어 자유롭게 굽혀 상황에 맞게 쓸 수 있습니다. 부분의 변화가 기능의 변화로 바뀌었습니다. 서울시가 시행했던 버스 전용차의 경우도 도로의 일부분을 대중교통 전용으로 지정하여 교통 흐름을 개선하였습니다. 디자인의 형태적 측면에서는 텍스트와 심벌을 조합하는 워터마크가 가장 좋은 사례입니다. 페덱스의 로고는 글자의 공간을 이용하여 화살표를 넣었습니다. 페덱스가 추구하는 빠른 배송의 기업 철학을 로고에 심어놓은 것입니다.

특별한 비대칭(비대칭)

의도적으로 대칭인 형태를 비대칭으로 만드는 접근 방법입니다. 현대자동차의 벨로스터는 1+2 도어의 비대칭 디자인으로 주목을 받았습니다. 과감하게 운전석 뒷쪽의 문을 없애고 운전자 중심으로 공간을 배치한 것입니다.

www.hyundai.com

1석2조 효과 생각하기(통합)

       동일하거나 유사한 것을 모음으로써 효율을 높이는 방법입니다. 여러가지 속성들을 하나의 카테고리로 묶는 새로운 관점이 필요합니다. 우리나라의 아궁이는 요리를 하면서 방을 덥히는 두 가지 기능을 수행했으므로 통합적 원리가 적용되었다고 볼 수 있습니다. 의료와 관광을 동시에 하는 의료 관광이나 자선 콘서트 또한 한 번에 두 가지 역할을 하고 있는 마케팅 아이디어로 볼 수 있습니다.

특히 아프리카의 식수 문제를 해결하기 위한 플레이펌프^{playpump}는 아이들이 즐겁게 뛰어 놀기만 해도 물탱크가 가득 차게 됩니다. 놀이 기구의 바퀴를 돌리면 바퀴의 회전에 의해 펌프가 작동되어 지하수를 끌어올리는 동력으로 바뀌는 것입니다.

끌리는 아이디어의 비밀

하나의 물건을 여러가지 쓸모로 생각하기(다양한 용도)

　　하나의 요소로 여러가지 다양한 기능들을 수행하도록 만드는 원리입니다. Jar Tops이라는 이름의 신통방통한 다섯 개의 뚜껑들은 보편적인 크기로 되어 있습니다. 딸기잼 등의 유리병이 대부분 비슷한 크기로 되어 있는 것처럼요. 크기가 맞는 유리병, 캔 등에 끼워 넣기만 하면 됩니다. 유리병들은 이 뚜껑의 모양에 따라 여러개의 기능을 가질 수 있게 됩니다. 하나의 부품을 여러 용도로 사용하거나, 하나의 기능을 다른 것에도 적용할 수 있게 합니다.

출처: TRIZ 개념을 활용한 제품 디자인 아이디어 발상에 관한 연구,
한아름 2011

안으로 집어 넣기(포개기)

　　하나의 요소에 다른 요소를 넣어서 포함시키거나 통과시키는 원리입니다. 영국의 디자이너 알렉스 브래들리는 한 사람을 위한 간편한 요리도구 세트를 선보였습니다. 처음에는 하나의 상자로만 보일 뿐이지만 뚜껑 역할을 하는 도마를 열면 냄비와 각종 요리도구들이 마치 한 몸인양 알차게 들어 있습니다.

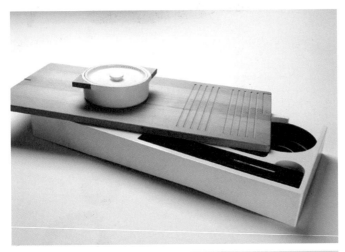

www.dezeen.com

영국의 신인 디자이너 알렉스 브래들리(Alex Bradley)가 디자인한 싱글족을 위한 간편한 쿠커 세트 'Single Person Cooker'

균형잡기의 이익(하나의 무게를 다른 물체와 연관시켜 균형 맞추기)

외부의 다른 힘을 이용하여 적은 힘으로도 원하는 기능을 수행하게 하는 원리입니다. 엘리베이터, 타워크레인 등은 거대한 추를 사용하여 무게 밸런스를 맞춘 발명품입니다. 재고품을 인기있는 상품들과 결합하여 판매하는 끼워팔기는 인기 제품과 비인기 제품의 평형을 맞추는 방법이 될 수 있습니다.

유쾌하지 않은 경험을 미리 제거할 수는 없을까?(사전에 반대 / 준비 / 예방하기)

유해하거나 원하지 않는 현상을 미리 차단하는 방법에 대해서 생각해봅시다. 원하지 않은 현상이나, 유해한 작용을 미리 차단하는 기능을 말하는 선행 조치의 대표적인 사례로는 영국의 센트럴 세인트 마틴에 있는 범죄에 대항하는 디자인 연구센터 DAC: Design Against Crime가 개발한 가방 도난방지용 의자입니다. 범죄의 가능성 자체를 사전에 차단할 수 있는 장치를 의자에 추가함으로써 소매치기의 위험을 줄입니다. 범죄가 일어나는 원인에 대해 환경심리학자 라포포트는 "범죄나 무질서에 대한 불안감은 결국 환경에 달려있다"고 설명했습니다. 실제로 대부분 범죄는 발생 지역의 상황적 요인들에 영향을 받는 것에 영감을 얻어 가로등 불빛을 조절하거나 주변의 벽을 노란색으로 색칠하는 등 범죄 행위 자체를 예방할 수 있는 다양한 디자인도 고려되고 있습니다.

비슷한 트리즈 방법으로는 미리 반대 방향으로 조치를 취하는 것, 그리고 에어백이나 가스누출방지 시스템처럼 사전에 조치를 취하는 것 등이 있습니다.

끌리는 아이디어의 비밀

둥글게 만들기(굴리기, 직선을 곡선으로 바꾸기)

　　　　나선형 계단, 회전문, 원형 톱, 주차 타워는 둥글게 만들면서 강도와 공간을 높이는 원리입니다. 또한 물 부족 국가의 어린이들이 하루에 4시간에 걸쳐 10리터의 물을 길어오는 것을 개선하기 위해 고안한 Q-Drum은 같은 노력과 힘을 들여 약 7배인 72리터의 물을 길어오는 것을 가능하게 했습니다. 들어올리는 것이 아닌 굴리면서 이동할 수 있어 힘이 약한 아프리카의 아이들과 여성들을 불필요한 과다 노동으로부터 해방시키는 착한 디자인입니다.

새로운 아이디어의 연결고리 찾기

반대로 하기(Do it Reverse)

순서나 위치를 기존과 반대로 바꾸거나 고정된 부분을 움직이게 하고 움직이던 것을 고정시키는 원리입니다. 거꾸로 우산은 반대로 하기 원리를 이용한 제품입니다. 야후가 메인 화면에 모든 서비스 링크를 걸어 정보 제공에 주력했을 때 구글은 모든 링크를 없애고 검색 기능에 집중함으로써 차별화를 꾀할 수 있었습니다.

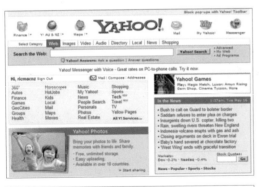

끌리는 아이디어의 비밀

움직일 수 없는 것도 움직이게 하기(역동성)

고정된 것들을 움직이게 함으로써 상황 변화를 만들어 내는 접근 방법입니다. 병원 침대, 접이식 키보드 등 대상물을 각각 상대적으로 움직일 수 있는 부분으로 기능하기 위해 분리시키는 것을 말합니다. 고객을 직접 찾아가는 이동 도서관, 주문형 도서 출판 등은 고정되어 있던 서비스 주체를 움직이게 하여 차별화를 꾀했습니다. 롯데제과 자일리톨 버스는 치과에 갈 수 없는 섬이나 오지에 살고 있는 어르신들을 위해 치과 버스를 운영하여 사회적 책임을 수행하고 있습니다. 치아 건강을 위한 껌과 사회 공헌 서비스를 연결하여 브랜드 가치 상승과 사회적 기업 이미지를 동시에 얻을 수 있었습니다.

더 넘치게, 더 부족하게(초과 혹은 부족)

원하는 수준을 정확히 맞추기보다 더 많게 하거나 적게 해보는 시도입니다. 다이소, 99마케팅 등은 약간 적게 하여 가격에 대한 심리적 방어선을 낮춰 구매로 이어지게 합니다. 파스퇴르의 저온 살균법은 기존의 고온 살균으로 우유를 살균,

필요한 영양소까지 파괴되는 것을 막기 위해 저온으로 오래 살균하여 필요한 영양소를 살리는 살균법입니다. 약간 적거나 더 많게 함으로써 새로운 인사이트를 발견할 수 있습니다.

3차원 세계로 떠나보기(차원 변화)

1차원을 2차원, 3차원으로 차원을 바꾸어 공간을 다른 각도에서 바라보는 시도를 해봅시다. 차원을 확장하며 기존에 사용하지 않았던 사용 가능한 자원을 탐색할 수도 있고 더 많은 것들을 한 곳에 담을 수 있는 장점이 있습니다. 현재는 증강현실을 이용한 모바일 쿠폰 제공에서부터 큰 인기를 끌었던 게임인 '포켓몬 고' 같은 게임 등 다양한 아이디어로 연결할 수 있습니다. 이케아는 고객이 자신의 공간에 이케아 제품이 어울리는지를 구성해 볼 수 있게 증강현실을 통해 가구를 미리 놓아 볼 수 있게 해 큰 호응을 얻었습니다.

끌리는 아이디어의 비밀

원하는 시간에 원하는 만큼 사용할 수 있으면 어떨까?(주기적 작용, 유용한 작용의 지속)

연속적으로 이루어지던 작용을 필요할 때만 작동하도록 하거나 계속적으로 지속되게 하면 어떨지 생각해 봅니다. 원하는 시간만 작동되게 하는 것은 주로 에너지를 아끼는데 유용하며, 가로등이나 에어컨의 온도 조절 장치 등이 해당합니다. 기존에 선을 꽂아 충전하던 방식에서 올려놓기만 해도 충전이 되는 무선 충전 방식 또한 유익한 작용이 지속되게 하는 아이디어입니다. 특히 라이프스트로우는 이질, 장티푸스, 콜레라 등을 일으키는 미생물을 걸러내어 아프리카의 식수 문제를 해결하고 있습니다. 스트로 안에 필수 거름장치가 들어 있어 원할 때 웅덩이에 대고 물을 마시면 스트로 내부를 거치면서 오염이 심한 물도 효과적으로 정수할 수 있는 기능을 가지고 있습니다.

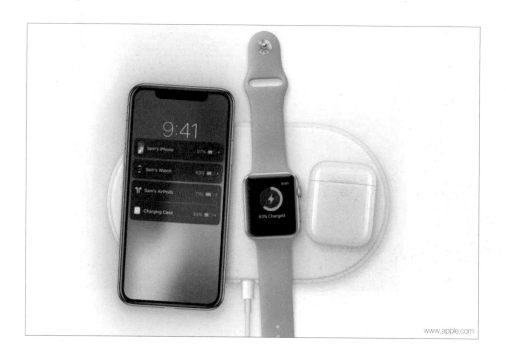

www.apple.com

끌리는 아이디어의 비밀

빠르게, 더 빠르게!(단번에 처리하기)

　　　　속도를 높이거나 단번에 처리하는 것을 말합니다. 고속도로 하이패스 시행도 교통 정체를 빠르게 해소하기 위한 해결 방법입니다. 중요한 문서를 남들이 보지 못하게 작게 조각내는 일은 매우 귀찮습니다. 날이 여러 개인 이 가위는 한 번에 다섯 번의 가위질을 하게 해줌으로써 개인 정보가 담긴 비행기 표나 택배 송장 등을 금방 잘라냅니다. 가니쉬음식 위에 곁들이는 장식를 위해 촘촘히 써는 행위도 몇 번의 가위질로 해결할 수 있습니다. 이 가위는 개인 정보가 담긴 비행기 표나 택배 송장 등을 몇 번의 가위질로 조각냅니다.

나쁜 것도 활용할 수 있는 방법이 없을까?(나쁜 것을 좋은 것으로)

　　　　영국에서는 스팀청소기를 이용해 길거리에 붙은 껌을 제거하기 위해 매년 8억 2,000만 달러약 8,750억 원의 비용이 발생한다고 합니다. 껌 하나의 가격은 4센트이지만 제거 비용에는 5배의 가격인 2달러가 드는 셈이죠. 안나 블루스는 껌이 합성 고무로 만들어졌고, 껌의 일부 특성을 파괴한다면 새로운 유형의 고무를 만들 수 있다는 것을 알아냈습니다. 그녀는 껌휴지통을 설치해 2017년에만 25톤의 '버려진 껌'을 확보할 수 있었습니다. 그리고 수거한 것들을 재활용 공장으로 보내 다양한 플라스틱 제품을 제작했습니다. 안나가 설립한 영국 재활용 기업 검드롭Gu,drop은 네덜란드 도시 마케팅 조직 '아이엠스테르담Iamsterdam'과 디자인 회사 '익스플리시트 웨어Explicit Wear'과 함께 재활용껌으로 만든 운동화를 선보이기도 했습니다. 밑창 소재가 약 20% 정도의 껌으로 이루어진 신발입니다. 매년 1,500톤의 암스테르담 거리에 쌓이고 있는 껌을 이용해 운동화로 활용하는 등 장기적으로 문제를 해결해줄 창의적인 아이디어입니다. 바람직하지 않은 효과나 기능을 반대로 이용해 보는 것이 이에 해당됩니다. 우리나라의 난지도 공원이나 선유도 공원 같은 장소도 쓰레기 소각장이었거나 쓸모가 없어진 공간을 이용하여 시민의 녹색 휴식 공간으로 탈바꿈한 사례입니다.

끌리는 아이디어의 비밀

응답하라!(피드백)

응답을 활용하여 더 나은 결과를 만들거나 이미 피드백 기능이 있다면 그 기능을 개선하려는 노력을 기울여 봅시다. 가스 경보장치, 스마트폰 화면 밝기 등은 기능을 편리하게 이용할 수 있도록 마련된 장치입니다. 사회에서도 편리하게 나의 의사를 전달할 수 있도록 페이스북의 '좋아요👍' 버튼, 인스타그램의 '하트♡' 버튼을 만들어 커뮤니케이션을 할 수 있도록 한 것도 피드백의 원리에 포함되는 아이디어입니다.

직접 하지 않고 무엇인가를 이용해서 문제 해결하기(중간 매개체 이용하기)

바닥에 뜨거운 열기가 닿지 않도록 하는 냄비 받침대처럼 필요한 기능을 임시로 수행하도록 매개체를 활용하는 원리입니다. 스포츠 마케팅, 간접 광고[PPL]등도 직접적으로 브랜드를 알리지 않고 드라마나 게임 등의 매개체를 이용한 광고 기법입니다.

미국 드라마 『섹스 앤 더 시티』의 여주인공은 극 중 통장 잔액이 300달러밖에 없음에도 500달러의 마놀로 블라닉 구두를 구입하기 위해 지갑을 열 정도로 이 브랜드에 흠뻑 빠진 것으로 설정되었습니다. 이 드라마로 인해 마놀로 블라닉 브랜드의 명성은 크게 높아졌죠. 94개의 에피소드 중 무려 16개의 에피소드에 출연하는 구두들은 시청자가 PPL에 대한 거부감을 느끼지 않고 큰 홍보 효과를 얻는데 성공했습니다.

혼자서도 잘해요(셀프 서비스)

원하는 기능을 스스로 수행할 수 있도록 만드는 노력이 셀프 서비스 원리입니다. 이러한 방법은 자판기, 종업원이 사라지고 단가를 낮춘 뷔페식 사업 등에서 쉽게 찾아 볼 수 있습니다. 보험 담당자가 상품에 대해 자세하게 설명해 주던 방식에서 고객들이 홈페이지에서 스스로 가입하고 할인을 받을 수 있게 하는 인터넷 기반의 보험 서비스도 이러한 방식을 이용한 것입니다. BMW '드라이브 나우 Drive Now' 등 카셰어링 시장을 겨냥한 자동차 렌트 서비스 또한 '소유'의 개념을 '셀프 서비스'로 바꾸어 새로운 시장을 만들어 나가고 있습니다.

비싼 것 하나 대신 몇 개의 싼 것은 어때?(복사)

복잡하고 비싼 것 대신 간단한 것으로 복
사하거나 한번 쓰고 버리는 것으로 대체하는 접근법입니
다. 팝업 스토어, 일회용 렌즈, 가상 계좌번호, 임시 비밀
번호 등은 일회용에 해당하는 사례입니다. 볼펜 브랜드였던 BIC은 대량 생산이 가능
한 자신들의 비지니스 모델을 라이터와 면도기에 도입해 일회용 면도기 시장을 개척했
습니다. 특히, 기술력이 핵심이었던 면도기를 값싸고 편리한 일회용 카테고리로 포지
셔닝하면서 출시 후 유럽시장 1위를 차지했을 정도로 시장의 판도를 바꾸었습니다.

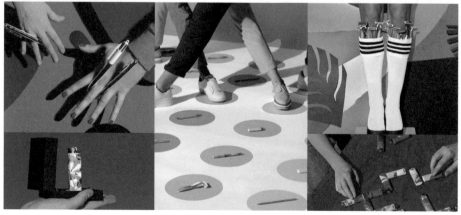

버린 것도 다시 보기(폐기 및 재생, 버리거나 다시 활용하거나)

기능을 마친 요소는 폐기하거나 혹은 재활용하는 방법을 생각해봅니다. 먹는 포장지 위키펄스, 재활용 로켓, 캡슐, 리필 토너, 충전 건전지 등이 이런 방식을 활용한 것입니다. 플라스틱에 대한 환경 문제는 끊임없이 계속 제기되어 오고 있습니다. 그래서 첼시 브리간티Chelsea Briganti와 리 앤 더커Leigh Ann Tucker는 먹는 컵과 빨대를 개발했습니다. 식물성의 젤라틴으로 만들어진 이 컵과 빨대는 아름다운 색상과 모양뿐만 아니라 달콤하기까지 합니다.

디자이너 오가타 신이치로Ogata Shinichiro는 일회용 종이 식기를 환경에 대한 배려와 뛰어난 디자인으로 탈바꿈시켰습니다. 사탕수수에서 설탕의 원액을 짜내고 난 후 남는 찌꺼기인 비거스를 이용하여 종이 원료로 사용, 100% 분해되는 일회용품을 만들어 일회용이라도 다른 접근 방식이 가능함을 보여주고 있습니다.

끌리는 아이디어의 비밀

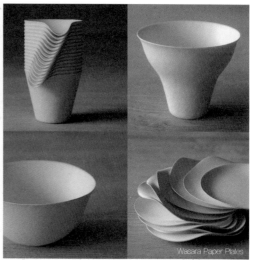

Wasara Paper Plates

이 트리즈 법칙으로 세상을 본다면 다시 활용할 수 있는 것들이 주변에 무궁무진해질 것입니다.

다섯 가지 감각을 활용하기 (기계 시스템 바꾸기)

기계 시스템 혹은 무형의 요소를 사람들이 쉽게 감지할 수 있는 빛, 소리, 열, 냄새로 바꾸는 원리입니다. 감각을 이용하면 직접적인 알림이 없어도 필요한 정보를 효과적으로 전달할 수 있습니다. 휘슬 주전자, 향기 마케팅, 오디오 북, 기저귀 알람 등은 오감을 이용하여 발명한 것들입니다.

미국 의류회사인 아베크롬비는 무형의 브랜드 가치를 알리기 위해 독자적인 향인 피어스Fierce를 매장에 사용하고

있습니다. '브랜드 센팅^{Brand Scenting}'을 비지니스에 적극적으로 사용하는 아베크롬비는 향기를 통해 브랜드를 직접적으로 소비자에게 전달하고 있습니다.

SONY사는 디자이너 리진샨^{Li Jinxuan}과 함께 향기를 담는 카메라를 만들었습니다. 이 카메라는 간직하고 싶은 '향기'를 찍어서 사진으로 프린트합니다. 향을 감지하는 기술인 '전자 코^{electronic nose}'로 향기의 패턴을 인식하게 됩니다. 그런 다음 아로마를 베이스로 한 잉크와 특수 인화지를 사용하여 카드를 출력합니다. 이 카드를 받는 사람은 그 공간의 모습뿐만 아니라 향기까지 함께 느낄 수 있습니다.

끌리는 아이디어의 비밀

색이나 투명도를 바꿔보기 (색상 변화)

물체나 환경의 색을 변경하면 상태를 표시하거나 구분하기 쉬워집니다. 'In Good Hands'라는 제목의 책은 손바닥의 온기로 인해 맞닿은 면이 녹색으로 변합니다. 제목과 어울리는 표현 방법입니다. 적정 온도가 되면 색이 변하는 잉크를 사용하여 제품의 신선도를 강조한 온도계 마케팅도 소비자의 편리를 더욱 높여준 색 변경의 예입니다.

www.hitejinro.com

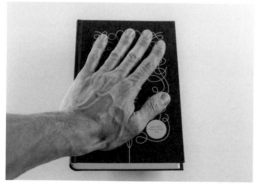

긍적적인 규칙 만들기(동질성)

　　잘 정리된 것들은 효율성을 가지고 옵니 다. 효과를 최대화하기 위해 여러 요소를 균일한 조건에서 활용할 수 있도록 해봅니다. 같은 재질의 재료를 사용하기 도 하고 문제되는 것들을 동일한 것으로 통일해보는 것이 죠. 여러 자회사를 가지고 있는 글로벌 기업들은 시각적 요 소들을 통일함으로써 직원들에게는 기업 철학을 공유하게 하고 소비자들에게는 브랜드 인지를 높이는 효과를 거두었

습니다. CI, BI 등 기업아이덴티티, 인포그래픽, 사인 시스템은 동일한 요소를 적용한 문제 해결 방식입니다. 현대카드는 디자인 경영을 위해 카드 디자인 스타일의 통일뿐만 아니라 폰트, 사무용품까지 디자인을 통일시킵니다.

속성을 바꿔보기(속성 변화)

　　물질의 농도, 밀도, 유연성 등 다양한 속성을 변화시키는 원리입니다. 간편하게 타 먹을 수 있게 만든 홍삼 포, 반대로 물에 녹이는 번거로움을 줄여 외출 시 편리하게 이용할 수 있게 만든 액상 분유는 기존 제품의 속성을 달리한 아이디어입니다.

반응을 이끌어내거나 이끌어내지 않게 노력하거나(활성화, 비활성화)

　　활성화 요소를 도입하여 반응을 활발하게 하는 원리와 정상적인 환경 을 비활성 환경으로 만드는 원리입니다. 산소를 활용하는 용접 방식과 산소를 없애 화 재를 막아주는 소화기는 이 원리에 해당하는 발명품입니다. 환자의 기분을 좋게 하여

　　　　끌리는 아이디어의 비밀

치료를 도와주는 병원의 반려동물 프로그램, 직원의 사기를 올리게 해주는 인센티브는 동기 부여의 촉매제가 될 것입니다. 베이컨이 미국의 아침 메뉴가 되게 '이슈화'했던 것과는 반대로 부정적인 이슈를 잠재우기 위해 조치를 취하는 것은 비활성화의 한 방법입니다. 일부 타이레놀에 독극물이 첨가되어 여섯 명이 사망하는 사고로 기업의 위기를 맞았던 '타이레놀 사태'는 기업의 잘못임이 아니었음에도 불구하고 적극적으로 회수 조치와 음용하지 말 것을 권고하는 활동을 통해 문제를 초기에 완전히 비활성화 시켰습니다. 이러한 비활성화 활동으로 인해 타이레놀은 부정적인 이미지를 뒤집어 쓰는 대신 신뢰를 얻게 되었습니다.

전혀 다른 것끼리 섞어보기(여러 가지 재료 섞기)

서로 다른 특성을 가진 다양한 요소들을 융합하여 새로운 특성을 지닌 결과물을 만들어봅시다. 팝페라, 철근과 콘크리트가 합쳐져 둘을 따로따로 사용했을 때보다 더 큰 효과를 내는 철근 콘크리트 같은 것이 복합 재료의 원리입니다. 공동 마케팅의 일종인 콜라보레이션도 복합의 원리를 적용한 마케팅의 예입니다. 단일 유통망보다 복합적 유통망을 이용하는 방식으로 원리를 적용해 볼 수 있습니다. 다양한 분야를 섞는 동안 '1+1>2'의 공식이 성립하는 아이디어가 나올 수 있습니다.

'기술이 우연이나 운이 아니라 정해진 방향과 법칙을 가지고 진화한다.'는 기술 진화의 법칙이 있습니다. 트리즈 사고법은 모순된 문제점에 대해 정의하고 여러가지 트리즈 방법론을 하나하나 적용함으로써 문제를 해결해 나가는 발상법을 통해 최종적인 해결책을 도출해낼 수 있는 점에서 기술 진화의 법칙을 따르고 있습니다. 우리가 마주하게 되는 여러가지 해결 과제들 또한 모두 해결할 수 있는 가능성을 가지고 있습니다. 익숙한 해결 방식 대신 여러가지 트리즈 열쇠 꾸러미를 모두 사용해 봅시다. 다른 방식으로 접근하는 동안 생각조차 하지 못했던 아이디어의 문이 열릴 수 있을지도 모릅니다.

40가지 트리즈 방법론

No	발명 원리	내용
1	분할(Segmentation)	쪼개서 사용한다.
2	추출(Extraction)	필요한 부분만 뽑아낸다.
3	부분 기능(Local Quality)	전체를 똑같이 할 필요 없다.
4	비대칭(Asymmetry)	대칭이라면 비대칭으로 해본다.
5	통합(Consolidation)	한 번에 여러 작업을 동시에 한다.
6	다용도(Multifunction)	하나의 부품을 여러 용도로 활용한다.
7	포개기(Nesting)	안에 집어넣는다.
8	공중부양이나 균형 맞추기 (Counterweight, Weight compensation)	지구 중력으로부터 무게를 적극적으로 피한다. 외부의 다른 힘으로 원하는 기능을 수행하게 한다.
9	사전 반대 조치(Preliminary Counter Action)	미리 반대 방향으로 조치를 취한다.
10	사전 준비 조치(Preliminary Action)	미리 준비한다.
11	사전 예방 조치(Preliminary Compensation)	미리 예방 조치를 취한다.
12	굴리기(Equipotential)	들어서 옮길 필요가 없다.
13	역방향(Do it Reverse)	반대로 해본다.
14	곡률의 변화(Curvature Increase)	직선을 곡선으로 바꿔 본다.
15	역동성(Dynamicity)	부분 또는 단계마다 자유롭게 움직이게 한다.
16	초과나 부족(Partial or Excessive)	지나치게 하거나 부족하게 한다.
17	차원 변화(Dimension Change)	X축 혹은 Y축 등으로 차원을 바꾼다.
18	진동(Vibration)	진동을 이용한다.
19	주기적 작용(Periodic Action)	연속적으로 하지 않고 주기적으로 한다.
20	유용한 작용의 지속(Continuity of Useful Action)	유용한 작용을 쉬지 않고 지속한다.

끌리는 아이디어의 비밀

21	단번에 처리 (Rushing Through, Skipping, Hurrying)	빨리 진행한다.
22	유해한 것을 유익한 것으로 (Convert Harmful to Useful)	유해한 것은 좋은 것으로 바꾼다.
23	피드백(Feedback)	피드백을 도입한다.
24	중간 매개물(Intermediary)	직접하지 않고 중간 매개물을 이용한다.
25	셀프 서비스(Self Service)	스스로 기능이 수행되게 한다.
26	복사(Copy)	불편하고 복잡하고 비싼 것 대신 간단한 것으로 복사한다.
27	값싸고 짧은 수명(Cheap Short Life)	한 번 쓰고 버린다.
28	기계 시스템의 대체 (Repiacing Mechanical Systems)	기계적 시스템은 광학, 음향 시스템 등으로 바꾼다.
29	공기역학 및 유압 사용 (Pneumatics and Hydraulics Systems)	공기나 유압을 사용한다.
30	박막(Flexible Membrane and Thin Film)	얇은 막 필름을 사용한다.
31	다공성 물질(Porous Material)	구멍이 뚫린 물질을 사용한다.
32	색상 변화(Changing Color)	색깔 변화 등 광학적 성질을 변화시킨다.
33	동질성(Homogeneity)	통일성을 부여한다.
34	폐기 및 재생(Rejection and Change)	다 쓴 것은 버리거나 복구한다.
35	속성 변화(Parameter Change)	물질의 속성을 변화한다.
36	상태 전이(Phase Change)	고체, 액체, 기체, 플라즈마 상태를 이용한다.
37	열팽창(Thermal Expansion)	열팽창을 이용한다.
38	활성화, 산화제(Oxidant)	반응의 속도를 증가시킨다.
39	불활성화(Inert Environment)	반응의 속도나 물질의 농도를 저하시킨다.
40	복합 재료(Composite Materials)	복합 재료를 사용한다.

창의적인
발상을 위한
30가지
응급처치
발상법

Idea

3

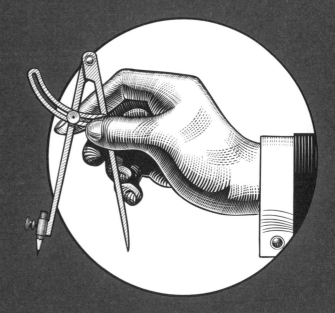

③-1   50달러의 쓰레기
의미의 발견

　　　　뉴욕 여행을 다녀온 친구가 내민 기념품이 쓰레기 뭉치라면 기분이 어떨까요? 또 유럽에서 친구가 보내온 선물 꾸러미를 풀어보니 시커먼 흙덩이가 나왔다면 어떨까요?

베를린의 한 기념품 상점에서는 시멘트 부스러기를 판매하고 있습니다. 작은 것은 15유로에서 큰 것은 60유로까지 다양합니다. 가공된 모양도 아니고 아름답지도 않은 회색의 작은 덩어리가 많은 관광객의 관심을 불러일으키는 이유는 공사 잔해에서 나온 흔한 시멘트 조각이 아니라, 무너진 베를린 장벽에서 나온 것이기 때문입니다.

의미意味는 미美를 넘어서는 힘을 가집니다. 기념품이 실제로 베를린 장벽에서 나온 것인지 사실 여부는 알 수 없지만, 역사의 전환점을 의미하는 '무너진 베를린 장벽'의 한 조각을 가진다는 것은 간접적으로 그리고 감정적으로 경외심을 느끼게 합니다.

끌리는 아이디어의 비밀

베를린 장벽 조각 기념품

알록달록한 시멘트 조각보다 더 독특한 기념품도 있습니다. 아이슬란드의 온라인 쇼핑몰^{nammi.is}에서는 작고 투명한 용기에 든 160그램의 검은색 흙을 팔고 있습니다. 우리나라 돈으로 4만 원 정도의 가격임에도 불구하고 60개 국으로 판매된다고 하니 인기를 짐작할 수 있게 합니다.

이 검은색 흙의 출처는 유럽의 하늘을 마비시킨 2010년 4월의 화산 폭발로 인한 화산재입니다. 아이슬란드 남부 에이야프얄라요쿨 빙하 아래에 있는 화산이 폭발하며 대서양의 11km까지 화산재를 뿜어냈고, 이로 인해 항공기 운항이 전면 금지되면서 경제적 손실 금액이 무려 17억 달러에 이르렀습니다. 게다가 지역 주민 800명은 긴급 대피해야 했으며, 빙하가 녹아 지역 일대가 물에 잠기는 홍수까지 겪어야 했습니다.

이러한 아수라장 속에서 nammi.is의 대표는 한 외국인 수집가로부터 화산재를 구해달라는 요청을 받았고 작은 봉투에 화산재를 넣어 보내주면서 이것이 상품화 가치가 있음을 깨달았습니다.

미국 스미소니언 국립자연사 박물관에 따르면 이 글을 읽는 순간에도 전 세계 20여 개의 화산은 뜨거운 입김을 내뿜고 있다고 합니다. 1년에 50~70개의 화산이 활동하고 있는 셈입니다. 이 아이슬란드 화산 폭발이 특별했던 이유는 물과 화산재가 만나면서 광폭해진 마그마가 비행기가 다니는 11km 상공까지 치솟았기 때문입니다. 자연이 내뿜은 입김에 인간이 하늘을 나는 자유가 쉽게 무너진 역사적인 사건을 간직하고 싶은 마음을 상품으로 바꾼 것입니다. 이색 아이템 판매에 나선 소포스 구스타브손은 수익금을 ICESAR 협회에 기부해 화산재에 뒤덮인 농가들을 청소하는 데 도움을 준다고 합니다.

역사적인 것에만 의미를 붙일 수 있는 것은 아닙니다. 저스틴 지냑^{Justin Gignac}은 뉴욕의 쓰레기를 웹사이트^{nycgarbage.com}를 통해 판매하고 있습니다. 쓰레기를 판다는 황당한 생각은 사람들이 뉴욕 자체를 좋아하는 것이 아니라 뉴욕에서의 추억과 이야기를 그리워한다는 사실에서 나왔습니다. 뉴욕의 여러 가지 인상 속에는 길가에 버려진 많은 쓰레기도 한몫을 합니다. 그는 전 세계 사람들이 모여드는 뉴욕, 그곳에 굴러다니는 잡다한 쓰레기들이 새로움과 다양성이 뒤섞인 뉴욕의 모습을 보여준다고 생각해서 아크릴 상자에 담기 시작했습니다. 길거리 쓰레기들을 모아 선별하고, 섬세하게 포장한 다음 한쪽에 'Garbage of NewYork City', '100% Hand Picked^{100% 손으로 주웠음}'라는 재치있는 문구를 더했습니다.

메트로 카드, 길가에 버려둔 찌그러진 스타벅스 컵, 브로드웨이 공연 티켓, 영수증, 사탕 봉지 등은 뉴욕의 일부분처럼 느껴집니다. 엠파이어스테이트 빌딩에서 노을을 맞이하고 타임스퀘어의 번쩍이는 전광판 사이를 걸으며 뉴요커^{New Yorker}처럼 카페에 앉아 커피를 마시며 일기를 쓰는 추억들이 각 오브제로부터 연상됩니다.

뉴욕 쓰레기 기념품은 한 개당 50달러에 판매하고 있고, 오바마 대통령 취임식 기념 쓰레기, 동성결혼 합법화 기념 쓰레기, 타임스퀘어 앞 쓰레기, 양키즈 챔피언스리그 쓰레기 등 한정판(?) 쓰레기는 100달러에 판매하고 있습니다. 반응은 놀라웠습니다. 2013년부터 1,400개 넘게 판매되었고 한때는 품절 사태까지 겪는 등 전 세계 사람들의 꾸준한 사랑을 받고 있습니다.

치워버려야 할 쓰레기를 사고 싶은 상품으로 만드는 아이디어는 마치 팝아트 같은 재기발랄한 디자인과 뉴욕에 대한 이미지를 간직하고 싶은 사람들의 감정을 자극합니다. 시멘트 조각도, 검은색 흙도 병 속에 담기면 기념품이 되듯이 특별한 시간, 특별한 장소에 존재했던 물건 혹은 그 잔해는 추억이 더해져 기념할 만한 시공간적 오브제가 됩니다. 지냑의 아이디어는 '버려진 것'들에 의미를 만들어 '간직할 만한 것'으로 재해석되었습니다.

nycgarbage.com

한정판 큐브
오바마 대통령 취임식 한정판 쓰레기
뉴욕 아티스트 저스틴 지냑(Justin Gignac)의 뉴욕산 쓰레기

가공되지 않은 시멘트와 흙, 그리고 쓰레기조차 의미가 부여됨에 따라 특별한 가치를 만들 수 있는데, 제품과 서비스는 의미를 통해 소비자에게 더욱 특별한 브랜드 경험을 제공할 수 있을 것입니다. 일상적인 것들에서 의미와 본질을 파악하고, 그것들의 관련성을 연결하면 일상의 의미가 발견됩니다.

도난 현장을 찍은 CCTV로 바이럴 광고를 만든 가게가 있습니다. 라스베이거스의 타코 전문 레스토랑 '프리홀레스 앤 프레스카스Frijoles & Frescas의 직원들은 자신들의 가게에 좀도둑이 들었고 CCTV에 그들의 모습이 찍힌 것을 재미있는 방식으로 이용했습니다. 영상에 간단한 자막과 편집을 거쳐 바이럴 필름으로 만들어 배포한 것입니다. 도둑들은 타코가 먹고 싶어 매장을 뒤지다 금전 출납기 안에 타코가 들어있길 기대하며 훔친 레스토랑의 타코 마니아로 변신했습니다. 세 명의 도둑들의 얼굴과 신고가 가능한 번호가 안내된 뒤 프리홀레스 앤 프레스카스 타코의 먹음직스러운 영상이 나오며 '그리고 찾아내세요. 왜 그들이 나쁜 방법으로 우리의 타코를 원했는지.'라는 자막이 뜹니다. 레스토랑 광고와 범인을 잡겠다는 두 가지 목적이 충족되었습니다.

도난 현장을 촬영한 CCTV 영상은 증거물로서만 기능했을 것입니다. 하지만 여기에 그들이 타코 가게의 타코를 얼마나 먹고 싶었으면 이라는 유머러스한 의미를 덧붙이면서 재치 있는 바이럴 영상이 완성되었습니다.

여러분의 일상 속에도 재미있는 소재로 활용할만한 '의미거리'들이 무궁무진할 것입니다. 무라카미 하루키는 "그 어디에도 새로운 말은 없다. 지극히 예사로운 평범한 말에 새로운 의미나 특별한 울림을 부여하는 것이 우리가 할 일이다"라고 말했습니다. 실제로 소비자들은 제품들 간의 작은 차이보다는 해당 제품이 어떤 의미를 주는지, 그 제품을 사야 하는 이유와 명분이 있는지를 중요하게 생각합니다. 소비자들의 관심을 환기시키고 구매 욕구를 자극하기 위해 언제나 '새로운' 것이어야 할 필요는 없습니다. 중요한 것은 사용자가 브랜드와 제품을 이전에 없던 새로운 관점으로 바라보도록 의미를 발견해내고, 부여하는 것이 아닐까요.

③-2   모방의 품격
혁신

"맥도날드 방식으로 가난한 이들을 도와라."

인도 남부의 작은 도시 마두라이 외곽에 있는 세계에서 가장 큰 아라빈드^{Aravind} 안과 병원의 모토입니다. 맥도날드에서 영감을 받아 만들어진 아라빈드 병원의 모토를 들었을 때 치즈와 패티가 오가는 작업대와 안구의 모습을 떠올리는 상상을 한 번쯤 해보게 됩니다. 인도에서 보기 드문 현대식 건물의 이 병원은 산타라 불리던 닥터 V, 벤카타스와미^{Venkataswamy}가 1976년 설립한 병원입니다.

인도의 시각 장애인은 전 세계에서 80%를 차지하고 그중 대부분이 빈곤층으로, 치료비가 없어 실명에 이르는 안타까운 사람들입니다. 닥터 V는 남은 삶을 이들을 위해 쓰기로 마음먹었습니다.

가난한 환자들을 위해 수술을 하려면 자금이 필요했는데, 그의 좋은 의도와는 달리 은

행과 정부에서는 대출과 기금 지원을 거절했습니다. 그는 집에 침상 11개를 놓고 안과 교수인 여동생과 가족들의 도움을 받아 자신의 힘으로 병원을 세우게 됩니다. 하지만 지속적인 자선 사업을 이어나가기 위해서는 많은 고민이 필요했습니다.

그러던 중, 그는 맥도날드에서 조립 라인과 표준화 시스템을 보며 안과와 맥도날드 시스템을 연관짓게 됩니다. 인도의 시각 장애인 대부분이 백내장 때문에 시력을 잃고 있는데, 백내장은 탁해진 수정체를 인공 렌즈로 바꾸면 되는 간단한 수술로 완치됩니다. 맥도날드의 경쟁력은 표준화된 대량 생산과 원가 절감에서 나옵니다. 세계 각지에서 누구나 싼 값에 똑같은 맛의 햄버거를 먹을 수 있다는 것이 맥도날드 방식의 핵심입니다. 이것을 사람의 눈 치료에도 적용하여 의료 서비스에서 원가를 내리고 표준화한다면 많은 사람들에게 혜택을 줄 수 있다는 것이 그의 생각이었습니다.

아라빈드 병원에 가면 접수부터 의사 처방까지 모든 진료 과정이 분업화되어 있습니다. 최종 진단을 제외한 단순 반복 작업은 인건비가 저렴한 고졸 여성을 채용하여 교육시킨 후 업무를 맡겨 의사들은 순수하게 진료에만 집중할 수 있게 했습니다. 수술실에는 여러 개의 수술 침대가 나란히 놓여있고 2명의 의사가 동시에 수술을 진행합니다. 한 명의 수술을 마친 의사는 곧바로 의자를 돌려 옆 수술대에 대기 중인 다른 환자의 수술에 들어가면서 시간을 최대한으로 활용합니다. 이 같은 방식으로 의사당 백내장 수술 건수가 일반 안과의 10배 이상이 되면서 비용은 절감되고 숙련도가 향상되어 세계 최고의 백내장 진료 병원이라는 명성까지 얻었습니다. 아라빈드 병원의 백내장 수술 비용은 미국의 30분의 1 수준인 약 105달러의 비용이며, 수술 후 합병증 발병 건수는 절반 밑으로 떨어졌습니다.

의료는 서비스라고 생각했던 기존의 사고 방식을 맥도날드의 효율적인 프로세스에 접목하면서 아라빈드 병원은 '컨베이어 수술'로 전문성을 인정받게 되었습니다. 정크푸드를 만들던 시스템을 모방한 아이디어가 고품질의 안과 서비스를 만들었습니다.

끌리는 아이디어의 비밀

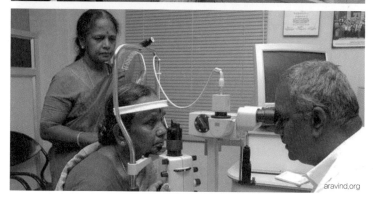

aravind.org

아라빈드 병원

천재 화가 피카소는 16세 때 벨라스케스$^{Diego\ Velázquez}$의 그림을 모방하며 자신만의 화풍을 만들어 갔습니다. 76세의 노인이 된 후에도 새로운 영감을 얻기 위해 벨라스케스의 '시녀들'을 다시 모방하기도 했습니다. 그는 "뛰어난 예술가는 모방하고, 위대한 예술가는 훔친다."라고 말했습니다. 모방은 하되 그 아이디어를 자신만의 것으로 만들어야 한다는 이야기입니다.

성공한 아이디어나 좋아 보이는 아이디어를 차용하는 '카피캣'. 모방자가 누릴 수 있는 혜택은 많습니다. 연구하거나 새로운 시장을 개척하는 비용과 시간을 아낄 수 있고 모방의 원천의 단점을 개선하여 기존보다 뛰어나고 저렴한 제품을 선보일 수도 있습니다. 하지만 이러한 단순한 모방은 획일화된 답처럼 위험한 '단순 모방'에 지나지 않습니다.

모방에도 품격이 있습니다. 바로 혁신입니다. 현명한 사람들은 혁신^{Innovation}과 모방^{Imitation}을 융합한 창조적 모방 즉, 'Imovation^{이모베이션}'을 추구합니다. 다른 분야에서 이미 입증된 훌륭한 아이디어와 새로운 사고를 결합시킵니다. 미국 오하이오주립대 오데드 센카$^{Oded\ Shenkar}$ 교수는 처음부터 혁신하는 것보다 모방과 혁신을 버무린 혁신이 지금 시대에 필요한 가치라고 말합니다.

일본 오사카에서 겐로쿠라는 작은 생선 초밥 가게를 운영하던 시라이시 요시아키^{白石義明}는 1947년 아사히 맥주 공장의 컨베이어벨트를 보고 회전초밥집을 만들었습니다. 구텐베르크는 농가에서 압착 포도주를 짜는 광경을 바라보다가 똑같은 원리로 종이에 잉크를 찍을 수 있겠다는 생각을 하게 됩니다. 이 아이디어들의 공통점은 구조적 유사점을 찾아 모방하고, 그것을 '혁신'까지 연결한 점입니다.

스타벅스는 이탈리아식 '에스프레소 바'를 미국식으로 바꾼 것입니다. 하워드 슐츠$^{Howard\ Schultz}$는 이탈리아의 카페에서 사람들이 삼삼오오 모여 에스프레소를 마시며 담소를 나누는 모습에서 영감을 얻어 '제3의 찻집 문화'를 만들 기회를 찾아냈습니다. 직장과 가정 사이에 사람들이 모일 수 있는 공공장소로 카페를 만든 것입니다. 유럽에서는 중요한 문화적 특성이었지만 당시 미국인들에게는 익숙하지 않은 문화였습니다. 처음에는 이탈리아 카페의 분위기를 그대로 가지고 와 일 조르날레^{IL Giornale} 카페를 열었지만 사람들은 그런 분위기를 별로 좋아하지 않았습니다. 그래서 그는 기존의 개념을 살짝 변형해 손님들이 편하게 커피를 마시며 노트북으로 일하거나 여유를 즐길 수 있는 공간으로 탈바꿈시킵니다. 기존 것을 다른 분야로 옮겨 새로운 것을 만들어 낸 것입니다.

아이디어를 떠올릴 때 우리는 많은 선도자 브랜드와 타사 제품을 참고합니다. 카테고리 내에서의 흐름을 읽는 것은 좋지만 카테고리 자체에 갇힐 위험이 있습니다. 먼저 제품이나 서비스의 핵심 가치를 숙지한 다음 다른 카테고리에서 비슷한 핵심 가치를 발전시킨 사례들을 찾아보면 조금 더 생각의 범위를 넓힐 수 있습니다.

발명가 딘 카멘^{Dean Kamen}은 "나는 어떤 문제를 보면 이렇게 생각한다. 지금까지 이 문제를 어떻게 다뤄 왔는지에 매달리지 않고, 전혀 다른 업계로 눈을 돌려 혹시 지금 이 문제에 적용하면 해법이 될 만한 기술이 있는지 찾아본다."라고 말하기도 했습니다.

잘 나가는 제품을 그대로 따라 하는 미투^{Me Too} 제품을 지칭하는 '카피캣^{Copycat}'은 한 치 앞을 보지 못하는 평범한 모방품으로 전락하는 경우가 많습니다. 맥도날드에서 가치를 '본 것'을 넘어 지속해서 의료 서비스를 제공할 수 있기를 바랐던 닥터 V의 혜안^{慧眼}이 기적을 만들었습니다. 모방은 재창조됨으로 인해 비로소 새로워집니다.

끌리는 아이디어의 비밀

③-3 물건들의 뷰자데(Vu ja de)

'역발상의 법칙'의 저자이자 스탠퍼드 대학의 로버트 서튼[Robert I. Sutton] 교수는 창의적 사고를 위해 '뷰자데[Vu ja de]'라는 흥미로운 방법을 제안합니다. 뷰자데는 흔히 알고 있는 '데자뷰[De ja vu]'를 거꾸로 적은 것입니다. 데자뷰는 '처음 접하지만 낯설지 않은 느낌'을 말하는데 비해 '뷰자데'는 '익숙한 것도 낯설게 느끼는 느낌'인 신시감新視感을 의미합니다. 마치 초현실 화가인 르네 마그리트[Ren Magritte]의 그림에서 볼 수 있는 초현실주의 기법인 '데페이즈망[Depaysement : 엉뚱한 결합]'처럼 낯설게 하기를 통해 아이디어를 이끌어내는 동시에 브랜드 이미지를 또렷하게 각인시킬 수 있습니다.

르네마그리트 위대한 가족, 1963년

르네마그리트 빛의 제국, 1953년

브라질 사람들은 연간 두 권의 책을 읽을 정도로 독서량이 적다고 합니다. 그런 그들의 손에 책을 쥐게 하기 위해 세계 책의 날을 맞아 브라질의 출판사 L&PM Editores는 재미있는 책을 만들었습니다. 상파울루 지하철역에서 1만 권을 무료로 배포한 이 책은 커버에 RFID 카드가 내장되어 있어 티켓 기능을 합니다. 10번의 지하철을 이용할 수 있도록 충전된 책은 지하철에서 책 읽기의 경험을 전달합니다. 충전된 책을 사용하고 난 후에는 웹사이트에서 요금을 충전할 수 있고 다른 사람들에게 책을 선물할 수도 있게 했습니다. 책에 새로운 기능과 속성을 부여하여 사람들의 태도에 변화를 만들어 낸 흥미로운 시도로 보입니다.

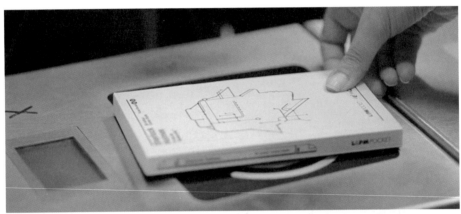

한정판으로 특별히 제작된 L&PM Editor의 티켓 북(Tiket Books).
출처: https://www.lpm-blog.com.br/?tag=ticket-book

끌리는 아이디어의 비밀

영화를 볼 수 있는 프로젝터로 변신한 피자 박스도 있습니다. 피자는 대표적인 배달 주문 메뉴 중 하나로 집에서 영화를 보며 배달 음식을 주문해 먹는 사람들이 많습니다. 피자헛은 이들을 대상으로 Blockbuster Box 캠페인을 진행했습니다. 피자를 주문하면 로맨스, 액션, 공포, SF 등 4가지 테마의 피자 박스가 배달됩니다. 박스 안에는 배달 시 피자가 움직이지 않도록 고정하는 역할의 작은 플라스틱 대신 동그란 플라스틱 렌즈가 들어 있습니다. 피자 박스의 측면 중앙에 위치한 동그란 홈에 이 렌즈를 끼우고 인쇄된 QR 코드를 스마트폰으로 스캔하면 피자헛이 제공하는 무료 영화를 감상할 수 있습니다. 음식을 소비하는 상황을 이용하여 피자 박스를 색다르게 사용할 수 있게 해주는 캠페인입니다.

피자헛 박스의 변신에 지지 않는 재미를 주는 맥도날드의 해피밀 패키지는 VR 게임을 즐길 수 있게 만들어졌습니다. 구글 카드보드와 유사하게 보이는 이 VR 헤드셋은 해피밀 세트의 박스로 만들 수 있습니다. 접어서 완성한 다음 박스 안에 스마트폰을 끼워 넣으면 4달러의 훌륭한 VR 헤드셋이 됩니다. 맥도날드는 헤드셋으로 변신한 해피밀 박스로 즐길 수 있는 'SLOPE STARS'라는 모바일 VR 스키 게임도 함께 출시했습니다. 이 게임은 스웨덴 알파인 스키 국가대표팀이 제작에 참여해서 스키 타는 경험을 통해 아이들이 안전하게 스키를 즐길 수 있게 합니다. 음식을 안전하게 포장, 운반해야 한다는 패키지의 개념에 즐거운 경험이 추가되었습니다. 이처럼 낯익고 익숙한 물건을 새로운 시각으로 바라봄으로써 특별한 아이디어가 탄생합니다.

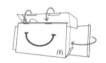

끌리는 아이디어의 비밀

코카콜라는 보틀 패키지를 이용해서 브랜드 이미지를 각인시키기 위해 노력하는 브랜드입니다. 셀피^{셀카}를 즐겨 찍는 밀레니얼 세대들을 위해 독특한 셀피를 촬영할 수 있게 코카콜라 보틀을 약간 변경했습니다. 코카콜라 캡에 스마트폰을 거치할 수 있게 특별히 제작한 것인데요. 이 셀피 보틀^{Selfie Bottle} 캠페인은 행복과 즐거움을 준다는 브랜드 캠페인의 일환으로 고객의 즐거운 순간에 함께 한다는 메시지를 전달하고 있습니다. 소비자들에게 제품과 함께 찍은 사진을 SNS에 올려달라는 흔한 방식의 이벤트와는 달리 자연스럽게 셀피를 통해 코카콜라 패키지와 브랜드를 노출시키며 호응을 얻었습니다. 코카콜라는 보틀을 이용하여 다양한 캠페인을 진행해왔는데요. 두 개의 보틀을 맞대어야만 뚜껑이 열리는 패키지, 잡아당기면 리본 모양이 되는 패키지 등 제품을 이용한 크리에이티브 전략을 지속해서 이어가는 중입니다.

지금까지의 캠페인들은 제품의 기존 속성을 다른 것으로 바꾸면서 매력적인 체험을 할 수 있게 하고 그런 경험들이 긍정적인 브랜드 가치의 상승으로 이어진 예입니다.

본래의 이미지를 강화하는 것에서 벗어나 시장 상황의 변화에 따라 제품 이미지에 다른 이미지를 입히는 것에도 데페이즈망Depaysement 기법은 유효합니다. 이탈리아 가전 전문 브랜드 스메그가 아름다운 디자인으로 주방을 벗어나 거실의 가구로서 기능하게 된 것처럼 말이죠.

세계적인 청과 브랜드 돌Dole Japan은 일본 시장에서 높은 인지도를 확보하고 있었지만 스포츠 활동을 즐기는 사람들이 먹는 식품으로는 인식되지 않았습니다. 2008년부터 일본 도쿄 마라톤을 공식 후원했지만 마라토너에게는 익숙한 음식이 아니었던 바나나를 포지셔닝하기 위해 재미있는 프로모션을 진행했습니다. 바로, 손목에 바나나를 채운것입니다. 이 손목에 차는 바나나는 실제 바나나에 LED 칩과 배터리가 내장되어 레이스 기록은 물론이고 심장박동 수까지 체크합니다. 또한 경기가 끝나면 배고픈 마라토너의 훌륭한 에너지원으로 변신했습니다. 'Wearable Banana'는 새로운 취식 상황을 경

끌리는 아이디어의 비밀

험하게 함으로써 스포츠에 도움을 주는 바나나의 영양을 강력하게 인식시키는 데 도움을 주었습니다. 세계 최초의 웨어러블 바나나는 애플 스마트워치의 런칭 시점과 맞물려 일본에서만 4천5백만 건의 미디어 노출을 기록했고, 67%의 브랜드 인지도 상승이라는 성공적인 결과를 가져왔습니다.

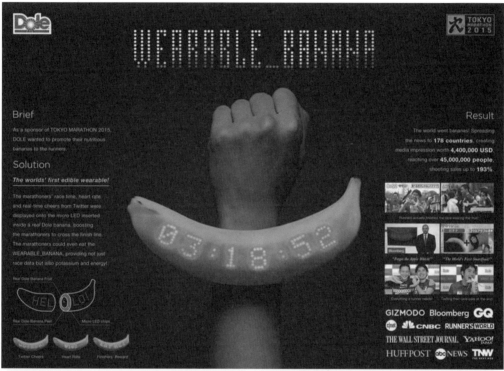

더페이즈망의 신시감, 즉 '낯설게 하기'는 원래 문학, 예술 이론에서 출발하였습니다. 러시아의 슈클로프스키Viktor Borisovich Shklovsky가 예술 창작 이론으로 처음 사용하기 시작한 이 이론은 일상적인 상황도 어린아이가 세상을 보듯이 낯설게 바라보라고 권하고 있습니다. 제품과 서비스의 쓰임을 '새롭게' 바라봄으로써 아이디어를 이끌어 낼 수 있습니다. 외계인이 되어 물건의 용도를 생각해 보고 톨스토이의 소설『홀스토메르』에서처럼 동물의 입장에서, 사물의 입장에서 바라보는 방법도 좋습니다.

사람에게 첫인상이 있듯이 제품이나 서비스에도 고객에게 전달되는 이미지가 존재합니다. 익숙한 것은 좋은 것이지만 익숙함이 평범함이 되어 브랜드를 소비자의 기억 속에서 잊게 만들 수 있습니다. 우리는 낯설게 하기를 통해 아이디어를 발견할 수 있고, 아이디어들은 고객에게 신선한 '매력'을 제공할 것입니다.

실리콘밸리에 있는 페이스북 본사 사무실 복도에는 '우리는 기술 회사인가?'라는 문구와 데페이즈망 기법으로 무한한 상상력을 전달한 르네 마그리트의 그림이 전시되어 있다고 합니다. 아이디어의 원천은 '뷰자데'를 '데자뷰'로 변화시켜보는 데 있습니다. 뷰자데는 본래의 기능이나 의미로부터 이탈시키는 것에서 새로운 가능성과 놀라움을 가져올 것입니다.

끌리는 아이디어의 비밀

③-4 감각 디자인
Cue Management

사람은 무언가에 관심을 가지려면 먼저 대상을 인지해야 합니다. 우리가 감지할 수 있는 감각의 영역은 다섯 가지이고 보통 아래에서 소개하는 감각 이상의 자극이 주어져야 합니다.

시각 완벽하게 어두운 곳에 서 있다면 약 48km 밖의 촛불을 인지할 수 있다.
청각 아주 조용한 방 안에 있다면 약 6m 밖의 손목시계 소리를 들을 수 있다.
후각 약 72㎡ 안에 떨어진 향수 한 방울의 냄새를 맡을 수 있다.
촉각 피부 위에 올려진 머리카락 한 올을 느낄 수 있다.
미각 7.5L의 물에 들어간 1티스푼 분량의 설탕을 느낄 수 있다.

인간의 다섯 가지 감각을 활용하여 제품이나 서비스의 우수성을 나타낼 수 있는 아이디어 소재가 있습니다. 바로 감각 디자인입니다. 자동차 엔진 소리나 냉장고 손잡이에서 느껴지는 묵직함, 카메라 셔터 소리 등은 감각을 통해 느끼는 것들로 제품력을 판단할 증거가 됩니다. 추상적인 제품의 속성들은 감각과 만나 쉽게 인지되며 브랜드 철학과 개성을 실체화하는데도 매우 유용합니다.

신경 마케팅의 대가인 호이젤Hans-Georg Hausel 박사는 '큐 관리Cue Management'를 소개하며 하나의 물병에도 형태, 색상, 질감, 냄새, 맛 등 제품이 보내는 신호가 있다고 주장합니다. 디자인, 형태, 색상 등을 주도면밀하게 선택하여 병의 촉감이나 물의 냄새, 뚜껑을 따는 소리 등을 설계하는 등 뇌가 먼저 반응하게 해 구매 결정 과정에 영향을 끼칠 수 있다는 것입니다.

고객이 확실히 인지할 수 있는 설명적 마케팅 메시지만이 구매에 결정적인 영향을 미친다는 생각에서 벗어나 봅시다. 전달하고자 하는 제품의 특성에 따라 적절한 감정을 유발하는 것도 구매의 스윗스팟sweet spot이 될 수 있습니다. 색상, 형태, 맛, 향, 질감 등 제품에 입힐 수 있는 '감각 디자인' 요소는 아이디어를 확장할 수 있는 재료가 됩니다.

샤넬의 향수병, 앱솔루트의 병 모양, 코카콜라 특유의 유리병, 키세스와 토블론의 초콜릿 포장 등은 브랜드를 쉽게 인식할 수 있는 시각적 열쇠입니다.

www.toblerone.com

토블론 초콜릿은 스위스 마터호른 산의 모양을 본따서 만든 브랜드입니다. 토블론은 1909년 독특한 삼각형 모양의 초콜릿과 패키지를 디자인으로 등록하는데, 초콜릿으로는 최초의 디자인 등록 사례로 알려져 있습니다.

듀퐁 라이터는 맑은 '클링' 소리로 브랜드의 특별함을 전달합니다.

앱솔루트 보드카는 매년 병의 라벨 디자인을 바꾼 한정판 패키지를 출시하고 있습니다. 또한 패키지 윤곽을 이용한 다양하고 재치있는 광고 시리즈를 선보이고 있습니다. 앱솔루트 브랜드에서 '병 모양'은 중요한 요소입니다.

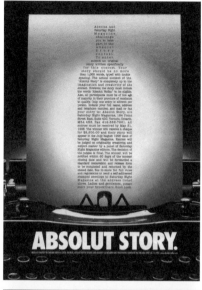

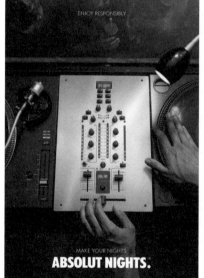

한편 맥주병의 뚜껑을 딸 때 나는 '쉭~' 하는 소리와 맥주를 잔에 따를 때 나는 소리는 무의식적이지만 뇌에 청각적으로 중요한 정보를 전달합니다. 음향 심리학자이자 사운드 디자이너인 프리드리히 블루트너는 "병 중심부에서 병목으로 넘어가는 과정이 거칠수록 잔에 맥주를 따를 때 나는 소리가 더 조화롭고 더 감칠맛 나게 들린다"고 이야기합니다. 모든 종류의 음향과 소리는 제품의 가치를 높이거나 손상시키는 하나의 메시지가 될 수 있습니다. 듀퐁 라이터의 '클링' 소리도 마찬가지입니다. 듀퐁 라이터는 뚜껑을 열 때 맑고 청량한 소리로 유명합니다. '클링' 소리의 맑은 음은 소재와 크기, 무게가 균형을 이룰 때만 난다고 합니다. 듀퐁 라이터 제조 시 이 소리만 체크하는 '마담 클링'은 맑은 소리가 나지 않으면 라이터를 다시 만들게 할 정도입니다.

싱가포르항공 사는 브랜드를 위해 만들어진 특별한 향수를 이용하여 고객 경험을 만족시킵니다. 비행기 탑승 시 은은하게 퍼지는 향기는 고객에게 제공되는 물수건에도, 승무원에게도 맡을 수 있어 향기를 통해 강력한 인상을 남깁니다.

'안정성'을 강조하기 위해 후각을 사용한 사례도 있습니다. 아메리칸항공 사는 2016년부터 고객들이 탑승할 때 커피를 내려서 커피 향이 기내에 퍼지게 했습니다. 승객들은 항공 사고에 대한 불안감을 가지고 탑승하는 것을 알고, 커피 향이 사람들에게 심리적인 안정감과 포근함을 주는 기능을 이용해 안전하고 긍정적인 이미지를 주고자 한 것입니다.

이렇게 감각 디자인은 제품의 우수성을 시각, 청각, 후각, 촉각, 미각 등 오감의 특성을 반영해 제품의 품질을 표현하는 것을 말합니다. 오늘날 제품의 품질이 전반적으로 좋아지면서 품질에 대한 개선이나 차별점에 대해 소비자가 둔감해져 감에 따라 감각 디자인을 통해 차별화할 필요성이 더욱 커지고 있습니다. 따라서 제품이나 서비스의 개선을 감각적으로 전달할 것인지에 대해서도 아이디어를 고민해야 할 필요가 있습니다. 감각 디자인을 제품의 우수성을 전달하기 위한 열쇠로 사용하기 위해서는 고객에게 제품의 어떤 점을 특별히 감지시킬 것인지 목표를 정해야 합니다. 고급 이미지를 전달하고 싶은 전자제품이라면 제품의 어떤 부분에서 고급스러움을 느끼게 할 것인지, 건강함을 추구하는 레시피라면 미각이나 시각 요소를 사용하여 건강이라는 컨셉을 고객에게 어떻게 느끼게 할 것인지를 정하는 것입니다.

예컨대 와인의 경우 감각적 접점은 와인 병의 무게입니다. 와인을 고를 때 사람들은 병을 잡고 라벨을 봅니다. 라벨에 적힌 정보가 와인을 고르는 첫 번째 인식처럼 보이지만, 사실은 와인 병의 무게가 가장 먼저 접하는 감각의 정보입니다. 손에서 묵직한 와인 병의 무게가 느껴질 때 사람들은 그 와인을 고급 와인으로 느낍니다. 실제로 한 연구에서는 여러 나라에서 생산된 274가지 와인의 무게와 가격을 조사했더니 가격이 높은 와인일수록 병의 무게도 더 무거운 것으로 나타났습니다. 좋은 와인일수록 무거운 병에 담아 사람들이 와인의 가치를 감각적으로 경험하도록 만든 것입니다. Piqueras-Fiszman and Spence, The weight of the bottle as a possible extrinsic cue with which to estimate the priceand quality of the wine? Observed correlation, Food Quality and Preference, Vol 25, Issu 1, July 2012

또한 감각 디자인은 브랜드가 가진 개성을 실체화하는 열쇠가 될 수 있습니다. 브랜드는 추상적인 개념들의 집합입니다. 고객에게 브랜드의 '느낌'을 전달하기 위해 감각 디자인에서 아이디어를 얻을 수 있습니다.

미니Mini는 1959년 영국 자동차 업체인 브리티시 모터 코퍼레이션BMC에서 탄생한 미니어처 차량입니다. 수에즈 운하의 국유화 선언으로 유가가 폭등하여 당시 영국은 경제적인 차량이 필요했습니다. 미니는 차체를 줄이고 작은 휠과 독립식 서스펜션을 장착해 훌륭한 연비와 주행 성능으로 많은 사랑을 받았습니다. 유가가 안정되었지만, 1960년대의 자유로운 문화를 반영해 미니는 여전히 사랑받으며 그 시대의 정신을 완벽하게 반영하는 자동차가 되었죠. 영국의 유명 디자이너 메리 퀀트Mary Quant는 자신이 아끼던 미니에서 영감을 받아 '미니스커트'를 디자인하기도 했습니다.

미니의 가치는 오랜 전통과 역사 속에 있습니다. 1994년 BMW에서 인수하며 지금의 리뉴얼된 모습을 갖추었지만 미니는 초기의 외관을 살리기 위해 계속해서 노력하고 있습니다. 특히 자동차의 다양한 소리는 아날로그적 요소들로 만들었습니다. 비상 깜빡이 및 문 잠금장치에서 나는 소리는 미니 쿠퍼의 역사를 옮겨온 것처럼 보입니다.

끌리는 아이디어의 비밀

하지만 고객들은 너무 일상에서 많은 자극을 받고 있기 때문에 제품이 지닌 감각적 자극들에 둔감할 수 있습니다. 시계를 어디에 두었는지 알아내려고 할 때, 눈을 감고 집중하면 시계의 초침 소리를 들을 수 있습니다. 하지만 시계를 찾지 않는다면 다른 생각을 하는 동안에는 시계 초침 소리가 전혀 들리지 않을 것입니다. 무언가를 인지하거나 인지하지 못하는 것은 실제 자극이 있느냐 없느냐에 달린 것이 아닙니다. 사실은 종종 자극이 있어도 이를 놓칠 때가 있고 자극이 없는데도 이를 보거나 들을 때가 있습니다. 또한 같은 시계 소리를 매시간 들으면 뇌는 같은 신호가 반복해서 발생함을 감지하고 새로운 자극이 아님을 판단하여 이를 무시하는 것입니다. 과학자들은 이를 신호 감지 이론이라고 합니다. 제품에 감각을 부여할 때는 자극의 존재를 인지할 수 있도록 제품의 감각적 접점을 찾아 '낯설게' 해야 합니다.

감각 디자인과 관련된 아이디어를 생각해야 할 때 또 고려해야 할 점이 하나 더 있습니다. 바로 진정성인데요. 고급스러운 착용감을 만들어 내기 위해 비츠 헤드폰은 아무런 기능을 하지 않는 쇳덩어리를 넣어 마니아들의 비난을 산 사례도 있습니다. 땅을 구입하고 집을 지을 곳을 찾는 사람들에게 풍수지리가 좋다는 것을 보여주기 위해 인위적으로 흙에 소금과 설탕을 섞어 맛보게 했다는 사기꾼의 웃지 못할 이야기가 생각나는 대목입니다. 고급감을 주기 위해 브로슈어의 종이 그램 수를 높이는 등의 작은 아이디어부터 기내 승무원의 향기까지 브랜드화시킨 후각 마케팅까지, 품질을 보여주기 위한 아이디어들은 많습니다. 하지만 그전에 품질의 완성도를 높이고 제품의 어떤 장점이 고객의 감각과 맞닿게 할지를 먼저 생각해야 할 것입니다.

③-5 버려지는 것의 쓸모

중국 고전에 하로동선^{夏爐冬扇}이라는 고사가 있습니다. 여름의 화로, 겨울의 부채라는 뜻으로 '철에 맞지 않거나 격에 어울리지 않는 물건 또는 아무 소용 없는 말이나 재주'를 비유하여 이르는 말입니다. 쓸모없는 것들을 이르는 말로 회자되기도 하지만 여기서 숨겨진 다른 의미를 재발견할 수 있습니다. 여름의 화로는 젖은 것을 말릴 수 있고 겨울의 부채는 불씨를 일으키는 데 사용합니다. 누군가에는 무용지물이 누군가에는 기가 막힌 타이밍의 쓸모를 가지기도 하지요.

2011년 도쿄 나가노에 문을 연 '마구로 마트'는 종이 창고를 개조하여 만든 참치 전문점입니다. 마구로 마트에 들어가면 사람들이 참치를 숟가락으로 먹고 있는 기이한 광경을 목격할 수 있습니다. 이 가게의 간판 메뉴인 참치 갈빗살 나카오치를 주문하면 40cm 가량의 참치 갈빗대가 통째로 제공됩니다. 사람들은 젓가락 대신 함께 나온 숟가락으로 갈빗대 사이사이를 긁어먹습니다. 커다란 갈빗대는 2,000엔으로 저렴한 편입니다.

끌리는 아이디어의 비밀

마구로 마트

사실 참치의 갈빗살은 그 자체로는 상품성이 떨어집니다. 뼈와 붙어 있어 손질이 힘들고 손질을 해도 깔끔하지 않아 회를 뜨기에는 적합하지 않습니다. 하지만 맛에서는 참치 부위 중 가장 기름지고 고소합니다. 그래서 대부분의 식당은 참치회로는 등살, 목살, 뱃살 등을 이용하고 갈빗살은 갈아서 참치 덮밥이나 군함말이 초밥에 사용하고 있습니다. 주연급이 아니라 조연급인 셈이죠. 하지만 마구로 마트에서는 상품 가치가 떨어져 버려지거나 사이드 메뉴로 활용되던 갈빗살을 주연으로 내놓습니다. 애써 뼈를 발라내는 등의 손질을 하는 대신 손님들에게 직접 숟가락을 쥐여줌으로써 수고를 덜게 됩니다. 손님들은 숟가락으로 뼈를 발라 먹으며 특별한 경험과 동시에 맛있는 참치 부위를 온전히 맛볼 수 있습니다. 계륵이었던 부위는 체험의 상품 가치로 바뀌었습니다. 이렇게 마구로 마트가 아니면 경험할 수 없는 '참치를 먹는 독특한 방법'은 손님들의 흥미를 끌었고 입소문을 타고 알려졌습니다. 그리고 참치 갈빗살은 마구로 마트에서 예약해야만 겨우 먹을 수 있는 특별한 메뉴가 되었죠.

마구로 마트의 이익은 상품성이 떨어진다고 생각했던 참치의 갈빗대에서 나옵니다. 갈빗대는 다른 가게에서는 주메뉴가 아니기 때문에 다른 부위보다 상대적으로 저렴합니다. 손님들도 갈빗대가 그대로 나왔다고 해서 불평하지 않습니다. 오히려 숟가락으로 먹는 참치에 재미를 느끼고, 저렴한 가격에 맛있는 부위를 먹게 되어 큰 호응을 보내고 있습니다. 마구로 마트는 버려지는 것에서 아이디어를 발견해내고 기회로 만들었습니다.

과일이나 채소를 고를 때 사람들은 깔끔하고 겉모양이 좋은 것을 고르기 마련입니다. 하지만 못생기거나 모양이 조금 이상한 과일, 채소들도 맛이나 품질면에서는 아무런 문제가 없습니다. 프랑스에서 세 번째로 큰 슈퍼마켓 체인인 인터마르케^{Intermarché}는 소비자들의 성향 때문에 판매되지 못하고 버려지는 농산물들이 많다는 점에 착안하여 '못생긴 과일 및 채소' 캠페인을 기획했습니다. 그들은 저렴하게 판매하는 것에 그치지 않고 '실패한 레몬', '우스꽝스러운 감자', '기괴한 사과' 등 못생긴 과일과 채소에 이름을 붙이고 전용 라인을 만들었습니다. 못생긴 과일과 채소를 주인공으로 만든 것입니다. 그리고 해당 제품으로 만든 주스와 수프를 무료로 제공하여 시음하기도 했습니다. 이 캠페인은 인쇄, 옥외광고, TV, 라디오 및 소셜 미디어를 이용하여 대규모로 홍보·진행되었습니다.

결과는 성공적이었습니다. 캠페인이 진행된 이틀 동안 판매된 못난이 과일과 채소들은 1.2t에 달했고, 이는 24% 증가한 고객 유입으로 이어졌습니다. 인식의 개선을 통해 소비자는 같은 품질의 제품을 저렴하게 구매할 수 있으며, 판매자는 일반적으로 버려지는 제품을 판매할 수 있는 기회를 가지게 되었습니다. 그리고 캠페인을 진행한 마트는 새로운 제품 라인업을 개발하여 비즈니스 기회를 만들어냈습니다.

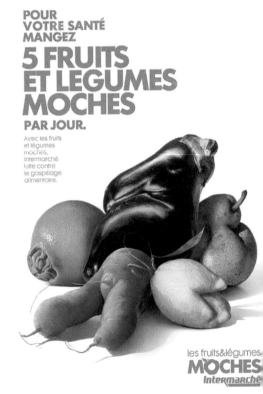

끌리는 아이디어의 비밀

인터마르케의 못생긴 과일 캠페인

마구로 마트와 못생긴 과일 캠페인이 버려지던 것들을 다른 시각으로 바라보게 함으로써 기회를 찾았다면, 상품을 사용하고 난 다음 '쓰레기'가 된 것들을 활용하는 브랜드들도 있습니다.

업사이클링Upcycling은 '업그레이드 upgrade'와 '리사이클recycle'을 합친 말로, 버려지는 물품에 디자인 등을 더해 가치 있는 제품으로 탈바꿈하는 것을 말합니다. 환경을 생각하는 소비자가 늘어나면서 업사이클링 제품에 대한 요구도 계속되어 왔습니다. 이렇게 버려진 소재에 대한 활용인 업사이클링에 관한 대표적인 브랜드로 프라이탁이 있습니다.

마커스와 다니엘 형제는 비가 자주 내리는 취리히의 날씨로 인해 방수가 잘 되고 내구성이 좋은 가방이 필요했습니다. 주로 자전거를 타고 다니는 그들에게 내구성과 방수성이 뛰어난 트럭용 천막은 훌륭한 소재가 되었습니다. 형제는 타폴린이라는 트럭 방수천뿐만 아니라 자동차의 안전벨트, 자전거의 고무 튜브 등을 소재로 하여 제품들을 만들기 시작했습니다. 특히 트럭의 방수천을 떼어와 수작업으로 만드는 가방들은 똑같은 디자인이 하나도 없는 것이 브랜드의 특징이 되었습니다.

끌리는 아이디어의 비밀

프라이탁은 대부분 5년 이상 사용한 방수천을 사들여 제작하고 있는데 오히려 새 방수천을 주문 제작하는 것보다 더 많은 비용이 드는 것으로 알려져 있습니다. 그럼에도 불구하고 프라이탁은 브랜드 가치가 업사이클링에 있기 때문에 헌 방수천을 이용해 제품을 만드는 경영 방식을 고수하고 있다고 합니다.

업사이클링 브랜드 프라이탁(Freitag)

해양 쓰레기로 운동화를 만드는 브랜드도 있습니다. 심지어 이 브랜드는 해양 쓰레기를 자신들의 주요 제품으로 삼을 예정이라고 합니다. 바로 스포츠 브랜드 아디다스인데요. 2015년 해양환경보호단체 팔리포더오션과 파트너십을 체결하고 해양 플라스틱 폐기물을 활용한 소재 개발 연구를 통해 러닝화와 축구 유니폼을 출시했습니다. 러닝화 한 켤레당 플라스틱 병 11개를 재활용하여 신발 갑피, 끈, 발목을 잡아주는 뒤꿈치 보호대 등에 사용했습니다. 재활용 러닝화인 '팔리 운동화'는 해변에 버려진 플라스틱을 소재로 한 착한 운동화일 뿐만 아니라 독특하면서도 뛰어난 디자인으로 출시하자마자 한정으로 만들었던 7,000족이 모두 소진되는 등 큰 인기를 끌었습니다.

끌리는 아이디어의 비밀

해양 쓰레기 문제는 계속 대두되어 왔습니다. 쓰레기 섬^{Great Pacific Garbage Patch}에 대해서는 한 번쯤 들어보셨을 것입니다. 태평양 한가운데 떠 있는 이 플라스틱 섬은 인류가 만든 가장 큰 인공물 중 하나로 우리나라 넓이의 6배에 이른다고 합니다. 10년마다 10배씩 커지고 있는 이 섬뿐만 아니라 작은 미세 플라스틱 조각들, 비닐들은 해양 생물들에게 큰 위협이 되고 있습니다. 이러한 우려의 목소리를 아디다스는 자사 제품에 적용하여 친환경 이미지와 함께 독특한 디자인으로 브랜드 이미지를 향상시켰습니다. 이렇게 버려지는 것들의 쓸모를 다시 한번 생각해 봄으로써 좋은 아이디어를 재탄생시킬 수 있습니다.

물론, 상품성이 없는 것을 모아서 판매하고, 쓰레기를 업사이클링 한다고 해서 상품의 가치가 마냥 올라가지는 않습니다. 충분한 브랜드 가치, 디자인과 체험을 함께 섞었을 때 새로운 제품의 매력이 부여됩니다. 하로동선^{夏爐冬扇}, 여름의 화로, 겨울의 부채의 쓸모 없음은 사물의 문제가 아니라 쓸모를 발견해내는 우리의 몫일 것입니다.

③-6 　스타벅스 다이어리의 비밀 게이미케이션

사은품인 스타벅스 다이어리가 일부 중고 거래 사이트에서 웃돈을 주고 거래되고 있습니다. 인기가 많은 색상은 기존 가격보다 1.5배 가격선에서 거래되기도 합니다. 매장 가격 3만 원 상당의 다이어리는 6만 원~8만 원 상당의 커피를 마시고, 스타벅스 애플리케이션의 스티커를 모두 채우면 받을 수 있습니다.

www.starbucks

SNS에서는 인기 색상이 동나기 전 17잔의 커피를 한꺼번에 구매한 뒤 먹을 수 있는 팁 등이 공유되기도 합니다. 이렇게, 다이어리를 향한 열기는 해를 거듭할수록 뜨거워지고 있습니다. 비합리적 소비로 보이는 이런 소비 행위에는 어떤 비밀이 있을까요?

스타벅스 코리아

스타벅스는 2007년 유례없는 매출 하락을 맞이하게 됩니다. 이때 스타벅스의 고객정보 관리를 담당했던 스테판 질렛[Stephen Gillett]의 아이디어는 스타벅스가 기사회생하는데 결정타가 되었습니다. 그가 시도했던 아이디어는 '마이스타벅스 리워드 프로그램'입니다. 이 애플리케이션은 평범한 카페의 쿠폰 기능을 담은 것처럼 보입니다. 하지만 여기에는 작지만 큰 아이디어가 있습니다. 먼저, 생일에 제공되

는 무료 음료 쿠폰 등으로 설치를 유도합니다. 그 후 구매 횟수에 따라 레벨을 나누고 레벨마다 각각의 다른 보상이 주어집니다. 시럽을 더 넣으면 비용을 추가해야 하는데 특정 레벨 이상이면 무료로 제공되는 사소한 팁들도 숨겨져 있지요. 이러한 시스템은 어딘가 익숙한 느낌이 듭니다. 바로 독자 여러분도 한 번쯤 해보았을 게임 규칙과 유사합니다.

스타벅스 다이어리에는 게임이 아닌 것에 게임과 같은 요소를 부여하여 재미와 흥미를 이끌어내는 '게이미피케이션' 마케팅이 포함되어 있습니다. 스티커를 모으는 행위와 스티커를 주고받는 행위가 게임처럼 동기를 유발해 목표 달성을 위한 소비자의 지속적인 관심을 유지하게 합니다.

게이미피케이션Gamification은 Game게임에 fication-하기가 결합한 신조어로, 2010년 1월 미국 샌프란시스코에서 개최된 게이미피케이션 서밋Gamification Summit을 통해 주목받기 시작했습니다. 교육, 스포츠, 의료, 쇼핑, 마케팅 등 여러 방면에서 활용되기 시작한 게임 요소에 대해 공식적으로 인정하는 자리였지요. 게이미피케이션은 사용자들이 특정 활동을 '놀이'로 인식하여 자발적이고 적극적인 참여를 이끌어내는 데 그 효과가 있습니다. 본래의 '게임'과 다른 점은 '특정 활동' 자체가 게임이 아니라 교육이나 사용자 몰입, 비즈니스 성과를 달성하는 과정이라는 것입니다. SNS와 애플리케이션의 발전으로 제품 홍보나 브랜드 이미지 제고 등 더욱 다양한 분야에 다양한 목적으로 접목시킬 수 있습니다.

스타벅스의 리워드 프로그램과 유사한 것이 나이키의 런 클럽NRC입니다. 처음에는 사용자가 운동한 거리와 이에 걸린 시간을 자동으로 측정하는 기능으로 시작했지만 지금은 달린 거리에 따라 레벨이 바뀝니다. 레벨에 따라 화면이 바뀔 뿐만 아니라 개인의 최장 러닝 거리 돌파 등 도전 과제를 달성할 때마다 그에 해당하는 '기록 배지'를 보상으로 받습니다.

또한, 나이키는 최근 중국에서 나이키의 신제품 '나이키 에픽 리액트' 출시를 앞두고 게이미피케이션을 활용해 흥미로운 제품 테스트 프로모션을 진행했는데요. 러닝에 적합한 경량성, 유연성, 내구성 등을 강화한 폼 솔루션을 장착한 것을 알리고자 했습니다. 참가자는 이 제품을 착용하고 체험 공간에 비치된 러닝머신의 화면에서 자신과 닮은 아바타를 만들어 슈퍼마리오와 같은 게임을 즐기게 했습니다. 러닝화의 성능을 직접 체험해볼 수 있을 뿐만 아니라 재미있는 게임을 더해 즐거운 사용자 경험을 유도한 프로모션입니다.

재미를 브랜드 이미지와 연관시키는 브랜드도 있습니다. 영국의 밀크셰이크 브랜드 프리지^Frijj는 웹캠을 이용하여 게임 프로모션을 런칭했는데요. 사이트를 방문한 사용자가 웹캠을 활성화하여 사이트에 접속한 후 재미있는 유튜브 영상들을 보면서 웃음을 오래 참을수록 점수가 올라가는 게임을 개발합니다. 얼굴 인식 기능은 웹캠에 노출된 온라인 사용자의 웃는 표정을 잡아내는 것을 가능하게 합니다. 게임 스코어와 참여 결과를 트위터와 페이스북을 통해 공유할 수도 있습니다. 웃는 경험^사실은 웃지 않아야 하지만을 통해 소비자들은 이 밀크셰이크에 즐거웠던 기억을 덧입힙니다. 얼굴 인식 기능을 통한 온라인 인터랙션 요소 또한 새로운 경험으로 전달될 것입니다.

게이미피케이션의 재미 요소는 공익 캠페인에도 적용할 수 있습니다. 포르투갈에서 진행된 인터랙티브 캠페인인 'Dancing Traffic Lights'는 보행자들의 무단횡단을 줄이기 위해 '재미' 요소를 접목했습니다. 신호등 주변에 부스를 설치하여 참여자가 그 공간에서 춤을 추면 모션 센서가 동작을 인식해서 신호등의 픽토그램이 똑같이 움직임을 따

끌리는 아이디어의 비밀

라하게 했습니다. 신나게 춤을 추는 픽토그램을 보면서 사람들은 대기시간의 지루함을 잊었습니다. 캠페인 조사 결과, 캠페인이 진행되는 동안 신호를 지키는 사람이 평소보다 81% 이상 증가했다고 합니다. MY MODERN MET, 2014

게이미케이션 요소에는 동기 부여와 재미 요소가 존재해야 합니다. 요한 하위징아^{Johann} ^{Huizinga}는 유희를 추구하는 인간의 본능을 뜻하는 '호모 루덴스'를 처음 제창했습니다. 그는 인류 발전의 가장 큰 원동력으로 인간만이 가진 독특한 놀이 문화를 꼽았습니다. ^{Johann Huizinga, 1955/2010}. 놀이의 본질은 '재미'로 적극적인 참여와 몰입을 하게 됩니다.

이렇게 재미 요소를 동반한 게이미피케이션은 목표와 집중력을 자극하는 재미요소를 통해 내적·외적 동기^{Motivation}를 부여하여 보상, 배움, 목표, 성취, 도전, 스킬, 유저 인게이지먼트, 조직 생산^{Organization Productivity}을 증대시킬 수 있습니다.

필립 코틀러^{Philip Kotler}는 사회가 복잡해지고 물질적으로 풍요로워질수록 사람들은 재미를 추구한다고 말했습니다. SNS 등 미디어의 발달로 컨텐츠의 홍수 속에서 살고 있는 우리에게 재미가 선택의 기준이 된 것은 당연한 일일지도 모르겠습니다.

끌리는 아이디어의 비밀

③-7 주말 드라마의 예고편
공백 이론

싱가포르에서 이상한 음료가 인기를 끌었습니다. 이 음료의 이름은 아웃오브더박스 사^{Out of the Box 社}에서 만든 'Anything'과 'Whatever'입니다. 이름 그대로 패키지만 보면 커다란 물음표와 함께 브랜드 이름만 적혀 있어 어떤 맛인지 알 수 있는 단서는 없습니다. 먹어보기까지는 알 수 없는 이 음료는 호기심 많은 10대들에게 큰 인기를 끌었습니다. '아무거나 주세요.'에서 착안한 음료의 컨셉답게 광고 또한 '아무거나 주세요.'라고 말하면서 벌어지는 우스꽝스러운 상황을 연출합니다. 무슨 맛인지 모르는 이상한 음료를 돈을 주고 구매하는 사람들의 심리는 무엇일까요?

카네기멜런 대학의 행동경제학자 조지 로웬스틴^{George Loewenstein}이 상황적 흥미에 대해 가장 이해하기 쉬운 방식으로 설명한 바 있습니다. 그는 "호기심은 지식의 공백을 느낄 때 발생한다."라며 그러한 공백이 고통을 초래한다고 주장합니다. 무언가에 대해 알고 싶지만 알지 못할 때의 느낌은 손이 닿지 않는 등을 긁을 때의 느낌과 비슷합니다. 고통을 제거하기 위해서는 '결말'을 알아야 하죠.

마술사의 모자에서 나올 음료의 맛은 먹어봐야만 알 수 있습니다.

호기심과 흥미를 불러일으키는 공백을 만드는 가장 효과적인 방법은 상대방이 잘 알고 있다고 생각하는 것들에 대한 질문이나 수수께끼를 던지는 것입니다. 대부분의 드라마에서는 매회가 끝날 때 갈등의 고조 혹은 새로운 복선을 던져줍니다. 시청자들은 이야기를 매듭짓기 위해 한 주간 다음 내용을 상상하며 기다립니다. 대부분의 뉴스들 또한 공백 이론을 사용하고 있습니다. 뉴스 예고편은 그날 9시 뉴스에서 방송될 주요 뉴스의 짧은 광고를 방영합니다. '대장균이 득실거리는 제품을 팔고 있는 유명 아이스크림 가게가 적발되었습니다.', '충격! 우리가 사는 집에 숨어있는 유해물질' 등의 문구들을 내보냅니다. 아이스크림 가게가 지저분한 것은 흥미거리가 아니지만 그 가게가 내 단골집이라면 상황은 달라집니다.

호기심은 질문에 대답하고 열려있는 패턴을 닫는 데 필요한 지적 능력입니다. 또한 인간이 진화할 수 있는 원동력을 만들어준 본능 중 하나이지요. 어떤 아이디어들이 살아남고, 어떤 아이디어들은 사라지는가에 대해 이야기한 '스틱'의 저자 칩 히스$^{Chip\ Heath}$는 수많은 메시지의 홍수 속에서 살아남는 메시지들은 의외성을 가지고 있어 기억에 '착' 달라붙는다고 표현합니다. 그러한 메시지들은 사람들의 궁금증을 자극하고, 지속해서 주목하며, 비로소 기억에 남는다고 했죠. 사람들의 관심을 잡아끌고 싶다면 호기심의 공백 이론을 최대한 이용할 수 있습니다. 거기에 미스터리라는 양념을 조금만 친다면

끌리는 아이디어의 비밀

흥미를 더 오랫동안 유지할 수 있을 것입니다. 지루한 광고들이 어떻게 공백 이론을 이용하여 흥미를 끄는지 알아볼까요?

세계 최대의 동영상 공유 사이트인 유튜브는 다양한 광고 상품을 선보이고 있습니다. 그중 사용자가 재생한 영상 전에 나오는 'Trueview Preroll ads'는 짧게는 5~10초, 인기 있는 영상의 경우 60초가 넘는 광고들이 붙어서 재생됩니다. 이런 광고들은 사용자 입장에서 매우 지루하고 꺼려지기 마련이라 전체 분량의 광고를 보지 않고 스킵Skip 버튼이 나타나는 순간 종료하는 경우가 대부분입니다.

이렇게 유튜브 광고에 대해 부정적인 성향을 보이는 것을 고려해 폭스바겐은 New Golf GTI의 프로모션을 위해 이색적인 광고를 선보입니다. 같은 방식으로 재생되는 이 광고는 기존 광고와 딱 하나 다른 점이 있는데 유튜브 사용자가 광고 영상을 건너뛰기도 전에 끝난다는 것입니다. 광고 영상에는 폭스바겐 Golf GTI가 매우 빠른 속도로 화면을 순식간에 지나가 버립니다. 자동차 광고임에도 불구, 새로운 Golf GTI의 모습을 제대로 볼 수조차 없습니다. 광고 뒤에는 이 차가 무엇인지를 궁금해하는 사람들을 위해 배너가 노출되죠. 건너뛰기 위해 기다렸던 손이 무색해질 정도로 짧은 광고 캠페인의 이름은 'Click if you can'입니다. 이 광고는 소비자의 부정적 인식을 크게 줄이고 더 탐색해보고 싶은 정보에 대한 욕구를 불러일으키는 색다른 광고로 주목받았습니다.

건너뛰고 싶은 또 하나의 광고 카테고리 중 하나는 보험회사 광고일 것입니다. 미국의 보험회사 가이코Geico의 프리롤 광고 캠페인은 폭스바겐과는 다른 방식으로 흥미를 끕니다. 'Unskippable' 시리즈의 이 캠페인은 '나한테 고마워하지 말고 우리 예금에 고마워해요!'라는 가이코 서비스를 강조하는 대사가 나온 후 '당신은 광고를 무시할 수 없을 거예요. 우리 광고는 이미 다 끝났거든요.'라는 내레이션이 나옵니다. 그런데 끝났다고 한 광고는 가만히 보니 끝난 것이 아닙니다. 광고가 종료된 것이 아니라 모델들이 화면이 정지된 것처럼 연기합니다. 몇 초가 지나면 그 상황이 연기임을 알려주는 단서들이 등장하고 가이코의 로고는 중앙에 노출됩니다. 정지된 척하는 가족들 사이를 돌아다니며 음식을 먹어 치우는 큰 강아지의 모습에서 재미 요소를 주기도 하면서

말이죠. 가이코의 Unskippable 캠페인은 칸 광고제 그랑프리, 원쇼 광고제 인터랙티브 부문의 골드, 실버 등 다수의 상을 받는 성과를 거두었습니다.

가이코의 다른 프리롤 광고들은 곰과 사냥꾼이 만난 장면에서 광고를 끝내기도 하는 등 궁금증을 유발하는 광고를 만들고 그 결말을 확인할 수 있는 1분 30초의 확장판 광고까지 만들어 광고 노출 효과를 극대화시킵니다. 재미있는 영상을 보기 전에 억지로 시청하고 스킵 버튼으로 넘기게 되는 광고도 이러한 공백 이론을 이용하면 호기심을 유발하여 끝까지 시청하게 되는 힘을 가질 수 있습니다.

공백 이론은 광고뿐만 아니라 SNS 마케팅에도 적용할 수 있습니다. 스타벅스는 인스타그램 이미지를 올린 뒤 해시태그로 '#whereintheworld'라는 질문을 던집니다. 스타벅스의 글로벌 이미지를 전달할 뿐만 아니라 동시에 인스타그램 사용자들의 참여를 유도하는 것이죠. 네덜란드, 콜롬비아, 멕시코시티 등 소비자들이 자신이 방문한 스타벅스 내부의 사진을 촬영해 올리면서 #whereintheworld 해시태그를 겁니다. 스타벅스는 이 중 흥미로운 사진을 선택해 자신의 계정에 리그램하면 팔로워들이 사진 속 스타벅스가 어느 국가의 어느 지역인지를 맞추는 것입니다. 자신이 사는 지역의 스타벅스를 함께 공유하면서 스타벅스 브랜드를 향유하게 되는 재미있는 사례입니다.

알쏭달쏭한 문제들로 아이디어에 생기를 더해봅시다. 스무고개를 하던 시절로 돌아가 재미난 문제를 내듯이 호기심을 자극할 수도 있고, 뻔한 것에 의외성을 부여할 수도 있습니다. 공백 이론은 지루한 내용에 상상력을 더할 것입니다.

③-8 C 학점의 아이디어와 7,000만 달러의 아이디어 프레이밍

C 학점의 아이디어와 7,000만 달러의 투자를 받은 아이디어. 둘 중 어디에 투자하시겠습니까? 한 학생이 어린 시절부터 생각해 온 아이디어를 리포트에 담아 담당 교수에게 제출했습니다. 아이디어의 시작은 다음과 같은 질문에서 비롯되었습니다. "하루 만에 물건을 원하는 사람에게 전달하면 어떨까? 낮에만 배송하지 않고 밤에만 배송하면 어떨까? 그렇게 하기 위해서 물건들을 한꺼번에 모으는 방법을 만든다면 가능하지 않을까?" 자전거 바퀴에 영감을 받은 이 아이디어는 화물 집결지[허브: Hub]를 만들어 화물들을 모으고 재분류한 후 자전거 바큇살처럼 각 지역에 배송하면 더 효율적일 것이라는 내용이었습니다.

지금이야 국내 배송뿐만 아니라 손쉽게 해외 배송까지 이용할 수 있지만 당시만 해도 두 지점 간의 최단 거리 수송 방식을 최선으로 여겼습니다. 상품을 취합하고 목적지까지 단거리로 일일이 전달하는 식이었죠. 그래서 하나의 박스가 배송되는 데도 짧으면 몇 주, 길면 몇 달이 걸렸지만 사람들은 이러한 방식이 당연한 것으로 생각했습니다.

끌리는 아이디어의 비밀

학생의 아이디어는 기존의 수송 방식을 완전히 뒤집는 발상으로 화물이 모이는 집결지를 만들고 분류해서 전달하는 최초의 '화물 집결지 방식, 익일 배송 서비스'의 모티브였습니다.

하지만 교수는 "아이디어가 실행 가능성이 없다"는 이유로 C 학점을 주었습니다. 물건 하나의 배송 거리를 생각해보면 2,000km의 배송 거리가 허브를 지나면서 3,500km로 더 늘어나기 때문입니다. 저명한 대학 교수의 혹평에도 불구하고 학생은 자신의 아이디어를 믿었습니다. 그는 문제를 배송 건별로 보면 비효율적일지 몰라도, 전체적으로는 오히려 효율적이라고 봤기 때문입니다. 그리고 C 학점을 받은 지 9년이 지난 1971년 항공 물류 회사를 설립했습니다. 그가 설립한 회사는 페더럴 익스프레스^{연방 특급 배송}로, 세계에서 가장 큰 물류 회사 중 하나인 '페덱스^{FedEx}'입니다. 현대 물류 산업의 토대가 된 '화물 집결'에 대한 아이디어를 냈던 이 학생의 이름은 프레드릭 스미스^{Frederick Wallace Smith} 페덱스 회장 겸 최고 경영자입니다. 현재 페덱스는 화물 집결지^{허브}를 중심으로 664대의 항공기와 17만 대 이상의 차량이 오가며 매일 평균 1,400만 건의 물건을 배송하고 있습니다. ^{2018년 기준}

페덱스는 설립 후에도 다양한 어려운 일들이 있었지만 '반드시 다음 날 배달한다'는 기업의 핵심 비즈니스 가치를 고수한 결과 시티뱅크, 뱅크오브아메리카 등 20~30개 투자사로부터 7,000만 달러^{782억 원}에 이르는 투자를 유치할 수 있었습니다. 이 액수는 당시 미국 벤처들이 받는 투자 가운데 가장 큰 액수였습니다. 화물 하나하나의 거리보다는 전체의 물류 효율로 생각의 틀을 전환한 결과입니다.

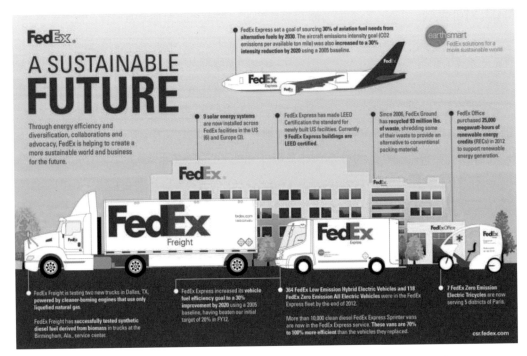

페덱스가 물류를 운송하는 방법들을 소개한 내용

문제를 바라보는 시각에 따라 같은 사건이나 상황임에도 불구
하고 해석이나 선택이 달라질 수 있는 현상을 프레이밍^{Framing}
effect psychology 효과＊라고 합니다. 이때 문제를 바라보는 틀을 프
레임이라 하고, 이 프레임은 사람의 의사 결정 과정에 영향을
미칩니다.

행동 경제학자 대니얼 카너먼과 에이머스 트버스키가 두 그룹
의 참가자에게 다음과 같은 질문에 답하도록 했습니다. "특정
모기가 병을 유발하는데, 이 모기가 유발하는 병을 방치하면 600명이 죽게 된다. 이들
에게 쓸 치료법을 선택하시오." 첫 번째 그룹에 제시된 선택지는 다음과 같았습니다.
A: 200명이 살 수 있다. / B: 환자 전체가 살 수 있는 확률이 33%, 모두가 죽을 확률
이 67%이다. 결과는 72%가 치료법 A를 선택했습니다. 두 번째 그룹에 제시된 선택지

프레이밍 효과는 행동 경제
학자 대니얼 카너먼(Daniel
Kahneman)과 에이머스
트버스키(Amos Tversky)
가 1981년 발표한 공동 논문
'The Framing of Decision
and the Psychology of
Choice'에서 유래되었다.

끌리는 아이디어의 비밀

는 C: 400명이 죽는다. D: 아무도 죽지 않을 확률 33%, 모두가 죽을 확률이 67%이다. 결과의 22%는 치료법 C를 선택했고, 78%는 치료법 D를 선택합니다. 전자의 경우 긍정적인 인식의 틀에서는 불확실한 이득보다 확실한 이득을 선호했고, 두 번째 그룹의 경우 400명이 죽는다는 부정적인 인식의 틀 아래 확실한 손실보다는 불확실한 손실을 선호한다는 것을 알 수 있었습니다. 이 실험에서 제시된 두 개의 문장 모두 600명의 사람들 중 200명이 사는 것과 400명이 죽는 상황이므로 두 그룹에 제시된 선택지는 표현 방식만 달랐고 사실은 같은 명제입니다. 그런데도 어떤 시각으로 문제를 바라보느냐에 따라 사람들은 상반된 선택을 했던 것이었습니다.

프레이밍 효과는 같은 문제라도 그것을 바라보는 시각을 바꿈으로써 실패한 아이디어가 성공한 아이디어로 바뀔 수 있다는 것을 말합니다. 상황을 반전시킬 수도 있죠. 사람은 일생에 걸쳐 정신적·감정적 이해를 위한 틀이 형성되는데 이러한 틀은 세상을 이해하는 데 사용되고 우리가 결정을 해내는 데 영향을 줍니다. 마케팅에서는 우리의 구조화된 심리를 이용하여 다양한 분야에 접목해서 널리 이용하고 있습니다. 자동차를 구매할 때 5만 원을 깎아주는 것은 자동차 가격에 비하면 적은 금액이라고 느껴집니다. 하지만 자동차를 구매하고 일주일 뒤 5만 원 상품권을 제공한다면 큰 즐거움으로 느껴질 수 있습니다. 제품을 소개할 때도 마찬가지입니다. 10%의 지방 함량보다는 90% 단백질이라고 소개하는 것이 제품에 대한 프레임을 단백질 쪽으로 향하게 하는 것이므로 더 좋은 제품이라고 느낄 수 있습니다.

자신들이 1등이 아니라 2등이라고 당당히 말하는 브랜드가 있습니다. 만년 2등이었던 에이비스Avis는 '우리는 렌터카 업계에서 2위에 불과합니다Avis is only No. 2 in rent a car.'라는 슬로건을 광고 전면에 내세우며 2위 마케팅을 펼치기 시작했습니다. 당시 허츠Hertz의 시장 점유율은 60%였고 나머지 40% 시장을 놓고 여러 경쟁업체들이 치열하게 싸우고 있었습니다. 에이비스가 2위라고는 했지만 1위 기업과는 비교도 안 될 뿐더러 13년째 적자에 허덕이는 상황이었죠.

Avis is only No.2 in rent a cars. So why go with us?

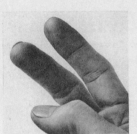

We try harder.
(When you're not the biggest, you have to.)

We just can't afford dirty ashtrays. Or half-empty gas tanks. Or worn wipers. Or unwashed cars. Or low tires. Or anything less than seat-adjusters that adjust. Heaters that heat. Defrosters that defrost.

Obviously, the thing we try hardest for is just to be nice. To start you out right with a new car, like a lively, super-torque Ford, and a pleasant smile. To know, say, where you get a good pastrami sandwich in Duluth.

Why?

Because we can't afford to take you for granted.

Go with us next time.

The line at our counter is shorter.

© 1963 AVIS, INC.

Avis can't afford to make you wait.

Or to tangle you up in forms, or not to have a car like a lively, super-torque Ford, clean and ready.
Why?
When you're not the biggest in rent a cars, you have to try harder.
We do.
We're only No.2.

Avis can't afford unwashed cars.

Or smudged mirrors, dirty ashtrays, or anything less than new cars like lively, super-torque Fords.
Why?
When you're not the biggest in rent a cars, you have to try harder.
We do.
We're only No.2.

Avis can't afford smudged mirrors.

Or dusty sun visors, or dirty floor mats, or anything less than new cars like lively, super-torque Fords.
Why?
When you're not the biggest in rent a cars, you have to try harder.
We do.
We're only No.2.

Avis can't afford not to be nice.

Or not give you a new car like a lively, super-torque Ford, or not know a pastrami-on-rye place in Duluth.
Why?
When you're not the biggest in rent a cars, you have to try harder.
We do. We're only No.2.

끌리는 아이디어의 비밀

하지만 이러한 독특한 카피를 내세워 허츠 다음은 자신임을 강조함으로써 시장을 Hertz vs Avis로 양분화시키는 효과를 가져왔습니다. 그 외의 브랜드들은 선택지에서 제외하여 해당 서비스가 떠오를 때 두 기업의 이름이 떠오르도록 사람들의 머릿속에 각인시켰습니다.

2위 마케팅은 인지도 향상 효과와 더불어 사람들의 마음을 움직이기까지 했습니다. '우리는 2위입니다. 그러므로 당신을 당연하게 생각하지 않고 더 열심히 맞을 것입니다.'라는 카피를 통해 자동차 청소, 고객 응대뿐만 아니라 그 밖의 사소한 것들까지 더 신경 쓰겠다는 의지를 시리즈 광고를 통해 담아냈습니다. 이 캠페인은 소비자들에게 신선한 충격을 주었고, 당시 1위 기업인 허츠의 자리를 위협하기까지 했습니다. 2등이 패배자가 아닌 노력하는 기업이라는 프레임을 제시함으로써 이루어낸 성과입니다.

1960년대에 흑인이자 여성이자 성 소수자로 자신을 억압하는 보이지 않는 차별에 맞서 싸웠던 앤젤라 데이비스^{Angela Davis}는 이렇게 말했습니다. "벽을 눕히면 다리가 된다". '별로야', '실현 가능하겠어?', '엉터리 같아'라는 평가를 받은 아이디어들을 일으켜 세워보고 눕혀봅시다. 새로운 프레임 속에 넣어 단장하면 오늘의 C 학점이 내일의 7,000만 달러의 아이디어로 변모할 수 있을지도 모릅니다.

③-9 공짜 좋아하면 대머리 된다? 손실 회피 심리

2018년 7월, 아마존은 90달러 이상 구매할 경우 한국까지의 직배송을 무료로 해주겠다고 밝혔습니다. FREE AmazonGlobal Shippig 서비스가 한국에서도 시행된 것입니다. 배송비가 전면 폐지되자 노트북 등 고가의 전자기기뿐만 아니라 침대 매트리스, 금고, 카약까지 주문하는 구매자들이 나타났습니다. 이전에는 90달러 의자를 구매하면 배송비만 200달러를 추가로 지불해야 했습니다. 미국 내륙 운송뿐만 아니라 항공 또는 해운, 그리고 국내 택배사 연계 운송이라는 복잡한 절차가 불가피하지만 왜 아마존은 한국까지 무료로 배송해주는 것일까요? 아마존은 지난 2014년 싱가포르에서도 무료 배송 이벤트를 진행하였습니다. 질문을 바꿔 말하자면 왜 아마존은 글로벌 배송을 무료로 하고 있을까요?

아마존은 미국 최초로 2002년 99달러 이상의 구매에 대해 연중 무료 배송 혜택을 제공했고 이듬해 2003년 배송비를 다시 25달러로 책정하여 가격을 내렸습니다. 이 무렵

끌리는 아이디어의 비밀

아마존은 지면과 TV 등 대중매체 광고를 중단하고 그 비용을 무료 배송에 투입했는데 이는 대중매체의 효용에 대한 16개월간의 검토 작업에서 광고의 효용보다 '착한' 무료 배송으로 더 많은 이익을 거둘 수 있다는 것이 검증되었기 때문입니다.

현재 무료 배송은 한정 기간의 판촉 행사에서 아마존의 주요 차별화 요소로 자리매김 했습니다. 실제로 미국의 무료 배송 혜택 제공에 관해 2010년 3분기 동안 무료 배송이 이뤄진 주문의 평균 액수는 유료 배송 주문보다 41% 높았습니다. 많이 팔면 낮은 마진을 금방 만회할 수 있기 때문입니다. ^{미국 전자상거래 통계 Andrew Lipsman. 'Free Shipping for the 2010 Holiday Season.'}

ComScore Insightscomscore.com. November 22, 2010

심리학적으로 '공짜'를 마주할 때의 반응은 단순히 할인된 가격을 만날 때와 다릅니다. 경제학자인 댄 애리얼^{Dan Ariely}이 그의 책 『상식 밖의 경제학』에서 이 점을 지적했습니다. 그는 값쌈과 공짜 사이의 간극은 값비쌈과 값쌈 사이의 간극보다 훨씬 크다고 주장합니다. 사람들은 손실에 대한 본능적인 두려움을 가지고 있습니다. 무언가를 구매할 때 사람들은 좋은 점과 나쁜 점을 비교하는 과정을 거칩니다. 이때 공짜 물건이 등장하면 손해의 가시적인 가능성은 사라집니다. 거래 과정에서의 어떤 부분을 공짜로 만들면 구매자는 이성적 사고 대신 공짜 물건에 대한 상기가 강렬해지는 것입니다. 그 물건이 지금 상황에서 덜 안성맞춤일 수는 있어도 고른다고 해서 손해 볼 것은 없습니다. ^{값쌈과}

^{공짜 사이} Dan Ariely. Predictably Irrational: The Hidden Forces That Shape Our Decisions. New York : HarperCollins, 2008

댄 애리얼은 공짜에 대한 소비 심리를 초콜릿을 통해 실험했습니다. 고급스러운 스위스 초콜릿은 기존 가격의 절반인 500원에, 일반 허쉬 초콜릿은 100원에 팔았더니 소비자들은 이성적으로 접근하여 73%는 비싼 스위스 초콜릿을 선택했습니다. 이후, 두 초콜릿 가격을 각각 400원과 0원으로 바꿔서 팔았더니 정반대로 69%가 평범한 키세스 초콜릿을 골랐습니다. 두 가격의 차이는 첫 번째와 두 번째 모두 400원입니다. 하지만 사람들은 공짜라는 것을 선택함으로써 손해 볼일이 없을 것이라는 '안심'을 구매한 것입니다. 이득보다 손실을 극도로 꺼리는 손실 회피 심리가 작용함으로써 공짜를 실제보다 더 가치 있게 여기도록 만들기 때문입니다.

길을 가던 중 돈을 줍게 된다면? 그날은 운수가 좋다고 생각할 것입니다. 영국의 보험회사 비글스트릿^{Beagle Street}은 귀여운 강아지 모양의 10파운드 지폐로 이슈를 일으켰습니다. 자사의 이름을 연상시키는 비글 강아지 모양으로 접힌 500개의 귀여운 지폐들은 런던 시내 곳곳에 놓여졌습니다. 비글스트릿은 디지털 시대에 맞추어 소비자들이 보험 중개인을 거치지 않고 온라인을 통해 보험 상품을 계약할 수 있도록 온라인 생명보험 상품을 출시했는데, 이 상품은 계약과 운영비 30%가 절감되는 효과가 있습니다. 회사는 이렇게 아끼게 된 금액을 사람들에게 돌려주기 위해 지폐로 만든 강아지들을 선물한 것입니다. 비글스트릿Beagle Street의 이 캠페인은 각종 미디어에서 크게 화제가 되며 성공을 거뒀습니다. 일방적이고 진부한 방식이 아니라 게릴라, 바이럴 마케팅을 공짜 돈으로 강렬하게 이슈 메이킹한 것입니다.

또 공짜 심리를 이용하여 고객에게 즐거운 브랜드 경험을 줄 수 있습니다. 뉴질랜드의 우유 브랜드 앵커밀크^{Anchor Milk}는 아이들의 뼈 건강에 좋은 칼슘이 풍부한 자사제품을 기발하게 홍보했습니다. 뉴질랜드 보건부에 따르면 매년 10,000명의 아동들이 팔이 부러지는 사고를 당한다고 합니다. 앵커밀크^{Anchor Milk}는 이러한 아이들을 대상으로 한 이벤트를 진행했는데, 뼈가 부러진 아이가 병원을 찾아 진단을 받고 엑스레이 사진을 받게 되면 Anchor Milk 프로모션 사이트에 방문할 수 있도록 병원에 홍보물을 배치했습니다. 사이트에서 엑스레이 사진 이미지를 업로드하거나 정보를 입력하면 24시간 내 DM^{다이렉트 메시지}이 발송됩니다. 이 DM에는 쾌유를 비는 메시지뿐만 아니라 팔이 부러진 아이의 팔 깁스에 직접 부착할 수 있는 맞춤형 엑스레이 사진 스티커가 들어 있습니다. 이 스티커는 깁스에 부착해 재미를 줄 뿐만 아니라 바코드가 있어 제휴 슈퍼마켓을

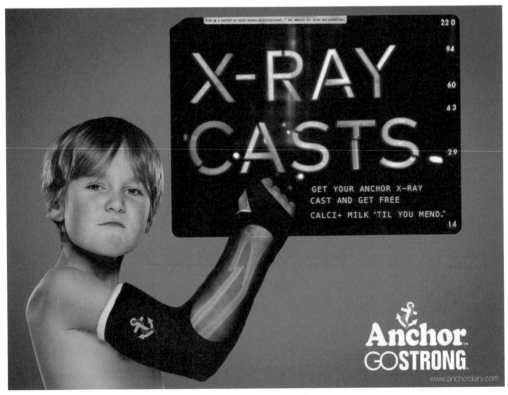

색다른 디지털 헬스 캠페인은 2016 칸 광고제 Media 부문 실버와 Health and wellness 부문 골드를 수상했습니다.

끌리는 아이디어의 비밀

방문해서 바코드 스캔을 통해 Anchor의 칼슘 강화 우유를 무료로 받을 수 있도록 했습니다. 이 캠페인은 런칭 이후 700명 이상의 참가자가 직접 웹사이트를 방문하고 프로모션에 참여했으며, 입소문을 통해 바이럴 마케팅 효과도 누릴 수 있었습니다.

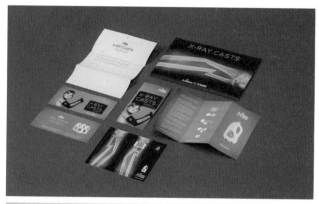

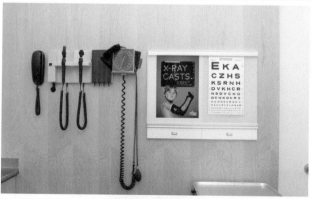

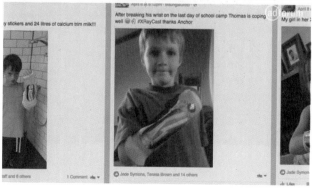

밸런타인데이를 맞아 덴마크의 유명 초콜릿 브랜드 안톤버그The Anthon는 소셜미디어와 팝업스토어를 이용하여 따뜻한 브랜드 메시지를 전달했습니다. 'The Generous Store Project' 프로젝트는 한 달 동안 팝업스토어를 열고, 여러 개의 초콜릿 박스를 진열했습니다. 여기서 재미있는 점은 초콜릿 가격이 표시되어 있어야 할 태그에 고객이 미래에 진행하겠다는 선행 약속들이 인쇄된 종이가 달려 있습니다. 귀여운 몇 개의 선행을 살펴보면 '일주일 동안 여자 친구가 운전할 때 어떠한 말도 하지 않겠다.', '한 달 동안 여자 친구의 험담을 하지 않겠다.', '여자 친구 또는 아내의 일을 도와주겠다.' 등이 있습니다. 고객들은 30가지의 선행 약속 중 하나를 선택합니다. 그리고 스토어에 설치된 아이패드를 통해 자신의 페이스북 계정에서 안톤버그 페이스북www.facebook.com/anthonberg에 접속한 다음 자신이 선택한 선행 약속을 실행할 대상자의 페이스북 담벼락에 공개적으로 포스팅하게 됩니다.

반응은 폭발적이었습니다. 고객들은 프로모션에 참여했을 뿐만 아니라 이벤트 후에도 선행하는 사진들을 페이스북 페이지를 통해 공개하기도 했습니다. 당첨의 대가로 제품이나 사은품을 받는 방식이 아닌 현장에서 선행을 약속하는 따뜻한 행동의 대가가 제품의 가격이 된다는 발상을 통해 브랜드 이미지 제고뿐만 아니라 페이스북 페이지를 친구 추가하는 행위로 고객 데이터 확보 및 추후 광고 메시지 발송이 가능하도록 합니다.

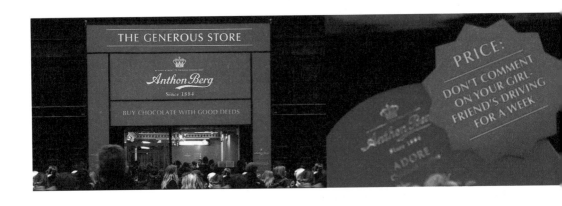

끌리는 아이디어의 비밀

밸런타인데이라는 시기와 선물뿐만 아니라 직접적인 실천을 선물 받는 당사자들 사이가 더 좋아지는 이 공짜 선물의 역발상은 따뜻한 메시지를 담고 있어 참여자들의 관심을 강력하게 자극합니다.

다시, 아마존의 한국 무료 배송 혜택으로 돌아가 봅시다. 아마존은 빅데이터로 물류 흐름을 파악하고 있으며 한국 소비자들이 아마존에서 자주 검색하는 제품 목록을 검토했을 것입니다. 그리고 한국 소비자들의 구매력을 확인하고 검증하는 차원에서 서비스를 제공한 것입니다. 아마존은 빅데이터로 물류 흐름의 맥을 짚고, 맥을 만들어 내고 있습니다. 서비스가 시행된 후 한국 시장에서 폭리를 취하던 고급 전자기기 및 유모차 등에 대한 진입 장벽이 낮아졌습니다. 똑똑한 소비자들은 이득을 취할 수 있고, 아마존은 한국의 특성 및 주요 소비 품목에 대한 정보를 댓가로 받을 수 있습니다.

거리와 지역 문제로 인한 유통, 물류 장벽은 이제 사라지고 있습니다. 공짜의 어두운 이면은 브랜드 가치 측면과 글로벌화로 인해 어쩌면 소비자들에게는 이득을 가져다주는 형국이 되어가는지도 모르겠습니다. 소비를 장려하기 위해 내놓은 할인 쿠폰이 소비를 고민하게 만듭니다. 소비는 소비자가 두 번 생각하지 않게 해야 합니다. 그러므로 '공짜'의 미학을 어떻게 사용할 것인지 고민해 봅시다.

조금 비슷하지만 꽤 다릅니다
냉장고 맹시(盲視)

갈색의 보송한 수건들의 사진이네요. 자세히 들여다볼까요? 쪼글쪼글 접힌 가죽이 매력적인 강아지의 털이 군데군데 보이네요. 코스타리카의 도요타 광고입니다. 광고 카피는 "So similar, Yet so different조금 비슷하지만, 꽤 다릅니다.." 입니다. 관심을 기울이지 않고 보면 비슷해 보이지만 자세히 보면 엄청난 차이를 느낄 수 있다는, 자사 제품의 디테일에 관한 광고입니다. 바닥 걸레와 강아지, 머핀과 강아지를 섞어놓은 재치 있는 이미지로 시리즈를 만들었습니다.

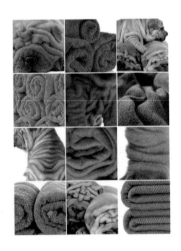

SO SIMILAR, YET SO DIFFERENT
TOYOTA GENUINE PARTS

TOYOTA

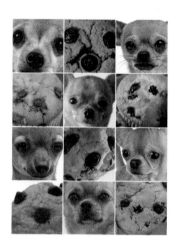

SO SIMILAR, YET SO DIFFERENT
TOYOTA GENUINE PARTS

SO SIMILAR, YET SO DIFFERENT
TOYOTA GENUINE PARTS

www.toyota.com

평범한 장면에 숨은 중요한 정보를 놓치는 심리를 두고 『캐나다 의학협회 저널』에서는 냉장고 맹시盲視, blindsight 라는 재미난 이름을 붙였습니다. 냉장고 맨 앞칸, 마요네즈 통을 바로 앞에 두고도 보지 못한 적이 얼마나 많나요? 무언가를 보면서도 보지 못하는 현상을 심리학에서는 무주의 맹시, 주의 맹시, 지각 맹시, 친숙성 맹시, 변화 맹시 등 다양한 이름으로 부르지만 '맹시', 즉 보지 못하는 것이라는 점에서는 이견이 없습니다. 간혹 시선에 놓여 있는 대상을 보지 못하는 데에는 예상치 못했거나, 지나치게 익숙할 때, 또는 섞여 있거나 이상하거나 혐오스러울 때 지나칩니다. 이러한 인지적 맹점은 시각전달 체계의 문제가 아니라 뇌의 놀라운 효율성 때문입니다. 무한한 정보를 처리할 수 없기 때문에 뇌가 내린 결단이죠.

컬럼비아 대학교 교수인 바버라 트버스키^{Barbara Tversky} 박사는 "세계는 너무나 혼란스럽다. 너무나 많은 일이 동시에 일어나기 때문에 우리는 범주를 나누는 식으로 대처한다. 우리는 적절히 행동하는 데 필요한 최소한의 정보를 처리한다."고 말합니다. 주의력은 유한하기 때문에 입력된 정보 중 아주 적은 양만 '인식'된다는 뜻이죠.

하지만, 인식하지 못했다고 해서 존재하지 않는 것은 아닙니다. 선사시대에 수풀이 움직이는 소리가 모두 위협이 되지 않았던 것은 '빈칸을 자동으로 채우는 뇌의 능력' 때문입니다. 바람에 의해 의례 나는 수풀 소리는 특별하게 느껴지지 않도록 말입니다. 그러나 '조금 다른' 바스락거리는 소리는 근처의 호랑이나 포식 동물임을 간주하고 바로 도피할 수 있도록 해왔습니다. 이런 편리한 뇌의 기능이 가끔은 미처 보지 못한 것들을 만들 수 있는 문제가 되기도 합니다.

사소한 부분이 큰 차이를 만듭니다. 사소한 것이 일상적인 것이 되느냐 아니면 사건을 해결할 단서가 되느냐는 보는 것과 관찰하는 것으로 구분됩니다. 셜록홈즈는 왓슨에게 집으로 올라오는 계단의 숫자를 묻습니다. "글쎄"라고 답하는 그에게 "왓슨, 자네는 눈으로 보긴 해도 관찰을 하지 않아. 보는 것과 관찰하는 것은 전혀 다르지."라고 말합니다. 애플이 미학적 완성도로 명성을 얻은 것은 몇 달간 상자 개봉 체험을 하는 디자인 팀을 꾸렸다는 에피소드에서 알 수 있습니다. 사진가의 루페^{소형 확대경}로 화면의 픽셀 하나하나를 살펴보는 과정을 포함한 이 섬세한 작업은 디테일의 힘을 말해줍니다. 남들이 보지 못하는 부분에 주목하는 능력은 이런 뇌의 편리함을 거부하고 좀 더 다른 것을 찾아보는 디테일에 있습니다.

에이비스^{AVIS}는 자동차의 디테일한 부분들을 이용하여 크레이티브한 캠페인을 진행했습니다. 유럽의 렌터카 업체인 에이비스는 럭셔리 자동차인 포르셰 911 카레라^{Porsche 911 Carrera}를 도입했다는 것을 알리기 위해 마이크로 사이트를 기반으로 하는 인터랙티브 캠페인을 선보입니다. 아름답게 디자인된 카레라의 제품 특성을 살려 자동차의 주요 디테일한 부분들을 촬영하고 편집해서 알파벳을 만들어 냈습니다. 소비자들은 마이크로 사이트에서 이 글자들을 가지고 E-card를 만들어 페이스북과 트위터로 공유할 수 있게 했습니다. 캠페인 런칭 이후 일주일 동안 사이트를 방문한 사용자들이 만들어 낸 메시지는 천 건이 넘었고 약 3만 건의 노출 효과를 거두었습니다. 평소에는 볼 수 없었던 고급 자동차의 내부를 다양한 관점에서 바라볼 수 있는 재미와 자동차의 어떤 부분을 나타내는지 등의 궁금증을 불러일으키는 퀴즈 이벤트를 진행함으로써 고객 참여와 흥미를 이끌어낼 수 있었습니다. 자동차의 구석구석을 디테일하게 바라봄으로써 새로운 시각을 가지게 해주는 광고입니다.

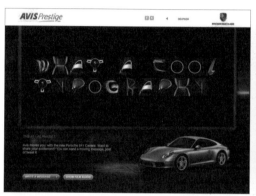

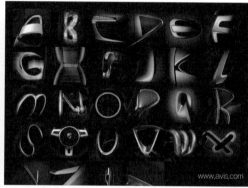

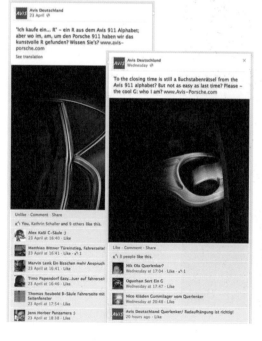

디테일에 집중하라는 메시지를 재미있게 풀어낸 광고들도 있습니다.

커다란 양말과 대형 지갑이 된 남자. 카피를 살펴보면 "Remember, women notice the detail first. Fashion is in the little things기억하세요, 여성들은 디테일에 먼저 주목합니다. 패션은 작은 것에서 시작됩니다." 아무리 멋지게 차려입었어도 사소한 것이 어긋나 버리면 전체가 틀어지니, 그러한 완성도를 그라치아GRAZIA 매거진에서 알아두라는 메시지인데요. 화면의 오른쪽 그라치아 매거진을 들고 있는 여성의 손을 넣은 디테일도 재미있게 표현했습니다.

끌리는 아이디어의 비밀

디테일에 집중하는 관찰은 어떻게 할 수 있을까요?

첫째, 평범한 것을 찾아봅시다. 우리의 뇌는 두드러지거나 주변과 어울리지 않는 대상을 찾는 데 주의를 집중하려는 본능이 있습니다. 본능적으로 새롭고 혁신적이고 흥미진진한 것에 끌리고 찾으려고 합니다. 첫눈에 간과할 법한 세부 요소를 의식적으로 찾는 연습을 해야 합니다. 전체 장면을 구석구석까지 보고 또 보고, 장면의 위치를 바꾸고 나의 위치도 바꾸어 봅니다. 뒤집어서 보면 그다지 특이하지 않은 세부 요소가 드러날 수 있습니다.

둘째, 한 번에 하나씩 관찰해야 합니다. 스탠퍼드대학의 클리퍼드 내스^{Clifford Nass} 교수는 '멀티태스킹을 하는 사람들은 멀티태스킹의 모든 부분에서 서툴다'고 주장합니다. 여러 가지 작업을 수행하는 뇌를 연구한 결과 멀티태스킹을 자주 하는 사람들은 무관한 정보를 무시하는 데 서툴고 머릿속에 든 정보를 섬세하고 깔끔하게 정리하는 데 서툴며, 한 과제에서 다른 과제로 넘어가는 데 서툴다'는 결과를 얻었습니다. 뇌에 인지적 부담이 부과되면 평소보다 더 많은 정보가 걸러지지 않고 그냥 빠져나가기 때문입니다.

셋째, 뇌는 과도한 자극을 피하고자 바로 앞에 있는 것이 무엇이든 당장 그것에 길들여집니다. 잃어버린 영수증, 집안의 냄새 등이 그것입니다. 그래서 심리학자들은 의식적으로 휴식하라고 권유합니다. 휴식을 취하고 나서 더욱 장시간 집중할 수 있을뿐더러 다른 관점을 가져 지각하는데 신선함을 불어넣기 때문입니다.

"인생을 사는 데에는 두 가지의 길이 있다. 하나는 마치 기적이라는 것은 없는 것처럼 사는 것이고, 다른 하나는 모든 것이 기적이라고 생각하며 사는 것이다." 아인슈타인의 말입니다. 우리의 일상은 보물 찾기입니다. 빠른 걸음으로 지나치면 똑같은 하루지만, 자세히 들여다보면 하루하루가 발견될 것입니다. 오늘부터 모든 것을 작은 보물로 만들어 볼까요?

③-11　선택 설계
넛지(Nudge)

미국 미네소타 주는 납세자를 네 그룹을 나눈 뒤 각각의 다른 안내문을 보냈습니다. 가장 효과적인 방법은 무엇이었을까요?

- 여러분이 내는 세금은 교육, 치안, 화재 예방 같은 좋은 일에 쓰입니다.
- 조세 정책을 따르지 않으면 처벌을 받게 됩니다.
- 세금 용지 작성법이 어렵나요? 다음의 도움말을 따르세요.
- 이미 미네소타 주민의 90% 이상이 납세 의무를 이행했습니다.

답은 네 번째. 납세자 그룹에 속하고 싶은 불안 심리를 자극한 문구가 가장 높은 자진 납세를 이끌어냈습니다. 사람들의 편향된 인식을 이용한 효과적인 문구로 효율을 높일 수 있습니다.

기존의 경제학은 사람들을 합리적 결정자로 규정하고 논리의 뼈대를 세웠습니다. 하지만 우리가 주변에서 마주치는 사람들은 모두 다이어트를 결심하면서 동시에 음식의 유혹을 이기지 못합니다. '내일부터 다이어트를 시작할 거야'라고 말하는 허점투성이의 '인간적인' 면모를 가지고 있죠. 세금을 내야 하지만 차일피일 미루고 마는 우리들은 기존 경제학에서 말하는 완벽하게 '합리적 동물'과는 거리가 멀어 보입니다. 그래서 성실한 납세자뿐만 아니라 게으름을 이기지 못한 평범한 사람들의 더 나은 삶을 유도하기 위해 슬쩍 옆구리를 찌르는 정도의 악의 없는 가벼운 개입, 즉 '넛지'의 효과가 주목받고 있습니다.

넛지의 사전적 의미는 '팔꿈치로 슬쩍 찌르다', '주위를 환기하다'인데, 시카고대 교수인 행동경제학자 리처드 탈러[Richard H. Thaler]와 하버드대 로스쿨 교수 캐스 선스타인[Cass R. Sunstein]은 2008년 "넛지[Nudge]: Improving Decisions about Health, Wealth, and Happiness"란 책을 내놓으면서 넛지를 '사람들의 선택을 유도하는 부드러운 개입'이라고 정의하였습니다. 그들은 미네소타 주의 사례처럼 사람의 본능을 이해하고, 네 번째 문구로 안내문을 보내 세금 납부의 행동을 촉진하는 것을 '선택 설계'라 칭하고, 식당에서 서빙하는 사람, 수술을 권하는 의사, 정책을 결정하는 대통령, 우리 모두가 '선택을 설계하는 사람'이라고 말합니다. 예를 들면 학교에서 영양사가 음식의 종류를 바꾸지 않고 오로지 음식의 진열이나 배열만 바꿨을 때 특정 음식의 소비량이 25% 증가

넛지 마케팅으로 가장 많이 회자되는 것이 네덜란드 암스테르담 스히폴 공항의 소변기 사례입니다. 남자 소변기 안에 파리 스티커 하나를 붙여 놨을 뿐인데 파리를 잡겠다는 본능을 유발해 정 조준하여 소변을 보게 됩니다. 이 작은 스티커로 인해 밖으로 튀는 소변의 양이 80%나 줄어들었다고 합니다.

하거나 감소했습니다. 이때 영양사들은 학생들에게 건강에 이로운 음식을 더 많이 선택할 수 있도록 '옆구리를 쿡' 찌르는 선택 설계자가 됩니다.

넛지의 선택 설계를 이용하면 다양한 아이디어를 효과적으로 실행할 수 있습니다. 남아프리카 공화국에서는 장티푸스, 콜레라 등의 전염병으로 많은 아이들이 고통받고 있습니다. 청결하지 않은 환경과 더러운 손을 입과 눈으로 가져가는 습관은 질병 발생률을 높입니다. 이런 아이들에게 비영리단체 Safety Lab and Blikkieddorp 4 Hope는 보통의 손 씻기 교육이 아닌 특별한 넛지 캠페인 'Hope Soap'를 진행하였습니다. 이 단체는 아이들에게 비누를 하나씩 나눠줬습니다. 비누 안에는 아이들이 좋아할 만한 장난감이 들어있어 비누를 다 써야만 장난감을 가질 수 있습니다. 장난감을 가지고 싶으면 자연스럽게 손을 자주 씻게 되고, 그러는 동안 아이들은 손씻기가 자신에게 유익한 일이라는 것을 깨닫게 됩니다. 단순하지만 손 씻기 교육을 자연스럽게 알려준 이 캠페인은 남아프리카 공화국의 질병 발생률과 호흡계 질환 감염도를 각각 70%, 75% 감소시킨 효과도 가져왔습니다.

끌리는 아이디어의 비밀

sites.wpp.com/sustainabilityreports/2013/Pro-bono/our-work/Health/Hope-soap/index.htm

필리핀에서는 프록터앤드갬블The Procter & Gamble Company이 자사의 항균 비누 Safeguard Soap을 이용하여 아이들의 손 씻기를 유도했습니다. 손에 묻은 각종 세균은 눈에 잘 보이지 않고 이런 세균의 존재 자체를 아이들에게 설명하는 일 자체가 특히 어려울 뿐만 아니라 관심을 끌기도 쉽지 않다는 점에서 착안한 캠페인인 'The Germ Stamp'. 먼저, 각종 세균들을 귀여운 캐릭터로 표현한 스탬프를 제작했습니다. 선생님들은 이 스탬프를 매일 등교하는 아이들의 손바닥에 찍어줍니다. 손에 묻은 세균 즉 캐릭터를 씻어내기 위해 아이들은 하교 전까지 여러번 손을 씻어 지워야 합니다. 세균 도장 캠페인의 효과는 뛰어났습니다. 아이들의 손 씻는 횟수는 71% 정도 증가했고, 병으로 인한 결석이 47% 감소했습니다.

손 씻기 교육보다 훨씬 효과적이었던 이 두 캠페인은 직접 행동의 변화를 요구하거나 강요하는 방식이 아닌, 행동을 개선할 수 있도록 방향을 제시합니다. 행동 자체를 즐겁고 재미있는 경험으로 바꾸면서 자발적인 참여를 이끌어낸 효과적인 넛지 컨셉의 사례입니다.

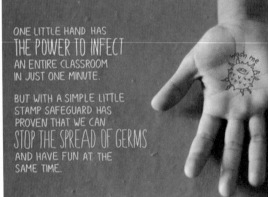

끌리는 아이디어의 비밀

3D 스트리트 아트는 과속운전을 방지하는 넛지 아이디어 중 하나입니다. 아이슬란드의 횡단보도는 보는 각도에 따라 공중에 떠 있는 것처럼 보입니다. 운전자의 주의를 환기시킨 덕분에 과속으로 인한 교통사고 확률을 낮추는 데 일조했다고 합니다. 이 아이디어는 캐나다와 프랑스에서도 시행될 예정이라고 합니다.

이렇게 사람들의 편향된 선택들을 알고, 선택 설계를 하는 것은 마케팅 전략에서도 다양하게 적용할 수 있습니다. 넛지 마케팅은 사람들의 선택을 유도하되, 선택의 자유는 여전히 개인에게 주는 것으로 사람들의 행동 변화를 요청하거나 요구하는 것이 아니라 행동 변화 그 자체로 의미 있는 혜택을 받게 하는 것입니다. 소비자 스스로 구매하게 하는 소비자 중심의 마케팅이라고 할 수 있습니다. 특정 행동을 유도하지만 직접 명령을 하거나 지시를 내리지 않는다는 점이 특징입니다. 지금부터 소개할 브랜드들은 모두 넛지 마케팅을 통해 자사 브랜드와 긍정 행동을 연관시킴으로써 브랜드 이미지 제고를 꾀하였습니다.

브라질 정부와 자동차 브랜드 피아트^{FIAT}는 택시 뒷좌석에 탄 승객들이 안전벨트를 잘 하지 않는 문제를 넛지를 활용하여 효과적으로 해결했습니다. 뒷좌석에 앉은 승객들이 안전벨트를 매면 무료 와이파이를 이용할 수 있게 하여 안전벨트 착용률을 8%에서 90%로 높였습니다.

끌리는 아이디어의 비밀

코카콜라는 방글라데시의 수도 다카에서 이색 캠페인을 펼쳤습니다. 동전이 아니라 빈 음료 패키지를 넣으면 작동되는 게임기를 설치한 것인데요. 6개 지역에서 진행된 Happiness Arcade Coca-cola 캠페인은 사람들에게 리사이클이라는 개념을 좀 더 즐겁고 재미있는 경험으로 바꾸기 위한 것이었습니다. 코카콜라는 그들의 플라스틱 음료 패키지가 환경에 좋지 않은 영향을 끼치고 있다는 점에 대해 지속해서 관심을 가지고 전략적으로 대처하기 위해 노력하고 있습니다. 이 캠페인도 그 전략의 일환인데요. 재활용 문제에 대해 깊은 관심을 가지지 않은 지역 사람에게 플라스틱 용기를 이용한 흥미로운 경험을 제공함으로써 재활용이 저절로 되게 하는 넛지 마케팅의 긍정적 사례입니다.

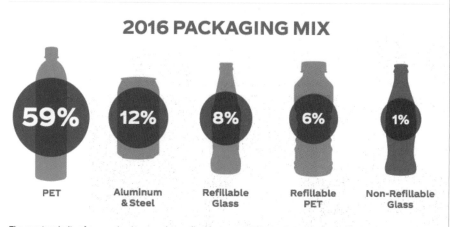

2016 코카콜라 지속 가능 보고서. 코카콜라는 지속적으로 자사의 패키지를 리사이클링하는 것에 관심과 노력을 기울이고 있습니다.

끌리는 아이디어의 비밀

또한 넛지로 유사 상품 진열이 아니라 소비 행위와 관련된 진열을 통해 구매 빈도를 높일 수 있습니다. 미국 월마트는 아이를 키우는 부부 쇼핑객 중 부피가 크고 들기 어려운 기저귀를 구입하는 사람은 남편이라는 사실을 발견하여 기저귀 매대 옆에 맥주 매대를 배치했더니 기존 대비 맥주 판매량이 30%가 증가했다고 합니다.

이렇게 문제점들을 사람들의 심리를 이용하여 긍정적인 방향으로 유도하는 넛지 마케팅은 무한히 매력적으로 보입니다. 하지만 넛지 효과의 한계를 지적하는 시각도 존재합니다. 미국 라이스대학교 경영대학원 돌라키아Dholakia 교수는 "넛지가 구체적인 행동을 촉진할지라도 궁극적인 목표를 달성하는 데는 실패할 수 있다."고 지적하기도 했습니다. 실제로 소변기 위의 파리는 무시하면 그만이고 수건 재사용 또한 내키지 않으면 참여하지 않습니다. 이렇게 선택 설계자의 의도대로 모두가 따라오는 것은 아니기 때문입니다. 또한 기업의 이익 창출만을 목적으로 주의사항을 작게 표시하는 넛지 방식은 바람직한 방향은 분명 아닐 것입니다.

하지만, 정크푸드를 금지하는 것이 아닌 신선한 식품을 눈에 띄게 배치하는 식의 '사람들에게 좀 더 나은 선택의 기회'를 주는 방법은 명령이나 지시가 아니라는 점 때문에 큰 의미를 가집니다. 2017년 노벨 경제학상 수상자는 '넛지'의 개념을 만들어 낸 리처드 세일러Richard H. Thaler 교수입니다. 세일러 교수는 넛지 마케팅이 성공하기 위해서는 사람들이 어떤 행동을 하도록 유도하려면 그 일을 최대한 쉽고 편하게 할 수 있도록 하라고 주문합니다. 그의 말처럼 문제 해결을 사람들의 행동을 관찰하는 것에서부터 시작할 수 있습니다. 관찰을 통해 얻은 넛지 아이디어들은 사소하지만 세상을 변화시킬 계기가 될 수도 있을 것입니다.

③-12 방아쇠를 당기는 힘
점화 효과

와인, 피

       두 단어를 보고 불과 1~2초 만에 당신의 머릿속에는 많은 일이 일어 났습니다. 어떤 이미지와 기억들이 스쳐 지나갔을 것이고 몇몇은 불쾌함 때문에 미간 을 살짝 찡그렸을지도 모릅니다.

인식은 무의식적인 인간 기억의 형태로 단어와 사물의 지각적 식별에 의해 결정됩니다. 이것은 행동이나 반응을 하기 전 특정 표현이나 연관성을 뇌 속에서 활성화시키는 것을 의미합니다. 예를 들어 '빨간색'이라는 단어를 보는 사람은 '와인'라는 단어를 떠올리는 과정이 빠르게 이루어집니다. 이것은 빨간색과 와인이 기억 속에 서로 강하게 연결되어 있기 때문입니다. 이렇게 먼저 제시된 자극에 의해 나중에 제시된 자극이 영향받는 것 을 점화 효과[Priming Effect]라고 합니다. 중요한 것은 이 과정이 '빠르게 처리하기'의 인식 과 정에 속해 우리가 인지하지도 못하는 사이에 결정에 영향을 줄 수 있습니다.

점화 효과는 여러 가지로 우리 삶에 스며들어 있습니다. 일반적으로 단어에 의한 연상에 영향을 끼친다고 알려졌지만 실제로는 의미, 소리, 냄새, 맛에도 영향을 주는 것으로 밝혀졌습니다. 또한 연구에 따르면 점화 효과는 15분에서 최대 이틀 동안 지속해서 영향을 미칠 수 있다는 것이 밝혀졌습니다. 이러한 연구 결과는 우리가 잠재의식의 자극과 영향력에 얼마나 많은 부분을 의지하고 있는지 알려줍니다.

점화 효과에 가장 많이 언급되는 사례는 '웃는 얼굴'입니다. 연필을 입에 물고 웃는 것처럼 행동하기만 해도 즐거운 상상을 더 많이 하게 된다는 연구는 이미 많이 알려져 있죠? 더 나아가 웃는 얼굴 연구는 행복한 얼굴 이미지가 우리 행동에 영향을 미칠 수 있다는 것을 발견했습니다. 행복한 얼굴과 무표정, 그리고 화가 난 표정을 사람들에게 보여주고 잠재의식에 어떤 영향을 미치는지 실험했더니 행복한 표정을 본 사람들은 화난 표정, 무표정 이미지를 본 사람보다 주스를 좀 더 많이 마셨습니다. 특히 목마르다고 응답했던 사람보다도 행복한 표정의 이미지를 본 사람이 주스를 좀 더 많이 마셨다고 합니다. 목마르다고 한 사람들 중에서 행복한 표정의 이미지를 본 사람들은 두 배나 더 많은 양을 마셨고, 적당히 목이 마른 사람들조차도 마시는 주스 양에 대해 통계적으로 주목할 만한 결과가 나왔습니다. Winkielman, P., Berridge, K.C., Wilbarger, J.L. "Unconscious Affective Reactions to Masked Happy Versus Angry Faces Influence Consumption Behavior and Judgments of Value" 2005, Personality and Social Psychology Bulletin Vol 31 No. 1

코카콜라가 이탈리아에 진행했던 'Open the happy can'은 이 점을 잘 적용한 사례입니다. 커다란 옥외 광고판을 사용한 이 광고는 깡통 윗부분을 마치 웃는 모습과 연상할 수 있도록 카피를 썼고, 이 이미지를 본 사람들은 코카콜라 캔을 열 때마다 웃고 있는 모습을 발견할 수 있습니다.

또한 코카콜라는 페루에서 'Happy ID'라는 캠페인을 런칭했는데요. 페루가 지속적인 경제 성장을 거듭하고 있지만 시민들의 행복 지수는 매우 낮다는 점을 착안하여 웃으면 무료 증명사진을 얻을 수 있는 포토 부스를 기획했습니다. '환하게 웃어야만' 사진이 촬영되는 이 포토 부스는 페루의 30개 지역에 설치되었고, 이 부스에서 촬영된

끌리는 아이디어의 비밀

사진으로 증명사진을 만든 사람들은 그것을 가지고 다니면서 행복하고 즐거운 감정을 더 많이 느끼게 됩니다. '페루 국민들을 웃게 만들자'는 행복을 이야기하는 브랜드 메시지와 디지털 기술, 시장 상황들이 결합하여 독특한 프로모션이 되었습니다. 행복한 경험을 자사 브랜드와 연결하려는 시도는 많이 있었지만, 이 캠페인은 웃지 않는 국민들을 웃게 하려는 브랜드 메시지가 좋은 시도로 평가받았습니다. 실제로 이 캠페인은 2013년 칸 광고제에서 그랑프리를 차지했을 뿐만 아니라 SNS에서 13만 명에게 공유되는 등 자발적인 바이럴 효과도 얻게 되었습니다.

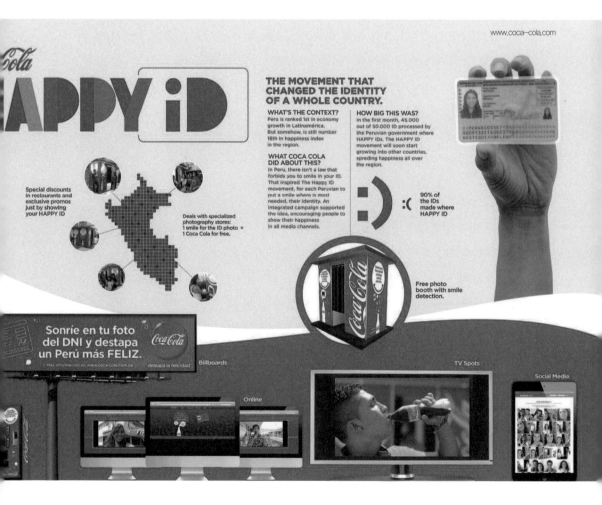

이미지뿐만 아니라 냄새 또한 점화 효과를 불러일으킬 수 있습니다. 네덜란드의 위트레흐트[Utrecht] 대학과 래드버드[Radboud] 대학의 심리학자들은 실험에 참여한 학생들에게 칸막이에 앉아 설문지를 작성하도록 했습니다. 그러나 그들의 실험 목적은 설문지가 아니었습니다. 그들은 방에 레몬향 청소 세제 냄새가 나도록 청소 세제를 물통 안에 풀어 두었습니다. 학생들은 설문지를 작성하고 나서 부스러기가 많이 떨어지는 비스킷을 먹도록 안내되었는데요. 청소 세제 냄새를 맡지 않는 대조군과 비교하여 부스러기를 흘리지 않도록 조심스럽게 먹는 모습을 보였습니다. Latu, I.M., Schmid Mast, M., Lammers, J, Bombari, D. 'Successful female leaders empower women's behavior in leadership tasks' Journal of Experimental Social Psychology 49 2013

브랜드를 사용하는 것만으로도 점화 효과는 활성화됩니다. 애플 컴퓨터와 IBM 컴퓨터 중 어떤 것이 창의력을 높여줄 것 같나요? 또한 지적 능력을 향상시키는 것은 어느 쪽이라고 생각하십니까? 연구에 따르면 실험 참가자들은 IBM 로고를 봤을 때보다 애플 로고를 봤을 때 블록을 쌓는 창의 실험 시 창의적인 생각을 더 많이 했다고 합니다. 디즈니 로고를 보여주면 조금 더 도덕적으로 행동하는 경향을 보이기도 했습니다. Grainne M. Fitzsimons et al, Automatic Effects of Brand Exposure on Motivated Behavior: How Apple Makes You "Think Different", Journal of Consumer Research, Vol. 35, June 2008

이렇게 특별히 인과 관계가 없어 보이는 것들이 소비자의 심리에 영향을 주는 요소로 작용하고 있습니다. 따라서 마케터, 디자이너, 기획자들은 상품 이름, 포장, 광고 캠페인을 실행할 때 반드시 소비자의 환경적 특성을 고려해야 합니다. 점화 효과로 인해 효과를 더욱 높일 수 있기 때문입니다. 미국 펜실베이니아대 와튼 스쿨의 요나 버거[Jonah Berger] 교수는 자신의 연구에서 특정 단서와 접촉하면 특정 상품에 대한 선호도가 높아지도록 두뇌 기억 장치에서 점화 효과가 일어난다는 것을 증명했습니다. 그녀는 마트에서 쇼핑을 마치고 나오는 144명의 사람에게 사탕류와 음료 카테고리 중 바로 떠오르는 상품을 생각나는 대로 알려라고 요청했습니다. 실험은 핼러윈 하루 전과 핼러윈 1주일 후에 시행되었고, 핼러윈 전날의 설문 참여자들은 일주일 후의 참여자들보다 오렌지 브랜드 컬러를 가지고 있는 오렌지 크러시, 선키스트 등을 언급하는 비율이 두 배 정도 높았습니다.

브랜드에 관한 점화 효과는 화성과 캔디바를 연결하는 데도 영향을 주었습니다. 마르스 사는 아무런 마케팅 활동을 하지 않았는데 캔디 판매량이 갑자기 늘자 원인을 조사하기 시작했습니다. 답은 엉뚱한 곳에 있었습니다. 바로 우주였죠. 그들은 1997년 7월 4일, 미국 항공우주국 패스파인더가 화성에 착륙했음을 알게 되었습니다. 마르스바[Mars] [Bars]의 브랜드 네임은 회사 설립자의 이름을 따서 만든 것이지만 소비자는 화성에 관한 뉴스를 접하고 같은 이름을 가진 이 캔디를 더 많이 구입했던 것입니다.

미국 펜실베니아대의 요나 버거 교수의 브랜드에 관한 연구 중 '푸마 브랜드'에 관한 연구에서 20여 개의 개 사진을 실험 참가자들에게 보여주고 그것이 브랜드 선택에 어떤 영향을 주는지 알아보았습니다. 일부에게는 푸마와 아무 관련 없는 사무용품의 사진만을 보여주었고, 나머지 참가자들에게는 여러 종의 개가 나온 사진 5~10개를 보여주었습니다. 이후 모든 참가자는 다양한 운동화 브랜드 회상도에 관해 대답하게 되고,

여러 장의 개 사진을 본 사람들은 동물 로고의 푸마 브랜드를 인지하는 속도가 관련없는 사진을 본 그룹보다 30%나 빨랐습니다. 푸마는 사실 고양이과의 동물인데도 개와 고양이가 반려동물이라는 비슷한 속성 때문에 소비자가 인식하는 연상의 속도가 더 빠를 수 있었던 것입니다. 물론 오렌지색을 본다고 해서 환타의 판매율이 당장 급증하고, 개 사진을 본다고 해서 푸마 운동화가 사고 싶어지는 것은 아닙니다. 하지만 요나 버거 교수의 실험의 의미있는 점은 점화 효과에 의해 소비자가 인식하지 못한 사이, 환경 속 숨어있는 단서들이 선호와 구매에 영향을 미친다는 것입니다. DOGS ON THE STREET, PUMAS ON YOUR FEET: HOW CUES IN THE ENVIRONMENT INFLUENCE PRODUCT EVALUATION AND CHOICE _ Jonah Berger

요나 버거 교수는 "사람들은 보통 눈에 띄는 슬로건이나 세련되고 기발한 광고를 만들어야 효과적이라고 생각합니다. 하지만 일련의 연구가 보여주듯이 마케터는 자신의 상품을 타겟의 환경과 연결시킬 때 더 큰 효과를 가져올 수 있습니다."라고 말합니다.

고객이 매일 접하는 환경에서 우리의 브랜드 또는 나의 작업물을 떠올릴 만한 계기를 만들어 줌으로써 브랜드에 대한 인지를 더욱 활성화할 수 있습니다. 매일 접하는 것들에 브랜드가 연상되는 것이 무엇인지 찾아볼까요? 일상 속에 브랜드를 연결할 수 있는 '점화 장치'가 있다면 고객은 쉽게 그것을 연상할 것입니다.

낯선 곳에서 솔직해진다
심리적 거리감

영화『비포 선라이즈』는 여행지에서 낯선 사람과 사랑에 빠지는 이야기를 그린 영화입니다. 대학생인 셀린은 방학을 맞아 부다페스트에 사는 할머니를 만난 뒤, 집으로 가는 기차 안에서 미국인 청년 제시와 만나게 됩니다. 둘은 대화가 잘 통하는 서로에게 친밀감을 느끼고 급격히 가까워집니다. 제시는 셀린에게 빈에서 함께 내릴 것을 제안하고, 그들은 하루 동안 여행을 하며, 취향에서부터 이상까지 그들 삶에 대한 이야기를 깊이 있게 나누죠. 영화는 다른 장치 없이 그들의 대화를 따라가며 주인공들이 심리적 거리감을 줄여나가는 과정을 그려냅니다. 그리고 두 남녀는 6개월 뒤 다시 만나기로 하며 영화는 끝을 맺습니다.

누구나 한 번쯤 여행지에서 낯선 사람과의 사랑을 상상해 본 적이 있을 텐데요. 어떠한 편견도 없는 상태에서 만나게 된 처음 본 '누군가'와는 평소 가깝게 지내던 사람보다 더욱 허심탄회하게 나의 이야기를 하게 되기도 합니다. 셀린과 제시의 사랑은 그들이 대화가 잘 통하는 운명적인 상대였다는 점도 그 이유가 되었을 수 있지만 부다페스트의 기차 안, 낯선 빈의 거리, 주변의 스쳐 가는 사람들처럼 낯선 환경이 상대방을 매력적으로 만들어 주었을 것입니다. 또한 먼 거리에 있는 타인들 속 친밀한 낯선 존재라는 이중적인 관계가 서로를 더욱 가깝게 했던 것이죠.

영화 『비포 선라이즈』 주인공들처럼 사람들은 어떤 대상이나 사건에 대해 자기 중심적으로 인식합니다. 자기self로부터 그 대상이 얼마나 떨어져 있는가에 대해 느끼는 주관적인 인식이죠. Trope, Y., & Liberman, N. 2010. Construal level theory of psychological distance, Psychological Review 1172: pp.440-463. 이것을 심리적 거리감이라고 합니다.

심리적 거리감은 나의 가까운 미래인지 먼 미래인지에 따라 그 정보를 해석하는 태도가 달라지기도 하고, 물리적인 공간감 즉 거리에 따라 달라지기도 합니다. 직장에서 팀장과 대리를 대하는 신입사원의 심리적인 태도가 다른 것은 유사성에 따른 사회적 거리감이 다르기 때문입니다. 이렇게 여러 가지 경우의 심리적 거리감으로 인해 정보나 사건이 다르게 해석되고 기억되기도 합니다. 심리적 거리감이 멀거나 가까울수록 그 상황을 해석하는 정도나 수준이 달라지는 경우를 '해석 수준 이해'라고 부릅니다.

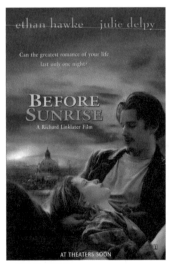

영화 비포선라이즈. 콜롬비아 픽처스

끌리는 아이디어의 비밀

사람들은 같은 사건에 대한 시간이나 상황, 사회적 요인에 따라 느끼는 '심리적 거리감'을 다르게 인식하는 경향 때문에 마케팅에서도 적절한 거리 조정을 통해 소비자와의 관계를 유지해야 합니다. 심리적 거리감으로 인해 의도했던 것과는 다른 의외의 결과가 나타나기 때문입니다.

이스라엘 텔아비브대학과 싱가포르 인시아드, 미국 뉴욕대학 등의 공동 연구진은 경고 문구를 포함한 상품들에 대한 신뢰도를 측정하고 광고에서 본 상품의 구매 여부에 대해 알아보았습니다. 담배, 인공감미료, 발기부전 치료제, 탈모제 등을 통해 실험자들이 심리적 거리감을 얼마나 느끼는지에 관한 실험이었습니다. 실험자들은 제품을 구매하려는 순간 경고 문구를 봤을 때는 구매를 망설였습니다. 경고 문구가 구매 행동을 낮추는데 유효한 작용을 한 것입니다. 반면 경고 문구를 보고 2주에서 3개월 정도의 시간이 흐른 후에는 오히려 해당 제품을 더 신뢰하는 경향을 보였으며, 이러한 신뢰감은 구매로 이어졌습니다. 경고 문구가 구매를 촉진하는 아이러니한 효과를 보인 것입니다. 왜 부작용이나 역효과 등에 대한 문구들이 오히려 신뢰감을 주는 현상이 생긴 것일까요? 그 이유는 제품의 경고 문구는 해당 제품을 사용할 때 발생할 수 있는 부작용이나 역효과들을 상세하게 설명하는데, 이러한 내용이 소비자들에게는 해당 제품의 약점을 솔직하게 드러냈다고 인식하여 긍정적인 반응으로 이어지기 때문입니다. 처음 경고 문구를 확인할 때에는 경고 문구가 의도한 대로 구매를 잠시 망설이지만 시간이 흐른 후에는 심리적 거리감이 느껴지는 일에 대해서는 구체적인 내용이 아니라 추상적인 내용에 초점을 맞추어 메시지를 해석합니다. 부작용에 관한 설명은 구체적인 내용이지만 경고 문구로 인해 발생한 신뢰성은 추상적인 개념입니다. 상품 광고를 통한 구매 행위는 직접적인 구매 시 보다 어느 정도 시간이 지난 후 이뤄지기 때문에 '추상적인' 개념에 더 집중하는 것입니다. 경고 문구가 구매에는 그 기능을 다 할 수 있지만 그 내용을 듣고 '시간'이 흘러 제품을 구매하는 경우에는 시간적 심리 거리감으로 인해 상품에 대한 신뢰도를 높여 상품의 소비를 촉진하는 역설을 낳는 것입니다.

2016년 12월부터 담뱃갑 포장지에 흡연의 위험성을 알리는 10종의 그림을 넣는 것을 의무화했습니다. 흡연 경고 그림 부착 직후 담배 판매량은 줄어들었습니다. 흉측한 그림을 가리기 위한 담배 케이스가 팔리기도 했지요. 하지만 2017년 상반기 담배 판매량은 2015년 담뱃값 인상 직전의 수준으로 회복되는 등 담뱃갑 경고 문구도 이와 같은 심리적 거리감을 가지는 것은 아닌지 의문이 제기되고 있습니다. 흡연 경고 그림은 구매 당시에는 혐오감을 유발할 수 있으나 주기적으로 제품을 구매하는 사람들에게는 그것이 구체적인 정보가 아니라 추상적인 개념으로 변질될 수 있기 때문입니다.

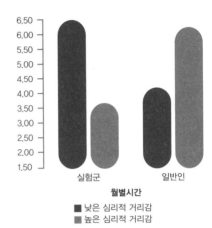

월별시간
■ 낮은 심리적 거리감
■ 높은 심리적 거리감

어려운 아프리카 아이들의 이야기로 구호자금을 모집하는 광고들도 재검토되어야 합니다. 아프리카 자체는 우리와 물리적인 거리가 멀 뿐만 아니라 사회적으로도 유사성이 떨어지기 때문입니다. 사람들은 한국의 역사인 위안부 할머니들의 이야기에서는 사회적 거리가 가깝기 때문에 이야기를 생생하게 느끼고 공감할 수 있지만, 아프리카 아이들에 대한 이야기는 안타깝기는 해도 한 아이를 후원하는 것에 큰 의미를 느끼지 못합니다. 따라서 아프리카와 같은 심리적 거리가 먼 아이들을 돕는 광고는 다른 스토리텔링으로 접근되어야 할 것입니다.

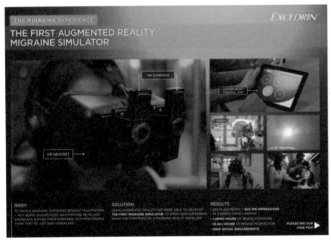

끌리는 아이디어의 비밀

심리적 거리감을 고려하고 제품과의 거리를 좀 더 줄이기 위해 다양한 마케팅 아이디어를 이용할 수 있습니다. 실제로 기업이나 영화 제작사가 신상품이나 개봉작을 알리는데 광고가 아닌 인터넷 후기 등 바이럴 마케팅을 적극적으로 활용하는 이유는 친구를 통해 들은 영화 후기보다 인터넷의 후기를 통해 객관적인 정보를 알고 싶은 소비자심리가 작용하기 때문입니다. 사람들은 잘 아는 대상에 대해서는 신중하게 정보를 처리하지 않지만 잘 모르는 사람들의 정보에 대해서는 노력을 더 많이 기울여 정보를 처리하려는 경향이 있기 때문입니다. 같은 정보라도 익숙한 인물이 아닌 낯선 인물로부터의 정보를 더욱 신뢰하는 경향을 이용하여 자동차, 고급 가전제품의 모델을 유명 연예인에서 고급스럽고 신뢰감 있는 이미지를 가진 일반인이나 전문 모델을 활용할 수도 있습니다.

편두통약 브랜드 엑시드린^{Excedrin}은 미국의 약 3,600만 이상의 사람들이 편두통 증상을 경험하지만 대부분의 사람들이 편두통을 단순한 두통에 불과하다고 생각하는 점에서 착안하여 독특한 디지털 캠페인인 'The Migraine experience'을 기획했습니다. 편두통을 앓고 있는 사람들이 어떤 아픔을 느끼는지, 그런 편두통 치료에 대한 사람들의 공

감과 배려를 이끌어 내도록 가상현실VR을 이용하였습니다. 이 캠페인은 편두통을 앓고 있는 사람을 친구나 가족, 연인으로 둔 사람을 대상으로 진행되었는데요. 체험 대상자들은 이 가상현실 헤드셋으로 방향 감각 상실, 혼미, 사물이 흐릿하게 보이는 시력 편두통 증상들을 체험하게 됩니다. 경험해보지 못한 신체의 불편함을 체험함으로써 사람들은 내 가족, 친구들의 아픔을 공감하고 그에 대한 치료에 적극적으로 협조하도록 했는데요. 체험을 통한 심리적 거리감을 줄이게 되면서 제품에 대한 신뢰도도 함께 얻을 수 있었습니다.

영화 『비포 선라이즈』의 셀린과 제시는 서로의 심리적 거리감이 멀었기 때문에 처음에는 그들 서로 목표지향적 대화를 나눌 수 있었습니다. 내가 하고자 하는 이야기를 전달하는 데 중점을 두기 때문에 상대가 나의 이야기를 어떻게 판단하는지에 대한 관심은 줄어드는 것입니다. 우리가 관계를 맺으려는 사람들에게 심리적 거리감에 대한 개념은 좋은 아이디어 거리가 될 수 있습니다. 어떤 관계를 맺고 싶은지에 따라 심리적 거리를 줄일 수 있고, 사회적 유사성을 강조하여 거리를 줄일 수도 있습니다. 덧붙이면 그러한 의도가 그들이 그 관계에 대해 객관적으로 생각하게 하는지, 추상적으로 생각하게 하는지도 관심을 기울여야 합니다. 셀린과 제시가 서로를 모르는 상태에서 조심스럽게 알아갔던 것처럼 심리적 거리감을 이용한 아이디어로 제품과 고객의 거리를 좁혀갈 수 있을 것입니다.

끌리는 아이디어의 비밀

③-14 말 맛 살리기
운율 효과

"영어 좀 하죠? 이거 좀 읽어봐요."
"쓱."

신세계 온라인 쇼핑몰의 이름인 SSG.COM의 광고입니다. SSG를 철자 그대로 발음하기가 쉽지 않았던 것을 '쓱'이라고 쉽게 부를 수 있게 제안하면서 재치 있는 광고가 완성되었습니다. 게다가 '쓱'은 '빠른'의 의태어이기도 해서 브랜드 카테고리의 속성을 잘 나타냅니다. 에드워드 호퍼^{Edward Hopper}의 그림 속에 등장하는 인물처럼 세련된 모델들이 진지하게 발음하는 브랜드의 별명은 이러한 이유로 소비자들에게 호감을 불러일으킵니다. 광고 후 SSG.COM의 1~2월 매출은 지난해 같은 기간 대비 32% 상승했고, 신규 가입자 또한 같은 기간 대비 28%나 늘었다고 하니 브랜드 인지도와 광고 효과의 두 마리 토끼를 잡은 셈입니다.

SSG.COM의 '쓱' 캠페인처럼 운율 효과^{Rhythm Effect}를 이용하면 더욱 효율적인 광고 효과를 얻을 수 있습니다. 운율 효과란 운율에 맞춰 의견을 표현하면 같은 말이라도 주의집중, 각인되는 효과가 더욱 커지는 것을 말합니다. 짧은 시간에 상대방에게 '인상적인 기억'을 심어주기란 쉽지 않습니다. 운율을 사용한 광고 카피나 보고서, 연설 등이 효과적인 것은 정보 처리의 유연성^{Processing Fluency} 때문이라고 합니다. 운율이 들어간 표현은 리듬과 말의 맛이 살아나 뇌에서 정보를 받아들여지기가 쉬워집니다. 따라서 유연하게 처리된 정보는 기억이 쉽고 한 번 더 생각하게 되어 친밀도가 증가합니다. 이처럼 말 맛이 잘

나는 표현은 우리 주변에서도 자주 발견됩니다. 감자튀김을 뜻하는 프렌치프라이^{French Fries}는 운율이 살아있는 단어이며 기본으로 돌아가라는 백 투더 베이식 또한 말 맛을 잘 살린 표현입니다. 브랜드명으로는 코카콜라 등이 있습니다. 직장인의 삶을 공감 가는 일러스트레이션으로 표현한 양경수 작가의 '실어증, 일하기 싫어증'과 같은 표현 또한 운율 효과로 재미를 준 사례지요.

라파예트 대학의 매튜 맥글론^{Mathew Mcglone} 연구팀은 운율의 집중 효과에 대해 연구하고 운율에 맞게 표현된 메시지가 더 정확하게 기억되는지에 대해 알아보았습니다. 이들은 사람들에게 운율이 사용된 격언과 격언에서 운율을 제거한 문장 60개를 주고 둘 중 어떤 것이 행동을 적절하게 묘사하고 있는지 물었습니다. 사람들은 운율이 사용된 격언에 대해서는 표현이 적절하다고 응답했지만, 그렇지 않은 문장에 대해서는 사용된 문장보다는 적절성이 낮다고 평가했습니다. 이 실험은 운율을 사용하면 표현에 대한 정확도가 증가함을 보여줍니다. McGlone,M.S., & Tofighbakhsh, J.2000 Birds of a Feather Flock Conjointly : Rhyme as Reason in Aphorisms. Psychological Science. 424-428

운율 효과를 이용하는 사례에는 세 가지 유형이 있습니다. 첫째, 동음을 반복함으로써 브랜드 컨셉 및 이미지를 반복하는 방법이 있습니다.

'락앤락Lock & lock'은 잠그다, 밀폐하다의 의미를 두 번 반복함으로써 잠그고 또 잠갔다는, 절대 새지 않을 것 같은 밀폐 용기의 특성을 나타내고 있습니다. '쿠쿠Cuckoo'는 뻐꾸기, 뻐꾸기의 울음 소리를 의미하는 영어 단어입니다. 하지만 한국인에게는 뻐꾸기보다는 밥솥에서 밥이 다 되어 울리는 알람 소리가 연상되기도 하고 'Cook'의 발음으로 의미를 전개할 수 있어 재미를 줍니다. 이렇게 반복적인 메시지 노출을 통해 상기도를 높이는 방법으로 Song이나 징글 또한 같은 기능을 합니다.

둘째, 같거나 유사한 음을 일정한 위치에서 반복하게 합니다. 같은 음절 수를 반복하는 방법입니다. 동음이의어더블미닝처럼 반전 있는 내용을 담아 호기심과 집중도를 자극하는 유형, 의미 해석의 퍼즐링 요소를 담아 말이 담고 있는 의미 유추 과정을 풀어나가는 재미를 줄 수 있는 유형도 있습니다.

물류 서비스를 제공하는 회사인 위즈위드wizwid는 해외의 프리미엄 상품을 대행하는 쇼핑몰입니다. 브랜드의 뜻은 비상한 재주를 가진 사람을 의미하는 WizWizard와 물류를 연상하게 하는 단어 Wide의 합성어입니다. 브랜드가 지향하는 점을 회사명에 녹여 의미를 잘 전달할 뿐만 아니라 운율 덕분에 소비자의 기억 속에 잘 남습니다.

광고에서는 복합 쇼핑몰 스타필드가 고양에 3호점을 오픈할 때 고양시의 발음과 '고양이'의 유사점을 이용하여 '언제 올 고양?'이라는 귀여운 카피로 풀어내기도 했습니다. 정용진 회장 또한 페이스북에 '스타가 될 고양'이라는 이미지로 스타필드의 그랜드 오픈을 알렸죠. 이는 고양시의 페이스북 마케팅으로 고양이 이미지와 끝 말을 '고양'으로 맞추며 이목을 끈 것을 연장선상으로 가져와 진행된 캠페인이었습니다. 스타필드라는 쇼핑몰이 고양시에 오픈한다는 의미가 더블미닝을 만들어 내면서 재미 요소를 준 사례입니다.

구글의 광고는 퍼즐링 요소를 부여하여 검색 기능의 웃지 못할 에피소드를 보여줌
으로써 기발한 광고를 만들었습니다. 광고에는 우주에 땅콩이 서 있습니다. 생경한
이미지인데요. 하단에는 'Did you mean?', 'Astronaut'의 카피가 보입니다. 본래
'Astronaut'는 우주인을 말하는데 발음이 같은 'nut'로 잘못 검색한 것도 구글이 바로
잡아준다는 의미입니다. 다른 시리즈에는 영화를 검색했나 봅니다. 전투모를 쓰고 있
는 양, 'Battle Sheep'입니다. 발음이 같은 Ship^배과 Sheep^양의 한 끗 차이로 전혀 다른
의미가 만들어졌네요. 잘못 검색하더라도 찰떡같이 찾아준다는 구글의 기능을 설명한
것이기도 하고, 다른 검색 엔진에서 느꼈을 불편함을 보여주는 것이기도 합니다. 말의
맛을 잘 이용하여 자사 서비스의 장점을 알렸습니다.

셋째, 의성어와 의태어를 사용함으로써 운율을 줄 수 있습니다. '따옴'이라는 주스 브랜드 네이밍 또한 갓 따온 과일들을 연상케 합니다. 와우와우^{Wowwow}는 일본의 위성방송 채널 브랜드입니다. 경탄을 표현하는 영어 단어를 반복함으로써 카테고리 컨셉을 강조하면서 포함된 W에는 각각의 'World-Wide-Watching'의 의미를 부여했습니다.

강아지가 짖는 소리를 '월, 월, 월'로 표현해서 '월요일' 딱 하루만 있을 핫딜 프로모션을 강조한 LF 몰의 광고 또한 의성어를 이용하여 운율을 준 예입니다.

반복과 적절한 리듬의 반복은 유쾌한 브랜딩으로 소비자들의 감성을 잡아끌 수 있는 방법일 것입니다. SNS의 발달과 언어 유희를 즐겨 사용하는 밀레니얼 세대들의 트렌드와 결합되어 그동안 저관여 제품군에서 주요하게 쓰였던 말 맛을 살린 광고들이 고관여 제품군에도 나타나는 현상이 보입니다. 언어유희에 바탕을 둔 광고 커뮤니케이션 디자인에 대한 연구, 2017, 이채훈 이런 말 맛을 살린 표현들은 광고 예산이 충분치 못한 제품을 효과적으로 인지시킬 수 있는 발상법입니다. 아재 개그라고 불리는 이러한 언어 유희적 요소를 조금 더 즐기면서 사용해 보는 것은 어떨까요? 말 맛을 잘 살린 재치 있는 표현들로 아이디어의 맛을 살릴 수도 있을 것입니다.

www.bing.co.kr

끌리는 아이디어의 비밀

겉모양에 다 있다
타이포그래피

죽로지실(19세기, 삼성 미술관)

이 글씨는 추사 김정희의 『죽로지실』이라는 작품입니다. 추사 김정희는 시詩, 서書, 화畵에 능한 천재였습니다. 죽로지실은 형태가 의미와 만나 글씨가 그림이 되고, 그림이 글씨가 되는, 실로 추사의 넘치는 재기를 실감할 수 있는 작품입니다. 글씨를 보면 '죽' 자는 곧추선 대나무 옆에 나부끼는 댓잎이나 솟아오르는 죽순과 같은 획을 함께 두어 꼿꼿한 가운데 운동감이 느껴집니다. 화로를 뜻하는 '노'의 자리에는 다리가 네 개인 화로 위에 찻주전자가 놓여 있습니다. 노에 속하는 '화' 변은 일부러 작게 써 놓아 센 불로 끓이는 중이 아닌, 뭉근히 끓고 있는 장면이 연상됩니다. 맨 왼쪽의 '실' 자는 완벽하게 회화화 되었습니다. 갓머리 변을 지붕으로 씌우고 창을 크게 내었습니다. 창은 아마도 열린 듯합니다. 가장 재미있는 것은 '지' 자입니다. 지는 어조사격으로 보통 '~의'라는 큰 의미가 없는 글자입니다. 추사는 이 글씨를 변형하여 모락모락 김이 피어오르는 듯하게 표현하였습니다. 게다가 연기의 방향은 실의 창 쪽으로 굽어 있지요. 고요하고 평온한 시간의 자락이 고스란히 담겼습니다. 마치 생각을 형상화한 것 같습니다.

글자를 이용한 모든 디자인을 타이포그래피라고 합니다. 엄격하게는 활자 자체를 지칭하는 용어였지만 지금은 다양한 서체를 이용하거나 글자를 중심으로 구성한 모든 그래픽 디자인이 타이포그래피의 범주에 포함됩니다. 서예 즉, 캘리그래피도 이러한 관점에서 타이포그래피의 한 영역으로 볼 수 있습니다. 단순히 의미 전달의 수단이었던 문자가 의미를 글자에 담는 행위, 조형미, 균형 등이 포함되어 예술성을 가지게 되었습니다.

문자에 의미를 담는 표현 방법은 다양합니다. 이 책 표지는 미국에서 폭발적인 인기를 누린 베스트셀러이며 세계 각국에 20여 개가 넘는 언어로 번역 출판된 『먹고 기도하고 사랑하라Eat, Pray, Love』의 표지입니다. 이 책은 저자인 엘리자베스 길버트Elizabeth Gilbert 본인의 이야기를 담은 작품으로 2010년에는 줄리아 로버츠 주연의 영화로 제작되기도 했습니다. 부와 명예를 가졌으나 이혼과 우울증을 겪으며 조각난 삶을 떨치고 진정한 자아를 찾아 나서는 내용입니다. 저자는 1년간 이탈리아, 인도, 발리를 여행하며 자신이 진정으로 원하는 것이 무엇인지를 깨닫습니다.

표지는 매우 단순해 보입니다. 영어로 책 제목 'Eat, Pray, Love'가 쓰여 있습니다. 이 글자들을 자세히 들여다보면 글자의 이미지가 각각 글자의 뜻을 반영하고 있음을 알 수 있습니다. 게다가 그 오브젝트들은 그녀가 여행했던 지역과 연관되어 있기도 하죠. 이탈리아는 파스타, 인도는 묵주, 그리고 발리의 꽃잎 등 명쾌하고 재치 있으며 감각적입니다.

이 책의 표지를 만든 디자이너는 원고를 읽고 단숨에 책과 사랑에 빠졌고 고심 끝에 단순하고 주목도 높은 이미지를 만들었습니다. 단순한 형태이므로 제작하기 어렵지 않았을 것이라 생각되지만 디자이너는 'LOVE'라는 글씨를 표현할 때가 굉장히 힘들었다고 회고했습니다. 꽃잎을 일일이 집게로 집어 배열했는데 촬영을 거듭하는 동안 꽃이 시들어 수많은 반복 과정을 거쳐야만 했기 때문입니다. 하지만 그런 노력을 기울여 탄생한 아름다운 표지 덕택에 서점 앞쪽에 진열되는 혜택을 얻기도 하고 독자들의 관심도 끌 수 있었다고 말합니다.

다음의 이미지들은『먹고 기도하고 사랑하라』의 책 표지 디자인처럼 텍스트가 밀가루 반죽, 껌, 얼음, 기차 등의 물리적 형태를 가져 독특한 느낌을 주는 동시에 물성에 맞는 느낌이 함께 전달됩니다.

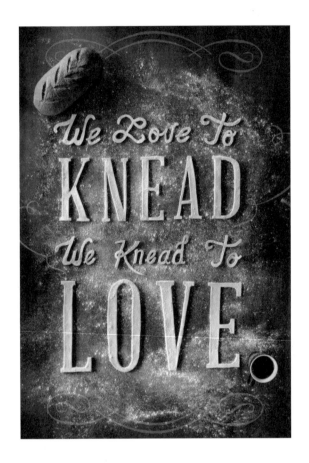

끌리는 아이디어의 비밀

조금 더 적극적인 형태의 타이포그래피를 살펴봅시다. 2010년 파키스탄 북서부 지방에 80년 만에 최악의 홍수가 발생해 2,000명이 사망하고 2,000만 명의 이재민이 발생했습니다. 이 신문은 그에 대한 뉴스를 전하는 캐나다 신문으로 상단에는 파키스탄 홍수에 대한 내용이 실려있습니다. 그리고 바로 그 아래 신문의 활자체들이 흘러내리는 듯한 모습이 타이포그래피로 연출되었습니다. 마치 홍수로 인해 강으로 모든 것이 떠내려가는 것처럼 보입니다. 남은 글씨들은 '파키스탄의 국민들이 새로운 삶을 살 수 있을 것이라는 희망이 사라지지 않도록 도와주세요'라고 캐나다 국민들의 관심을 촉구하는 카피가 쓰여 있습니다. 어떠한 이미지도 없이 문자만으로 파키스탄의 긴박한 상황을 전달하고 있습니다.

콜롬비아의 주방 제작업체인 하이퍼센터Hiper Centro에서 진행한 신문 광고는 신문의 타이포그래피를 활용하여 공간감을 주는 형식의 광고를 진행하였습니다. 원근감을 준 타이포들이 주변의 타이포들과 대비를 이루며 2차원에서 3차원의 주방 공간을 완성시킨 재미있는 아이디어입니다. 글씨로 꽉 들어찬 신문이라는 공간에 이미지로 타이포그래피를 사용함으로써 주목도가 더 높아지는 효과를 낳았습니다.

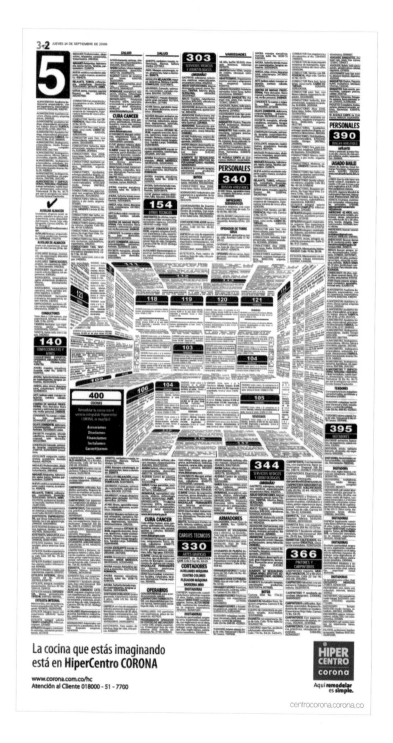

2010년, 아이티 강진은 무려 15만 명 이상의 사망자가 발생한 대재앙이었습니다. 독일의 카톨릭 구호단체 미제레오르 ^{Misereor} 구호단체는 아이티 지진에 대해 거의 모든 언론에서 다루어졌으나 좀 더 적극적인 행동인 기부 활동을 이끌어내는 것이 필요하다고 생각했습니다. 그들은 독일 내 저명한 저널리스트 및 관계자 500명에게 색다른 다이렉트 메일을 보냈습니다. 편지를 개봉하면 "Deeds, not words^{말이 아니라 행동으로}"라는 강렬한 카피 한 줄만 인쇄된 편지 한 통과 함께 낱개의 글자들이 우수수 떨어집니다. 글자들이 편지에서 떨어지는 것은 대지진을 연상시키면서 동시에 이야기만 하지 말고 직접 기부를 실천하는 것이 중요하다는 메시지를 전달합니다. 많은 말보다 한 번의 행동이 더 큰 힘을 발휘한다는 것을 도발적으로 표현하였습니다. 이 다이렉트 메시지는 관심을 끄는 데 성공했습니다. 500명의 기자 중 절반이 우편물에 긍정적인 회신을 해왔고 기부 동참 활동을 했다고 합니다.

물론 문자의 원래 기능인 의미를 전달하는 가독성을 제일 중시해야 할 때도 있습니다. 텍스트 자체의 의미가 강조되어야 할 때 지나친 꾸밈, 형태의 강조는 커뮤니케이션을 방해할 것입니다. 하지만 의미가 아이디어와 결합되었을 때 더 큰 의미를 전달할 수 있다면, 다양한 시도를 하는 것을 주저하지 말아야 합니다. 그래서 추사의 '죽로지실'에서는 은근하게 끓고 있는 작은 주전자와 차의 향과 대나무의 바람이 느껴지는지도 모릅니다. 서예가 쓰는 사람의 마음을 표출하는 심화^{心畫}인 것처럼 현대의 타이포그래피는 아이디어를 다양하게 표현하는 방법이 될 것입니다.

끌리는 아이디어의 비밀

❸-16 참신함과 진부함 사이
공감

　　도쿄에는 이색적인 식당이 있습니다. 메뉴는 단 세 가지지만, 주문한 음식은 옆 테이블과 바뀌고 음식이 나오는 것만 해도 다행이라고 생각될 정도로 실수 투성이입니다. 식당은 느릿느릿 운영되며 그래서 대기 시간은 길어집니다. 하지만 불평을 쏟아내는 손님은 없습니다. 가게 이름 또한 '주문을 틀리는 음식점'이죠. 이곳은 치매 할아버지, 할머니들이 일하고 있는 특별한 가게입니다.

방송국 PD였던 오구니 시로는 우연한 기회에 특별한 치매 치료를 하는 와다 유키오의 시설로 취재를 나갔습니다. 그 시설에서는 손님이 방문하면 할아버지, 할머니들이 직접 요리를 만들어 대접하곤 했는데, 마지막까지 본래의 모습을 잃지 않으려 노력하는 그들의 모습에 오구니 시로는 감명을 받습니다. 엉뚱한 음식을 내어주며 환히 웃는 어르신들에게 주문이 틀렸음을 알리면 그들이 받을 상처에 대해서 생각하게 되었습니다. 그리고 주문과 다른 음식을 먹는다고 해서 크게 잘못될 것도 없지 않은가? 라는 생각도 함께 들었죠. 그는 주문한 햄버그스테이크 대신 나온 만두를 맛있게 먹었습니다.

그리고 그 경험은 5년 뒤 '주문을 틀리는 음식점'이라는 특별한 가게를 여는 계기가 됩니다. 치매 노인들이 일하는 음식점. 그래서 모든 것이 뒤죽박죽이지만 모두가 따뜻한 시선으로 그들을 바라보고, 또 그런 상호 작용에서 용기를 얻게 되는 컨셉의 가게를 기획했습니다. 그는 도쿄 시내에 있는 12개의 좌석이 있는 작은 레스토랑을 빌려 단 이틀만 오픈하기로 했습니다. 이 실험적인 식당은 의외로 큰 호응을 얻어 일본 내 각종 방송은 물론 한국, 중국, 미국, 영국, 독일 등 세계 20개국 미디어의 취재 요청을 받았습니다.

이 가게에서 치매를 앓고 있는 어르신들은 주문을 받아놓고 "내가 여기서 무얼 하고 있지?"라고 되묻습니다. 그리고 서빙 중 테이블에 앉아 자신의 옛날 이야기를 들려주기도 합니다. 주문의 60%는 착오가 있었지만 이곳을 방문한 손님 중 90%는 다시 오고 싶다고까지 합니다. 불편함을 감수한 이 식당의 인기는 아마도 치매 환자에 대한 일반적인 편견을 깨는 의외성이라는 요소 때문일 것입니다. 우리의 젊음 뒤에는 나이 듦이 분명히 찾아올 것입니다. 원하든 원치 않든 노인

인구 비율은 높아지고 있고, 치매 환자들과 함께 살아가야 합니다. 사회적 약자들과 함께 살아가는 방법은 '실수를 미소로 넘길 수 있는 마음의 여유'라는 단순한 사실을 이 특별한 가게는 알려줍니다. 밥 한 끼 틀린 메뉴를 받았다고 해서 문제가 생길까요? 우리는 그런 실수를 의외의 상황으로 너그럽게 받아들일 수 있는 재미난 방법을 배웠습니다.

끌리는 아이디어의 비밀

TODAYonline

The Straits Times

asiancrush.com

중국 상하이에도 낯선 가게가 인기를 끌고 있습니다. '울면서 만든 차'라는 의미의 상차 丧茶라는 카페입니다. 4일 동안 진행된 상차 카페는 짧은 기간 진행했음에도 중국의 거의 모든 언론이 대대적으로 보도할 정도로 선풍적인 인기를 끌었습니다.

컨셉 자체도 '한 잔의 여유'가 아닌 '한 잔의 부정적 에너지'로 우울하기 그지없는 이상한 카페는 기존의 '제3의 장소'로 불리는 편안하고 안락한 카페의 이미지를 완전히 버렸습니다. '이 차茶는 내가 울면서 만들어서 맛이 조금 짤지도 몰라…. 그래도 내일 또 와 줄 거지?'라고 말하는 상차 카페의 무기력해 보이는 캐릭터 또한 귀여움과는 조금 거리가 있어 보입니다. 메뉴는 점입가경입니다. '야근은 끝이 없고, 임금 인상은 희망이 없다 녹차加班不止加薪无望绿茶', '전 남자친구가 나보다 잘 지낸다 홍차前男友过得比我好红茶', '성형할 돈 없는 밀크셰이크没钱整容奶昔' 등 주문만 해도 우울해질 것 같은 음료로 가득합니다. 상차 카페는 얼마 전 바이두와이마이百度外卖 합병을 통해 배달 서비스 업계 1위가 된 한국의 '배달의 민족', '어러머饿了么'와 중국 대표 포털사이트 '왕이网易'가 공동 기획한 팝업스토어입니다. 고객들은 우울함을 사는 것이 아니라 자조적인 재미에 열광했습니다. 힘들게 삶을 개척해야 하는 우리의 청춘처럼 중국의 청춘들도 팍팍한 삶을 꾸려나가고 있는 것 같습니다. 이미 팡누房奴, 집의 노예, 하이누孩奴, 자녀의 노예, 카누카드의 노예란 신조어들이 생겨나고 있죠. 한국의 헬조선처럼 중국의 상문화丧文化는 신조어로, 90년대 이후 태생의 젊은이들이 아무리 노력해도 나아지지 않는 현시창현실은 시궁창에 대한 상실감과 좌절감을 해학적으로 표현하는 문화를 대변하는 말이 되었습니다.

중국의 저명한 신문 평론가 정위리郑于里 씨는 "삶이 고단한 젊은이들이 상문화를 통해 온화한 방법으로 세상에 항의를 표현하고 있다"고 했습니다. 상차 카페의 인기 요인 또한 같은 맥락에서 희망을 우울로 변환하여 낯섦과 의외성 사이를 공감으로 메워주는 것에서 비롯됩니다. 상丧의 심리 상태는 젊은 층이 자기 스스로 기대와 스트레스를 낮춰 만약에 실패를 경험하더라도 크게 절망하지 않으려는 일종의 자기방어 반응이며, 그러한 심리 상태를 완전하게 드러낸 상카페는 젊은 세대의 공감의 장소가 된 것입니다.

끌리는 아이디어의 비밀

Orz CHA
丧 茶

每天一杯负能量。

- 😫 인생 허비 홍차, 15위안
- 😫 고백 거절당한 녹차, 16위안
- 😫 매일 야근 스무디, 18위안
- 😫 오르지 않는 월급 과일차, 18위안
- 😫 집값 떨어져도 살 돈 없는 과일쥬스, 20위안
- 😫 당신이 못생긴 이유는 살쪄서만이 아님 녹차라떼, 15위안
- 😫 전 남자친구가 나보다 잘삼 라떼, 21위안
- 😫 전 여자친구가 재벌 2세와 결혼했다 카푸치노, 21위안

世界充满恶意×请丧着活下去

一块抄作业的哥们已经有了小孩
一块调理想的上铺丰满得只剩身材
我的日子一直不好不坏
要不从明天开始关心粮食蔬菜？

이 두 가게의 성공 요인은 무엇일까요? 바로 낯섦과 공감입니다. 특이한 컨셉들은 낯섦으로 인해 시선을 끕니다. 사람들은 낯선 것에 주의를 더 기울이도록 진화했습니다. 평범하지 않은 것은 놀라움이 증가하고 정보 처리가 늘어나 주목도가 높아지는 것이 인간의 정보 처리 과정입니다. 기존의 기억 체계와 유사하다면 정보를 처리하는 속도가 빨라지고 깊게 생각하지 않는다는 것은 심리적 거리감 챕터3-13에서 알아본 바 있습니다.

콜린과 로프터스Collin and Loftus, 1975의 활성화 확산 모형에 의하면 새로운 경로의 활성화를 통해 놀라움을 극대화시킬 수 있습니다. 사람들의 인지 구조는 망처럼 이루어져 있으며 하나의 개념이 처리될 때 이 개념의 마디와 연결된 고리를 따라 개념들이 활성화될 가능성이 커집니다. 예를 들어, 커피라는 단어가 제시되면 이와 밀접하게 관련된 갈색, 향기, 쓴맛 등이 강하게 활성화 되지만 고양이나 집과 같은 단어들은 거의 교류가 이루어지지 않습니다. 서로 가까이에 놓인 정보들끼리는 하나의 정보 단위Chunk를 이루는데 이 정보 단위를 벗어난 새로운 정보가 들어와 서로를 연결하면 새로운 느낌과 낯선 느낌이 동반되며 연결고리를 만듭니다. 이때 만들어지는 연결고리는 충분히 이해할 만한 '공감' 요소를 포함해야 합니다. 공감으로 인해 두 가지 개념은 단순한 연결이 아닌 강한 연결고리로 활성화되기 때문입니다.

주문과 다른 음식이 나오는 레스토랑은 치매 어르신들을 향한 따뜻한 시선이 동반되기 때문에 '새롭고 공감'되며 우는 차는 팍팍한 현실을 받아들이는 젊은 세대들의 방식이 적용되기 때문에 호응을 얻습니다.

고객 마음속 잠재된 니즈를 찾았나요? 색다른 메타포를 발견했나요? 특이한 소재와 아이디어를 연결시키고 싶나요? 소비자들의 공감을 이끌어 낼 수 있는지 한 번 더 고려해 봅시다. 진부함이 참신함이 되는 지점은 공감대를 형성할 수 있느냐에 달려있습니다.

끌리는 아이디어의 비밀

③-17 여인이 연인이 되는 순간
메타포(Metaphor)

　　　10년 전 부인과 이혼한 토마스는 오직 독신자만이 오롯이 자기 자신이 될 수 있다는 것을 깨닫습니다. 그래서 그는 어떤 여자도 트렁크를 들고 그의 아파트에 들어앉지 못하게 정교하게 자신의 삶을 무장시킵니다. 그리고 오랫동안 그것은 꽤 효과가 있었습니다. 그러던 어느 날, 그는 테레사라는 이름의 여자와 만나게 됩니다. 그는 테레사에게도 똑같은 잣대를 적용해 그의 집에 머물지 못하게 했지만 그녀가 독감에 걸려 어쩔 수 없이 그의 집에서 두 번째 밤을 보내면서 서서히 마음의 변화를 느낍니다. 토마스는 잠든 테레사를 보면서 그녀의 존재가 마치 '송진으로 방수된 바구니에 넣어 물에 띄워 버려진 아기'라는 생각이 들었습니다. 아기가 담긴 바구니를 매정하게 강물에 휩쓸려 가게 할 수는 없습니다. 많은 신화들은 누군가가 버려진 아이를 구제하면서 시작되었습니다. 토마스는 이렇게 '바구니에 담겨 떠내려온 아기'라는 메타포를 그녀에게서 봅니다.

밀란 쿤테라의 소설 『참을 수 없는 존재의 가벼움』의 주인공들이 사랑에 빠지는 대목입니다. 소설가는 말합니다. 메타포가 위험한 어떤 것임을 당시의 토마스는 몰랐다고 말이죠. 사랑은 메타포가 하나만 있어도 생겨날 수 있기 때문입니다. 그저 '여자'일 뿐이었던 테레사는 그에게 '바구니에 떠내려온 아기'가 됨으로써 특별한 존재가 되었고, 그것을 깨닫는 순간에 사랑이 시작되었습니다.

고대 그리스의 철학자 아리스토텔레스에게 "예술이 가진 창조성의 근원은 무엇입니까?"라고 물었을 때 그는 "은유메타포"라고 대답했다고 합니다.

'메타포Metaphor'는 우리말로 '은유'입니다. 어떤 브랜드나 스토리를 하나의 이미지로 떠올리게 하는 그 무엇이라고도 할 수 있습니다.

'다시다' 브랜드는 '고향의 맛'을 메타포로 하면서 어머니의 그리운 손맛과 향수를 자극할 수 있었습니다. 조미료인 제품 속성을 쇠고기 국물 맛, 즉 고향에 계신 어머니의 맛으로 연결시키며 따뜻한 이미지로 기억되게 한 것입니다. 이렇게 은유는 '다시다는 고향의 맛이다'처럼 'A는 B이다'의 등식을 만들어 내는 것을 말합니다. 아리스토텔레스는 훌륭한 은유일수록 A와 B는 멀리 떨어져 있다고 했습니다. 뻔한 사물들의 대치가 아니라 새롭고 신선한 대치일수록 사람들의 공감과 주목을 이끌어 낼 것입니다. 앞서 설명했던 '데페이즈망', '뷰자데'처럼 메타포의 기발한 발상은 새로운 개념의 조합으로 얻어질 수 있습니다. 멀리 떨어져 있는 것들을 서로 연결하는 능력, 이것이 창의적인 사람들의 뇌에서 공통으로 보이는 현상이라는 사실을 과학자들은 실험을 통해 알아낸 바 있습니다. 기발한 발상을 했을 때 우리 뇌에서 어떤 일이 벌어지는지 살펴보았더니 평소 신경 신호를 주고받지 않던 멀리 떨어져 있는 뇌의 영역들이 서로 신호를 주고받는 현상이 벌어지는 것을 알 수 있었습니다.

훌륭한 은유, 즉 메타포를 찾아내기 위해서는 특별한 뇌의 능력을 갖춰야 할까요? 하버드 경영대학원의 제리 잘트만Gerald Zaltman 교수는 이미 사람들의 무의식 속에 들어있는 메타포를 끄집어내는 것을 제안합니다. 사람들은 모두 자신이 무엇을 필요로 하는지에 대한 생각이 뇌 속에 너무 깊이 자리해 있어서 거의 표출하지 못한다고 합니다. 인간의 인지 과정의 95%가 자신도 지각할 수 없는 심층 의식 차원에서 이루어지며, 5%만이 고차원적 인식 차원에서 발생하기 때문입니다. 그는 제2의 언어, 즉 이미지의 비유를 통해 발견되지 않은 메타포를 끄집어낼 수 있다고 했습니다. 그래서 무의식 코드를 파악하기 위한 '잘트만 은유추출 기법Zaltman Metaphor Elicitation Technique'을 개발했습니다.

은유추출 기법은 그림을 활용합니다. 사람의 무의식 속에 저장된 기억은 대다수가 시각적 이미지로 되어 있으며 어떤 단서나 맥락 속에서 더 잘 회상되기 때문에 그림이나 사진을 활용합니다. 또한 이미지를 통한 은유는 메타포를 무의식에서 끄집어내 효과적으로 커뮤니케이션하는 데 활용되기도 합니다. 이 기법은 소비자들을 여러 권의 잡지가 있는 방으로 안내하고 특정 제품이나 서비스에 대해 어떻게 생각하는지를 묻는 방법으로 진행됩니다. 소비자들은 잡지에서 특정 제품과 서비스에 대한 이미지를 표현하는 그림을 오려내고 선택한 그림의 어떤 부분이 제품에 비유되는지를 말합니다. 이러한 일련의 과정에서 조사자는 소비자의 생각과 감정, 행동과 관련된 수십 개의 은유와 이미지를 추출할 수 있습니다.

식품기업 네슬레는 크런치바에 대해 소비자가 어떤 감정 상태를 가지고 있는지 알아보기 위해 잘트만의 은유추출 기법ZMET을 이용했습니다. 네슬레는 조사에 참여하는 참가자들에게 인터뷰가 시작되기 2주 전 크런치바에 관한 사진들을 여러장 찾아오도록 부탁했습니다. 그들은 각자 전혀 다른 이미지들을 가지고 왔는데 그중에는 나무 울타리, 눈사람, 할아버지의 시계 등의 이미지들도 있었습니다. 네슬레는 픽업트럭, 나무 울타리, 눈사람 등의 그림을 가져온 이유를 인터뷰를 통해 '과거'라는 심층 은유를 추출할 수 있었습니다. 크런치바의 맛과 질감, 먹을 때 나는 소리 등이 어린 시절 추억이나 안도감과 같은 감정적 혜택을 환기시킨다는 것을 알아낸 것입니다.

이 조사 기법을 통해 하나의 제품에 대한 복잡하고 이중적인 반응을 드러냈던 소비자들의 심리도 밝혀낼 수 있었는데요. 팬티스타킹이 바로 그 제품이었습니다. 팬티스타킹은 나일론으로 된 여성 학대의 한 형태이며 때로는 최악의 순간을 만들기도 한다고 말하는 사람들이 있었습니다. 팬티스타킹을 위한 섬유를 생산하는 듀퐁은 전통적인 방식의 조사를 통해 대부분의 여성들이 팬티스타킹 착용에 대한 경험을 싫어한다는 결과를 얻었습니다. 그런데도 여성의 마음속 깊은 곳의 심리를 읽어내지 못했다는 느낌을 지울 수 없습니다. 듀퐁은 의문을 풀기 위해 잘트만 기법을 실시했습니다. 그들은 여성들에게 잡지, 카탈로그, 가족 사진 앨범에서 자신들의 생각과 느낌을 담고 있는 10장의 사진을 가져오도록 했습니다. 가지고 온 이미지들 중에는 배배 꼬인 전화기 코드, 단단한 플라스틱 포장에 들어있는 울타리 말뚝 등 부정적인 이미지도 있었지만, 빈 벽에 걸린 두 개의 아프리카 마스크, 땅에 쏟아진 아이스크림, 화병에 꽂힌 꽃 등의 이미지도 포함되었습니다. 이 이미지들은 합성 전문가들과 함께 콜라주 이미지로 구성하는 작업을 거쳤고, 심리치료 전문가들과 함께 심층적인 토론 또한 이루어졌습니다. 그녀들은 역시 팬티스타킹 착용을 싫어했지만, 그 이면에 싫어하면서도 좋아하는 복잡한 심리 상태가 존재한다는 것을 알 수 있었습니다. 플라스틱 포장에 들어있는 울타리 말뚝 이미지를 선택한 여성은 아름다운 꽃과 꽃병 이미지를 함께 가지고 왔는데, 그것은 그녀가 착용 상태의 느낌은 싫어하지만 제품을 착용한 그녀의 모습이 날씬하고 키가 큰 느낌이 들도록 하는 것을 반영했습니다. 다른 여성은 땅에 떨어진 아이스크림처럼 난처한 상황을 스타킹이 유발한다고 느꼈지만 비싼 자동차 이미지를 함께 제시함으로써 고급스러운 장소에 대한 복장 이미지 또한 가지고 있음을 나타냈습니다. 쿠키 자르는 칼과 실크 드레스 이미지는 우아함에 대한 동경과 동시에 착용의 불편함을 나타내기도 했죠.

이러한 발견을 통해 듀퐁은 직장 여성의 이미지를 한결같이 슈퍼우먼으로 표현하던 당시 광고 패턴에 변화를 주어 우아한 이미지도 함께 전달하기로 했습니다.

Du Pont Nylons(1959)

잘트만 기법의 원리는 소비자가 직접 선택한 그림들을 통해 그 속에 숨겨져 있는 은유를 바탕으로 소비자의 잠재 욕구를 파악하는 것입니다. 이 이미지를 통한 심층 면접 기법을 통해 코카콜라와 듀퐁은 새로운 브랜드 이미지를 개발하기도 하고, P&G는 신제품 아이디어를 개발하는 데 사용하기도 합니다. 실제 모토로라의 경우는 소비자가 가져온 개의 이미지를 바탕으로 새로 개발한 보안시스템의 네이밍을 'The Talkatron'에서 'The Watchdog'으로 바꾸기도 하였습니다.

메타포는 브랜드에 대한 연상을 강력하게 만들어줄 뿐만 아니라 브랜드가 전하고자 하는 핵심 가치를 좀 더 쉽게 하나의 이미지와 연결시켜 압축적으로 전달하는 데 효과적으로 활용할 수 있습니다.

리처드 니스벳과 리 로스의 연구에 따르면 사람들은 추상적인 정보보다 머릿속으로 이미지를 그릴 수 있는 구체적인 정보를 더욱 쉽게 받아들입니다. 조너선 터너 또한『On the origin of human emotion』에서 "이미지가 흐리면 우리 의식에는 아무런 정보도 들어오지 않는다"고 주장했습니다. 따라서 메타포는 전달하려는 복합적인 정보를 하나의 이미지로 붙잡는 역할을 합니다.

하지만 아무리 추출해낸 메타포가 강력하고 소비자들이 진정으로 원하는 것일지라도 일관되고 반복적인 커뮤니케이션을 거쳐야만 소비자의 마음속에 자연스럽게 자리 잡을 수 있습니다. 또한 메타포를 잘못 활용하면 오히려 더 이해하기 어려워지는 경우도 많습니다. 핵심과 너무 멀어진다면 연관성을 이해하지 못해 공감받지 못하고 실패한 비유가 될 것입니다.

트럼프 대통령은 자신의 공약에 따라 미국과 멕시코 국경의 일부분을 따라 건설될 '벽'에 대한 8가지 프로토타입을 완성했습니다. 로스앤젤레스의 에스페란자 이민자 권리 프로젝트Esperanza Immigrant Rights Project 기관은 이 문제에 대해 아이들의 순수한 시선을 보여주는 광고를 집행했습니다.

상담자들은 어린이들에게 장난감 벽돌로 지어진 벽의 장점을 논의하게 합니다. 아이들은 흥미를 느끼시 않습니다. 그런 것으로는 아무것도 할 수 없다, 혹은 난 그 장난감을 크리스마스 이후에 버릴 것이라는 귀여운 대답을 들려줍니다. 한 어린이는 벽이 나쁜 사람으로부터 우리를 지키기 위해 있을 것이라고 벽의 장점을 말하면서 동시에 '어떤 사람이 나쁜 사람인지 어떻게 알 수 있어요?'라고 질문합니다. 그러면서 아이들은 그것벽을 해체하고 멋진 우주선을 만들자고 제안합니다. 아이들의 솔직한 반응을 촬영한 이 다큐멘터리 광고의 말미에는 '벽' 장난감을 블록처럼 깨트리고 그 블록들로 비행기와 자동차를 만드는 장면이 나옵니다. 이 The Wall 캠페인에서 벽 장난감은 두 나라 사이를 가로막을 거대한 장벽을 대표하는 이미지로 대변됩니다. 순수한 아이들의 시선으로 벽이라는 메타포는 해체되어 비행기와 우주선, 자동차로 변신합니다. 분리하기 위해 건설될 벽보다는 우주로 가는 꿈을 이루는 데 투자하는 것이 좀 더 건설적인 일일 것이라고 말하는 것 같습니다.

우리는 메타포라는 도구로 여러 가지를 이야기할 수 있을 것입니다. 의미에 따라 유사하게 해석될 수 있는 다른 표현으로 특정 개념을 대체할 수도 있고, 소비자의 니즈를 발견해 낼 수도 있습니다. 그래서 두 나라를 가로막는 심리적, 물리적 의미의 벽은 뜯겨 나가 우주선과 비행기가 됩니다. 적절한 메타포 사용은 여러분의 아이디어를 또렷하게 만드는데 힘을 실어줄 것입니다.

에스페란자 이민자 권리 프로젝트(https://www.esperanza-la.org)의 캠페인 '벽(The Wall)'

③-18 디지털 시대의 아날로그 프리미엄
포스트 디지털 경제

금요일 퇴근길에 걸려온 한 통의 전화, 직장 상사가 전화를 걸어 최근에 열심히 진행한 중요한 프로젝트에서 내가 빠지게 됐다는 소식을 들려줬습니다. 집에 오는 중 저녁 준비를 위해 들린 마트에서 당신은 어린 시절부터 먹던 시리얼을 사게 될까요? 아니면 새로운 제품에 도전하게 될까요?

최근까지만 해도 모든 사물들은 디지털화로 운명이 결정된 듯했습니다. 빅데이터, 사물 인터넷 등 최첨단 디지털이 일상으로 들어오고 있죠. 빠르고 실질적인 변화들. 디지털은 분명 거부할 수 없는 큰 변화입니다.

하지만 이런 와중에 조용히 아날로그가 다시 소리를 내기 시작했습니다. 캐나다의 저널리스트 데이비드 색스David O. Sacks는 『아날로그의 반격』에서 아날로그가 단지 일시적 유행이 아님을 이야기합니다. 기술 발전에 따라 디지털로 대체될 것으로 예측되었던 많은 것들이 지금은 오히려 프리미엄으로 인정받고 있습니다.

온라인 서점의 대명사인 아마존은 2015년 11월 미국 시애틀에 첫 오프라인 서점을 연이후 얼마 전 뉴욕 맨해튼에 일곱 번째 서점을 열었습니다. 영국 CNN에 따르면 2016년 영국에서는 전자책 판매가 17% 줄었지만 종이책 판매는 7%가 늘어났습니다. 미국에서도 같은 해 1~9월 종이책의 판매는 7.8% 늘었지만 전자책 판매는 줄었습니다. 또한 국제음반산업협회에 따르면 턴테이블로 재생하는 레코드판 음반 판매량은 1994년이후 최고치를 기록했습니다. 국내 음원 시장도 6년 사이 약 12배에 가까운 레코드판이 판매되었다고 합니다. 전문가들은 전체 레코드 시장이 6년 전보다 20배 이상 성장했다고 관측하고 있습니다.

모든 것이 0과 1로 대체되리라 생각했지만 LP 판의 부활, 몰스킨 노트의 열풍, 컬러링북의 유행, 곳곳에 생겨나는 동네 서점들이 우리가 아날로그에 관해 디지털의 과거라고 생각하는 것을 바꿔야 한다고 말해주고 있습니다.

몰스킨 노트는 다양한 에디션 디자인을 선보이며 꾸준히 인기를 이어가고 있습니다.

아날로그가 사라지지 않고 좀 더 다른 방식으로 사랑받는 이유는 무엇일까요? 네덜란드 네이메헌의 라드바우트 대학 소속인 마리케 드브리스는 사람들은 슬프거나 겁이 날 때 친숙한 것을 원한다는 것을 알아냈습니다. ^{Madieke De Vries, 2010} 감정에 따른 친숙한 것에 대한 갈망 및 친숙한 브랜드 선호는 손해에 대한 본능적인 두려움과 연관되어 있습니다. 슬프거나 겁에 질려 있는 상태에서는 감정적인 뇌가 우선으로 관여하게 됩니다. 빠르게 안전해지는 방법은 이미 알고 있는 것을 취하는 것입니다. 그래서 익숙한 브랜드를 사용하고 싶고, 힘든 현실을 벗어나 과거의 따뜻하고 좋았던 경험을 떠올리며 기분 전환을 하려고 합니다. 현재의 '레트로 마케팅' 열풍은 그 시절 세대들의 추억을 이야기합니다. 사람들은 감정적 보상을 기대하며 LP판을 구입하고 즉석 카메라, 소형 게임기를 추억하며, 기업들은 제품 및 식품 패키지 등에 레트로 테마를 입혀 출시하고 있습니다.

하지만 여기서 주목할만한 점은 레트로나 아날로그가 나이 든 사람만의 것이 아니라는 점입니다. 가장 디지털과 친숙한 '밀레니엄 세대^{80년대 초반부터 00년대 초반 출생한 세대}' 또한 아날로그를 즐기고 있다는 점은 단순히 아날로그로의 회귀로만 보기에는 그 맥락을 파악해 볼 필요가 있습니다.

밀레니얼 세대들까지도 이 아날로그와 레트로에 열광하는 이유는 바로 디지털이 주지 못하는 '소유'하고 '경험하는 즐거움' 때문입니다. 편리하고 값싼 킨들^{아마존의 전자책 단말기} 대신 종이책을 사는 사람들은 대다수가 '손으로 만질 수 있어서'라고 말합니다. 그 무게와

피아트 친퀘첸토 레트로(500 Retro), 과거의 모델을 재해석한 피아트의 레트로 모델입니다.

질감 그리고 내용이 물리적으로 느껴지기 때문입니다. LP 판도 마찬가지입니다. 깨끗한 음색 대신 번거로움과 잡음을 택하는 이유는 그것이 따뜻하고 자연스럽게 느껴지기 때문입니다.

이러한 경험들은 디지털 시대에도 유효합니다. 데이비드 색스는 그의 책에서 "디지털에 둘러싸인 우리는 이제 좀 더 촉각적이고 인간 중심적인 경험을 갈망한다. 우리는 모든 감각을 동원하여 제품이나 서비스와 소통하기를 원하며, 많은 사람들이 그런 경험을 위해 기꺼이 웃돈을 지불할 용의가 있다. 그것이 디지털 기술보다 훨씬 번거롭고 값비싼데도 말이다."라고 말하고 있습니다.

'구닥Gudak'은 필름 카메라의 요소를 디지털로 옮겨 온 사진 애플리케이션입니다. 연속해서 24장의 사진을 촬영할 수 있지만 사진을 더 찍으려면 1시간을 기다려야 합니다. 필름 카메라를 사용할 때에 24장의 필름을 넣어 신중하게 한 컷 한 컷 소중하게 사진을 담아냈던 느낌을 구현했습니다. 이러한 아날로그 요소는 사진을 찍을 때뿐만 아니라 사진을 볼 때도 마찬가지입니다. 사진관에 필름을 맡기고 현상과 인화의 과정을 거쳐야만 찍은 사진을 확인할 수 있던 그 시절처럼 구닥 애플리케이션으로 찍은 사진은 3일 후에나 확인이 가능합니다. 촬영된 사진도 온전하지 않습니다. 매끈한 피사체 대신 얼룩덜룩한 색이 필름에 빛이 들어온, 혹은 어두울 때 촬영된 필름 카메라의 사진 그것입니다. 이 재치 있는 애플리케이션은 아날로그가 어떻게 디지털로 전환되는지 알려주는 좋은 예입니다.

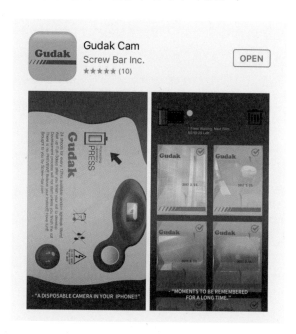

필름 카메라의 감성을 가져온 '구닥'은 디지털 카메라의 편리성을 아날로그의 '불편함'으로 바꿔 놓았지만, 스마트폰이라는 디지털기기를 기반으로 합니다. 앞서 언급한 '아마존 북스' 7호점이 오픈한 장소는 세계에서 제일 땅 값이 비싼 곳으로 유명합니다. 그런데도 아마존은 책의 즐거움을 경험하고 그 경험을 온라인에서 구매하라고 말하며, 아날로그와 디지털화를 시도하고 있습니다. 아날로그 상품이 오감을 채우는 소유와 그것을 사용하는 매력으로 프리미엄 대접을 받게 되었습니다. 아날로그가 디지털과 결합된 행태의 포스트 디지털 경제 모델들은 자본과 노동 사이에서 균형을 만들며 더 큰 이윤을 창출해 나가고 있습니다.

티파니Tiffany & Co 또한 이러한 아날로그 감성을 디지털로 담아낸 프로젝트를 선보였습니다. 바로 연인의 두 손에 아름다운 러브스토리를 담아낸 'Hand meets Hand' 캠페인입니다. 티파니 도쿄 긴자 매장의 가로등 아래에 연인이 서서 각자의 손을 내밀고 그림책처럼 서로의 손바닥을 닫고 열면 가로등에 설치된 디지털 프로젝션을 통해 한편의 러브스토리가 손바닥 위에 애니메이션으로 펼쳐집니다. 두 사람의 손바닥이 맞닿아야만 감상할 수 있는 이 스토리는 어린 시절부터 만나온 남녀가 성장해 사랑을 완성해 가는 과정을 담았습니다. 티파니가 지향하는 연인의 변함없는 사랑을 프로젝션 기술을 활용하여 손 안에 펼쳐내는 것도 좋지만 그 프로젝션이 가로등이라는 섬세한 설정도 좋은 아이디어가 되었습니다.

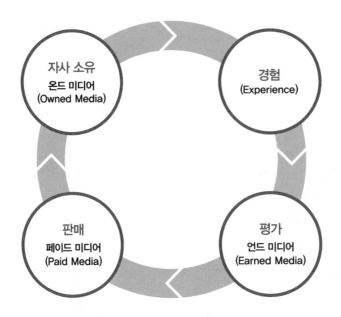

**아날로그 체험을 이용한
'Hand meets hand' 트리플 미디어 전략**

이전에는 아날로그가 디지털이 되는 순간 값어치가 올라갔지만, 디지털 세상에 사는 지금, 우리는 손으로 만지고 귀로 듣는 감각과 정신적 감각에 좀 더 목말라 합니다. 우리의 일상에서 디지털은 너무도 익숙하기에 속도와 효율이 아닌, 특별한 물리적 경험에 '아날로그 프리미엄'이 붙습니다. 디지털과 아날로그, 어느 쪽이 좋다는 관점보다는 디지털이지만 아날로그 감성으로 소비자를 설득하는 브랜드도 생겨나는 등의 다양한 변화들이 계속될 것입니다. 아날로그의 매력을 좀 더 발견시켜 보세요. 옛것에 대한 향수 혹은 인간적 감성이 필요한 부분이 분명히 있을 것입니다.

끌리는 아이디어의 비밀

③-19 넘침도 부족함도 없이
LAGOM

라이프 스타일이라는 함축적 의미의 단어는 삶이라는 스펙트럼 속에 문화, 예술, 경제 등이 파편화되어 담겨 있습니다. 그동안의 '삶을 살아가는 양식'으로 여겨졌던 트랜드의 상징이 이제는 '삶을 어떻게 살아내는가'에 대한 질문을 할 차례가 되었습니다. 럭셔리가 대중의 판타지로 자리하던 시절에는 경제적 풍요를 위한 질주가 이어지기도 했지만 현재는 소유하는 삶보다는 소중한 것을 위해 사는 삶으로 가치가 옮겨 가고 있습니다.

이런 세태를 반영한 게임이 인기라고 합니다. 트럭을 운전하며 유럽의 여러 나라에 화물을 운송하는 게임입니다. '유로 트럭 시뮬레이터'라는 이 PC 게임은 여느 다른 게임들처럼 자동차끼리 속도 경쟁을 하거나, 적들의 공격을 피하거나, 훔치는 것이 아닙니다. 그저 실제 트럭 기사가 되어

store.steampowered.com/app/227300/Euro_Truck_Simulator_2/?l=korean

현실과 같이 라디오를 들으며 차선을 바꾸고 비가 오면 와이퍼를 켜는 등의 미션을 수행하면 됩니다. 도로를 따라 각국의 교통 법규를 지켜가며 끝없이 운전하여 목적지까지 화물을 운반하는 것이 게임의 주된 내용이죠. 이 게임의 가장 재미있는 점이라면 실제로 라디오를 들을 수 있다는 것뿐입니다. 이러한 밋밋함에도 불구하고 배달하고 주유하는 소소한 재미를 느끼는 사용자들의 호응을 얻어 다음 버전도 출시되었다고 합니다.

노르웨이 국영방송 RNK는 금요일 밤 황금 시간대에 총 134시간 동안 스토리도, 갈등도, 캐릭터도 없이 피오르드 해안을 따라 북극까지 항해하는 크루즈 선의 모습을 방영했습니다. 아무런 내용도 없는 이 영상을 노르웨이 인구의 절반 가까운 250만 명이 6일간 시청했다고 합니다. RNK는 시청자의 성원에 힘입어 벽난로에서 단지 장작이 타고 있는 화면을 12시간 동안 보여주기도 했고 양털을 깎아서 털실을 만들고 뜨개질하는 장면, 새를 관찰하는 장면 등을 9시간 가까이 방송하기도 했습니다. 연출이 거의 없는 이 '슬로 컨텐츠'는 시청률 15%를 기록했다고 하니 우리나라 막장 드라마보다 인기가 높은 셈입니다.

끌리는 아이디어의 비밀

우리나라에서도 세끼 밥 챙겨 먹기, 낚시하기 등 슬로 컨텐츠에 대한 인기가 높습니다. 2011년 동일본 대지진을 겪으며 소유에 대한 회의를 겪게 된 일본의 '단샤리斷捨離 불필요한 것을 끊고 단, 버리며 샤, 물건의 집착에서 벗어남 리'에서 유래한 '미니멀 라이프', 무라카미 하루키의 '갓 구운 빵을 손으로 찢어 먹는 것, 반듯하게 접어 넣은 속옷이 잔뜩 쌓여 있는 것' 문장에서 유래된 작지만 확실한 행복인 '소확행', 미국 포틀랜드의 텃밭 라이프를 가리키는 킨포크, 스웨덴어로 '적당한', '충분한', '딱 알맞은'을 뜻하는 라곰Lagom : 스웨덴어로 '적당한', '충분한', '딱 알맞은'을 뜻하는 말로, 소박하고 균형 잡힌 생활과 공동체와의 조화를 중시하는 삶의 경향. 등의 트랜드 키워드 등은 균형 잡힌 삶을 통해 적당히 소유하면서 조화롭게 살고 싶은 현대인들의 바람을 담은 삶의 방식들입니다. 휘게는 휴식이나 지인들과의 만남 속에서 느끼는 순간에 충실한 행복이라면 라곰은 삶의 만족, 행복에서 절제와 균형을 추구한다는 점이 조금 다릅니다. 이 신조어들의 핵심은 현재 내게 정말 필요한 것이 무엇인지에 더 집중하여 알아내고, 그러한 행복의 가치를 직접 실천하자는 메시지를 담고 있습니다.

2014년 이케아에서 시작한 'Live LAGOM 프로젝트' 또한 지속 가능한 생활 방식에 대한 이야기입니다. 소박하고 균형잡힌 생활방식인 라곰의 정신을 제품에 담겠다는 것인데요. 오랜 기간 지속된 스웨덴의 생활 방식을 세계적으로 확산하기 위해 먼저 모든 직원에게 자사의 친환경 제품을 구매할 수 있는 상품권을 지급했습니다. 또한 소비자에게 생활 속에서 물 사용을 줄이고, 재활용하고, 전등을 LED로 교체하는 등 주어진 환경을 바꿔 삶의 질을 개선할 수 있는 라이프 스타일을 제안했습니다. 이케아의 'Live LAGOM'

프로젝트는 너무 많지도, 적지도 않게 소박하게 내가 누릴 것만 누리며, 자연과 인간이 공존하는 삶이 얼마나 매력적이고 경제적인지 홍보하고 그 가치를 전달하려는 노력입니다.

최근 미니멀 라이프 가치를 만들어가는 브랜드 무인양품의 첫 번째 호텔 '무지 호텔Muji Hotel'이 중국 심천에 문을 열었습니다. '화려하고 저렴한 것을 반대한다Anti-gorgeous, anti-cheap'는 슬로건을 내 건 객실 내부는 심플한 인테리어가 특징입니다. 여기에 무지 브랜드의 심플한 침구와 수건, 커튼 등 각종 편의 상품을 갖추었습니다. 무

인양품의 회장 가나이 마사아키는 무지 호텔을 열게 된 계기로 '불필요한 것은 하나도 없는 방'을 이야기합니다. "너무 좋지도, 나쁘지도 않은 '이것만으로도 충분한' 호텔을 생각했어요. 적당하고 담백한 호텔을 떠올리게 됐죠."라고 말하기도 했습니다.

이 호텔에서는 무지에서 판매되는 가구와 가정용품으로 채워져 있으며 호텔 내 별도의 매장에서는 무지 브랜드 철학으로 큐레이션된 서적과 의류, 제품 등을 구매할 수 있습니다. 특히 24시간 운영하는 도서관 '무지 북스'에서는 약 650권의 다양한 책을 골라 읽을 수 있으며 카페 등 휴식 공간을 통해 친환경 먹거리도 제공하고 있습니다. '상표 없는 좋은 품질의 제품'이란 뜻을 가진 무인양품의 철학, 브랜드, 마케팅이 모인 종합 전시장이라고 볼 수 있을 것입니다.

www.muji.net

무인양품은 '여백'과 '본질에 충실함'이라는 철학을 통해 마니아층을 형성해 왔습니다. '이거면 족하다'는 만족감을 주는 제품을 파는 무인양품이 지금의 확실한 철학과 가치관을 정립하기까지는 많은 노력이 있었습니다. 수백 곳의 가정집을 방문하여 왜 욕실이 지저분하게 보이는지 연구했고 제각기 화려한 디자인을 제품에 적용한 것이라는 결론을 내렸습니다. 무인양품은 그래서 투명, 반투명의 일관된 욕실 용기와 생활용품을 제공하고 있습니다. 이러한 철학은 라이프스타일 제안을 입는 것부터 먹는 것으로 확대하기에 이르렀습니다. 수제 카레, 쿠키, 건조 자연식품 등 가공을 최소화한 건강한 식품을 매장과 온라인을 통해 판매하는 것에서 나아가 레스토랑과 카페를 운영하여 식생활의 미니멀리즘을 제안합니다. 2017년에는 도심형 오두막집 '무지 헛^{Muji hut}'이라는 3평 남짓한 오두막집을 판매하며 '공간'까지 제안합니다. 디자이너 재스퍼 모리슨, 콘스탄틴 그리치치, 후카사와 나오토가 디자인한 이 헛간은 구조물 자체는 철근 콘크리트로 되어 있지만 내부는 일본산 삼나무로 마감했으며 미닫이 문을 열면 툇마루와 바닥이 하나가 됩니다. 무인양품의 '적절한 것'에 대한 노력은 소비자에게 전해져 30개 국가, 780개 매장에서 팔리고 있습니다.^{2015년 기준}

라곰 트렌드는 지속 가능성을 가지고 우리 삶 속으로 스며들고 있습니다. 마케팅이 시장을 움직이는 것이라면 라곰은 소비의 역설이 아니라 삶의 본질을 추구하는 것으로 발전하고 있음을 의미합니다.

사실 본질만 남기는 '단순함'은 어렵습니다. 여러 가지 가치 중에서 최상의 것을 가려내고 차 순위의 것들과 끊임없는 사투가 필요하기 때문입니다. 겉으로는 심플하고 간단해 보이는 무인양품 또한 알고 보면 제품 하나에 수많은 고민이 담겨 있습니다. 누구든 만족시킬 가장 평범한 형태의 디자인을 위해 상품개발 직원이 각종 생활용품을 어떻게 사용하고 있는지 관찰해 작은 차이를 찾아내고 그 내용을 반영한 끝없는 제품 테스트와 수정, 보완을 거쳐 생산됩니다. 단순한 디자인에 고난도 디테일이 숨겨져 있습니다. 숨은 그림 찾기를 하듯이 제품의 사용법을 적은 단순한 패키지, 사각형의 앉기 불편한 의자는 미니멀 라이프를 잘못 이해한 예입니다.

많은 사람들은 '아이디어'라고 하면 무언가를 새로 더하는 것으로 생각합니다. 하지만 본질에 집중하여 불필요한 것들을 없앰으로써 새로운 것을 탄생시킬 수 있습니다. 키패드를 없앤 아이폰, 뼈 없는 순살 치킨, 미러리스 카메라 등 브랜드에서, 디자인에서 가장 중요한 것들이 무엇인지 생각해보세요. 또한, 일상 속에서 발견한 소소한 것들을 조금만 보완하고 다듬는다면 대단하지는 않지만 조화로운 아이디어를 내어놓을 수 있을 것입니다. 그리고 그 아이디어들은 갓 구운 따뜻한 빵 냄새와 온기처럼 분명히 우리 가까이에 있을 것입니다.

❸-20 새로 나온 경험인가요?
체험 경제

      숙박 공유 사이트 에어비앤비^{Airbnb}에 세계 유명 인사가 자신의 방을 공유했습니다. 이 호스트의 이름은 반 고흐. 자신의 작품 '고흐의 방'에서 숙박할 사람들을 모집한 것입니다. 공유된 공간은 반 고흐의 작품 속 침실의 모습이 고스란히 옮겨져 있습니다. 존재하지 않는 사람이 존재하지 않는 침실을 공유하다니, 어떻게 된 일일까요?

반 고흐는 생전 '고흐의 방'을 3점 그렸는데 이 그림들은 각각 암스테르담의 반 고흐 미술관, 파리의 오르세 미술관, 시카고 박물관에 소장되어 있습니다. 시카고 미술관은 이 3점의 그림을 한곳에 모아 전시하는 계획을 세웠는데요. 이 특별 전시회를 앞두고 에어비앤비와 협업하여 고흐의 방을 실제로 구현, 체험할 수 있게 한 것입니다. 평면의 방이 완벽하게 입체로 구현된 이 '작품' 속에서 숙박하는 사람들은 반 고흐의 작품에 대한 것뿐만 아니라 그가 아를에서 겪었던 경험들을 함께 공유하게 됩니다. 그의 작품 세계를 실제로 느낄 수 있게 만든 특별한 프로모션이 아닐 수 없습니다. 이 프로모션에는 위트까지 더해졌는데요. 생전 경제적으로 힘들었던 반 고흐의 사정을 투영해 방을 소개하는 소개 글에 자신이 예술 작품을 계속 진행할 수 있는 비용을 마련하기 위해 자신의 방을 내놓았다는 스토리를 입혔습니다. 이 방을 예약하는 사람들에게는 자신의 작품이 전시되는 시카고 미술관 티켓 2장을 제공한다는 친절한 안내도 덧붙입니다.

'고흐의 방' 프로모션은 전 세계 미디어의 관심을 받았고 반 고흐의 침실을 재현하는 비용 3만 1,000달러로 600만 달러 이상의 미디어 노출 성과를 만들어냈습니다. 게다가 반 고흐 전시회에는 20만 명 이상이 방문하여 시카고 미술관 개장 이후 가장 많은 방문객이 관람하는 전시회가 되기도 했습니다.

끌리는 아이디어의 비밀

사람들은 맛있는 커피 한 잔을 구매하기도 하지만 동시에 커피를 파는 공간에 대한 금액을 지불합니다. 2015년 미국 상무부^{Department of Commerce}는 물건 자체를 구매하는 것보다 경험하기 위해 쓰는 돈의 비중이 더 커지고 있다고 발표했습니다. 현대인들은 물건을 구매할 때의 기쁨은 잠깐이지만 물건을 통해 얻게 된 경험은 중요한 기억이 된다는 것을 깨달았기 때문입니다. 물건이 가져다주는 행복의 절대적인 크기가 과거보다 줄어든 것 또한 경험을 선호하는 이유입니다. 자동차를 새것으로 교체하는 기쁨은 처음에 산 기쁨보다는 못한 것처럼 말이죠. 그래서 사람들은 원하는 물건을 사는 것보다 좋아하는 음식을 먹거나 여행하는 등 경험하는 것에서 더 큰 행복감을 느끼고, 경험에 소비하려 합니다.

코넬대 심리학과 교수 토머스 길로비치^{Thomas Gilovich}는 실험을 통해 사람들이 물질적인 것을 구매할 때보다 경험을 구매할 때 더 즐겁고 신이 나며 행복감을 느낀다는 것을 알아냈습니다. 그는 실험자들에게 두 가지 상황에 대한 감정을 알아보았는데요. 특별한 레스토랑, 좋아하는 가수의 콘서트, 전시회 등에 입장하기 위해 줄을 서서 기다리는 상황과 휴대폰이나 TV, 노트북 등 그동안 사고 싶었던 것을 인터넷에서 구매한 뒤 기다리는 두 가지 상황에 대한 느낌을 표현해보라고 주문했습니다. 결과는 매우 달랐습니다. 첫 번째 경험에 대한 기다림에 대해서는 '설렌다', '기대된다', '흥분된다'라는 긍정적인 감정 묘사가 주를 이루었고, 물질적인 것에 대한 기다림을 묘사하는 데에는 '짜증 난다', '조바심이 난다' 등의 부정적인 감정 표현이 대부분이었습니다. 또한 콘서트와 휴대폰 구매가 얼마만큼 행복감과 흥분, 즐거운 감정을 주는지 표현해달라고 요청했을 때 경험에 대한 구매가 훨씬 더 행복감을 준다고 대답했습니다. ^{Kumar, A., Killingsworth, M. A., & Gilovich, T.2014. Waiting for Merlot: Anticipatory consumption of experiential and material purchases. Psychological Science}

물질 제공에 대한 호의는 한계가 있습니다. 소유에 대한 행복은 찰나의 시간이죠. 하지만 체험을 통한 경험 가치는 상대적으로 오래 기억됩니다. 이를 두고, B. 조지프 파인 주니어^{B. Joseph Pine II}와 제임스 H. 길모어^{James H. Gilmore}는 소비자들이 상품이나 서비스를 받는 것이 아닌 상품의 고유한 특성에서 가치 있는 체험을 얻기 원하며, 이것을 체험

끌리는 아이디어의 비밀

경제Experience Economy로 정의했습니다. 일찍이 오프라인 공간은 이러한 변화를 적극적으로 받아들였습니다. 샤넬은 셀프 메이크업을 할 수 있게 매장에 변화를 주었고, 현대 백화점 판교점은 백화점을 즐겁게 놀 수 있는 공간, 체험할 수 있는 공간으로 경험을 강조하는 방식으로 고객을 유치하는 데 성공했습니다. 롯데마트 또한 주로 쇼핑몰 내 입점해오던 것을 변경하여 12년 만에 대형 단독매장을 선보였습니다. 1층은 판매 공간이 아닌 도심 속 숲속처럼 꾸며 방문객들에게 자연스러운 쉼터를 마련했고, 문화 행사가 열리는 무대 공간을 만들어 물건 판매가 주로 이루어지던 1층 공간을 브랜드 경험을 제공하는 공간으로 선보였습니다.

롯데마트 어반포레스트

애플의 애플스토어는 호텔의 바에서 컨셉을 가져와 고객이 IT 전문가와 소통하면서 애플의 제품들을 체험하는 지니어스바를 통해 체험을 구체화시킨 바 있습니다. 애플은 여기서 더 나아가 고객과 브랜드 모두를 업그레이드하는 'Today at Apple' 프로그램을 만들었습니다. 애플 제품 전문가인 '크리에이티브 프로Creative Pros'가 진행하는 사진, 음악, 예술, 디자인, 코딩 등 다채로운 프로그램을 고객에게 제공하는 것인데요. 소비자들은 원하는 커리큘럼을 애플스토어 애플리케이션을 통해 신청하고 참여할 수 있습니다. 다양한 아티스트와 크리에이터들이 애플 제품의 기능을 '더 잘 사용하여' 음악을 작곡하고, 그림을 그리고, 사진을 찍는 법을 알려줍니다. 단순히 오프라인 컨텐츠의 한 방법이라고 생각하지만, 애플의 제품을 친절하게 설명하거나 A/S 서비스를 제공하는 차원을 넘어 애플스토어라는 공간에서 다양한 프로그램을 학습하고 창의력을 키우는 동안 사용자는 브랜드 로열티를 더욱 공고히 하게 됩니다. 이 캠페인을 통해 애플은 2018 칸 페스티벌 Brand Experience&Activation 부문 GRANDPIX 수상을 하는데, 혁신적인 고객 체험을 제공한 점에 주목한 것으로 보입니다.

www.apple.com

끌리는 아이디어의 비밀

이렇게 브랜드는 경험을 제공함으로써 고객과 더욱 끈끈한 관계를 이어갈 수 있습니다. 하지만 그 경험은 브랜드 자체의 속성과 연결되어 있어야 합니다.

아메리칸 투어리스트는 최첨단 프레스 성형 공법을 통해 제작한 새로운 제품 '비보라이트Vivolite'를 런칭하면서 단순한 제품 홍보 대신 70개 도시의 사람들에게 제품을 이용해 특별한 경험을 제공했습니다. 초경량이면서도 외부 충격에 강한 제품의 속성을 알리기 위해 사람들에게 비보라이트를 발로 차도록 했는데요. 비보라이트는 일반인뿐만

아니라 축구선수, 심지어 코끼리를 이용하며 발로 차이는 수난을 겪어야 했습니다. 각종 온라인 채널을 통해 이 흥미로운 제품 테스트에 참여할 사람들을 모집했고 1만 명이 관심을 보였습니다. 아이디어 자체로 바이럴 효과뿐만 아니라 43만 7,000여 건의 다양한 충격 테스트에도 견디는 성능을 증명하기까지 했습니다.

끌리는 아이디어의 비밀

고디바GODIVA는 기능을 담은 아메리칸 투어리스트 제품의 경험과는 다른 감성을 담은 따뜻한 경험을 전달하기 원했습니다. 그래서 감동적인 영상 광고 대신 박스가 끊임없이 나오는 패키지를 구상했습니다. 이 재미있는 고디바 초콜릿 박스는 첫 번째 박스를 열면 두 개의 박스가 나옵니다. 하나는 내가 가지고 나머지는 선물합니다. 절반 크기의 박스를 열면 또 작은 박스 두 개가 들어 있습니다. 그 박스 중 하나에는 또 두 개의 박스가 들어있는 식입니다. 생일 선물을 줄 때 하던 장난을 모티브로 한 이 캠페인은 'To Keep', 'To Give'라고 쓴 카피를 더해 끊임없이 나누는 따뜻한 경험으로 재탄생되었습니다. 단순하지만 좋은 경험을 주는 아이디어입니다.

고디바(GODIVA)의 '주는 것을 계속 할 수 있는 상자(The Box that Keeps Giving)'

끌리는 아이디어의 비밀

경험은 기술과 결합하여 새롭게 전달되기도 합니다. 어릴 적 익숙한 경험이 기술과 만나 색다른 경험으로 바뀔 수도 있습니다. 잠들기 전 엄마가 읽어주던 동화책의 포근한 느낌을 기억하나요? 그림으로 가득한 책을 아이들에게 보여주는 방식 대신 아카^{AKQA}는 좀 더 재미있는 책 읽기 방법을 제안했습니다. 'The Snow Fox' 애플리케이션을 설치한 후 아이가 책을 읽으면 아이 목소리에 맞춰 하얀 여우가 움직입니다. 여우는 책 내용에 맞게 행동합니다. 아이가 책 읽는 소리를 파일로 만들어 다른 가족들에게 보낼 수도 있습니다. 아이폰의 시리^{Siri}를 이용한 기술로 아카^{AKQA}는 크리스마스 카드와 같은 의미의 경험을 고객에게 선물했습니다.

아카(AKQA)의 '스노우 폭스(The Snow Fox)' 애플리케이션

체험 경제는 고객 경험과 밀접한 관계를 가집니다. 당신에게 새로운 경험을 만들어 주었는지, 그 경험은 당신을 얼마나 흥미롭게 했는지, 기억에 남았는지. 좁게는 사용자 인터페이스에서 넓게는 인상적인 프로모션까지 다른 브랜드와 차별화되는 경험이 차별화되는 브랜드로 만들어 줍니다. 그래서 브랜드는 이제 '새로운 경험'을 만들기 위해 크리에이티브를 발휘합니다. 제품과 서비스를 만드는 것은 결국 어떤 브랜드를 체험하게 될 것인가 와도 상통하는 이야기가 되었습니다. 제품과 서비스를 판매한다고 생각하기보다 고객과 '관계를 맺기 위한 도구'로 생각해보세요. 그리고 어떤 부분을 감성적으로 공유할 수 있는지 생각해 보는 것도 아이디어의 재료가 될 수 있을 것입니다.

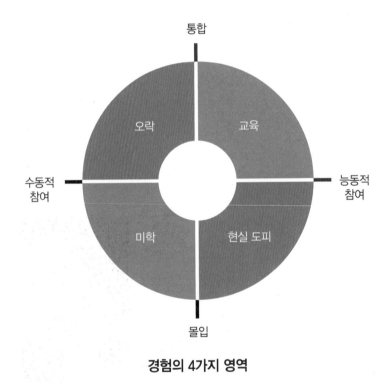

경험의 4가지 영역

'경험경제에 오신 것을 환영합니다(Welcome to the Experience Economy)',
B. 조세프 파인 주니어, 제임스 H. 길모어, 〈하버드 비즈니스 리뷰〉, 1998년 8월 8일호

끌리는 아이디어의 비밀

완벽하고 아름다운 것들에게 고함
A보다 더 좋은 B

'대륙의 실수', '차이슨^{차이나+다이슨}', '못난이 사과' 등 요즘 B급에 붙여진 이름들입니다. 완벽하지는 않지만 제 기능을 충실히 하는 제품들에 대해 친숙함을 표현하는 별명입니다. 애정 넘치는 별명에서도 볼 수 있듯이 그 동안 비주류로 치부된 'B급'이 주류로 떠오르기 시작하였습니다.

그동안 B급은 어설픔, 유치함, 가벼움, 등 촌스럽고 유치한 비주류 문화를 뜻했지만 이제는 저급함을 넘어 솔직하고 재미있는 이미지로 자리잡았습니다. 사회가 다양성을 받아들이는 분위기가 조성되면서 전면에 나타나기 시작한 것입니다. 사람들의 소비 생활이 체면이나 외부 시선에 좌우되기보다는 실리적인 소비와 자기 만족을 추구하는 방향으로 서서히 바뀌었기 때문입니다.

B급은 이렇게 편안함과 친숙함을 무기로 일상으로 들어왔습니다. 실제로 적당히 좋은 것이 완벽한 것보다 마음을 편하게 합니다. JMR^{Journal of Marketing Research} 에 실린 연구 결과에

따르면 정상적인 제품과 그 제품의 모양을 임의로 변형^{분할하거나 조각을 내는 등}한 것을 동일한 양으로 제공했을 때 변형시킨 쪽을 더 많이 소비하는 것으로 알려졌습니다. B급 제품들은 어차피 최상의 제품이 아니기 때문에 흠이 생기거나 마모될 것을 걱정하지 않고 마음껏 소비할 수 있게 됩니다. 최상의 제품이 아니라 B급 제품이 오히려 소비를 증대시킨다고 하니 신기한 일입니다. 'The completeness heuristic : Product shape completeness influences size perceptions, preferenc, and consumption', Journal of Marketing Research, 2014. 2

대표적으로 일본 '돈키호테'는 B급 제품을 기반으로 한 비즈니스 모델을 기반으로 성장하고 있는 할인 유통업체입니다. B급 상품, 재고 상품, 덤핑 상품 등을 직접 매입해 소비자에게 저렴하게 판매하고 있습니다. 기존 유통업체와는 다른 사업 모델을 가지고 있기 때문에 고객이 물건을 쉽게 찾을 수 있도록 깔끔하게 진열하고 신뢰를 주기 위한 가격정찰제를 도입한다는 통념과는 반대로 움직입니다. 돈키호테에서 고객들은 길을 잃습니다. '압축 진열'이라는 독특한 방식으로 상품을 진열, 천장까지 수많은 상품들을 빽빽하게 쌓아 놓았을 뿐만 아니라 상품간의 카테고리조차 구분되어 있지 않게 물건들을 널려 놓았기 때문입니다.

당시 시장에서는 이런 독특한 운영 방식을 비판했지만 소비자의 반응은 달랐습니다. 고객들은 불편함보다는 보물찾기 게임을 즐기는 것 같다는 피드백을 보냈습니다. 연계성이 전혀 없는 물건 더미들 사이에서 '최저가에 살 수 있다'는 믿음과 '살 것들을 발견해내는 재미' 때문에 불편함을 기꺼이 감수하게 만들기 때문입니다. 일본의 장기 경기 침체 기간에도 돈키호테의 실적은 꾸준히 성장하고 있습니다. 특히 관광객들은 돈키호테에 방문해 마치 '다이궁^{代工·보따리상}'처럼 많은 잡화를 사가기도 합니다.

www.donki.com

우리는 합리적인 소비를 지향합니다. 소비에서 합리적이라는 말은 현명하며 자신의 선택이 틀리지 않았음을 의미합니다. 그래서 자신의 구매 경험이 남들과 비교했을 때 더 이득인지 여부를 확인하고 싶어합니다. 하지만 '괜찮은 것'들은 대부분 비싸고 '이 정도면 괜찮은 것'들을 찾는 과정은 너무나 험난합니다. 프리미엄과 차선책인 가성비와는 다른 카테고리에 위치한 B급 제품은 기존의 '프리미엄'이라는 겉치레식 소비뿐만 아니라 '가성비'라는 경제적 소비에서 오는 피로감을 잊게 해주는 부담없는 선택이 됩니다. 이러한 장점 때문에 기업들도 '최상'의 이미지를 벗어던지고 자사의 제품과 마케팅에 B급 코드를 적극적으로 담아 내고 있습니다.

재미있는 이름의 편의점 제품들

'전통주는 올드하다'라는 편견을 깨기 위해 파인애플과 카카오를 넣어 만든 '드슈'와 '막카오'. 1020세대 유행어를 이름으로 사용한 쇼콜라 생크림 케이크 'ㅇㄱㄹㅇ ㅂㅂㅂㄱ 이거레알 반박불가', 궁금할 '수박'에 없는 샌드위치, 삼각김밥이 아닌 삼각김'빵' 등은 SNS에서 인증샷 열풍을 일으켰습니다. 보수적인 금융권에서조차 B급 코드를 적극 반영한 웹광고를 만드는 적극적으로 B급 마케팅을 이어가고 있습니다. 제품과 서비스의 심리적 문턱이 낮춰 친근하고 쉽게 소비할 수 있게 한 것입니다. 직설적인 재미가 가미된 제품들은 밀레니얼 세대의 호기심을 자극하고 짧은 시간에 즉각적인 반응을 일으키며 비주류를 주류화하고 있습니다.

B급이 대중 문화의 '주류'로 파고든 데는 SNS와 유튜브 등이 대세로 자리 잡은 '콘텐츠'의 역할이 컸습니다. 이동 시간에 스마트폰으로 뉴스를 읽고 웹툰과 동영상을 즐기는 2030 세대는 B급 콘텐츠를 수용하는 데 훨씬 더 유연하고 능동적인 모습을 보이기 때문입니다.

B급 열풍의 주역인 배달의 민족은 '오늘 먹을 치킨을 내일로 미루지 말자', 'ㅇㅇ아, 너는 먹을 때가 제일 예뻐.' 등의 B급 감성을 살린 카피로 옥외 광고를 진행, SNS 상에서 화제를 모으기도 했습니다. 배달의 민족 신춘문예라는 이색 이벤트를 열어 '치킨은 살 안 쪄요 살은 내가 쪄요'라는 유행어를 만들었을뿐만 아니라 '모든 일은 때가 있다'라는 문구가 적힌 때밀이 등 재치있는 문구가 적힌 상품을 파는 '배민 문방구'도 운영하고 있습니다. 치킨의 맛과 향을 감별하는 '치믈리에' 시험도 화제입니다. 치킨을 사랑하는 사람들이 모여 재미삼아 테스트를 봅니다. 미슐랭

미술 영역

[문제1] 아래 치킨에서 멕시카나 '맹초치킨'을 고르시오

1) 2) 3) 4)

가이드를 패러디한 '치슐랭 가이드'도 만들고 있죠. 배달의 민족은 '음식을 편리하게 배달시킬 수 있다'고 강조하지 않습니다. 다양한 커뮤니케이션을 통해 엉뚱하고 친근한 존재로 소비자와의 눈높이를 맞추며 브랜드를 포지셔닝합니다.

'B급'에 대해 소비자들은 이제 '싸구려'라고 치부하며 거부감을 느끼지 않습니다. 제품을 구매하는 행위를 넘어 독특한 경험 가치로 격상시킬 수 있는 소비의 노하우가 생겼기 때문입니다. 또한 B급 제품들이 많이 등장하고, 판매되고 있다는 것은 소유의 기쁨보다는 짧게 많은 제품을 경험하고 싶다는 이야기입니다. 제품을 통해 얻은 경험담은 SNS를 통해 빠르게 확산되고 전파됩니다. 공유되는 것은 제품평뿐만 아니라 광고나 재치 있는 마케팅 이미지들도 포함됩니다. 짧은 동영상과 SNS에 익숙해진 세대들에게 다가갈 때는 더욱 제품의 경험 가치에 대해서도 고려되어야 합니다. 그래서 고객과의 긍정적인 경험을 지속시킬 수 있어야 할 것입니다.

완벽하고 고급스럽고 으스대는 것들에 비해 가볍고 따스하고 편안하게 다가오는 제품들. 조금 모자란 면이 있지만 새로움과 신선함이 그 자리를 대신합니다. 완벽하고 거창한 아이디어 대신 어깨에 힘을 빼고 친근하고 가벼운 아이디어로 접근해보세요. '1위', '럭셔리', '프리미엄'의 물결에서 살짝 빠져나와 무릎을 굽히고 소비자와의 눈높이를 맞춰보면 어떨까요?

❸-22   새로운 기술들과 아이디어

"어서 오세요." 일본 나가사키시에 있는 관광지 '하우스텐보스'의 호텔 로비에서는 반가운 한국어를 들을 수 있습니다. 유창한 한국말을 구사하는 장본인은 로봇 공룡입니다. 체크인을 끝내고 나면 "쾌적한 생활을 즐겨주세요"라며 험상궂은 외모와 달리 정중하게 인사를 건넵니다. 로비의 수족관에는 로봇 물고기가 헤엄칩니다. 유리 닦기 로봇은 창문을 부지런히 청소 중이고 바닥 청소 로봇과 쓰레기통 로봇이 호텔 구석구석을 누빕니다. 식당에서는 일본식 빈대떡인 오코노미야키를 만들고 있는 로봇뿐만 아니라 시원한 맥주를 기가 막히게 따라주는 맥주 담당 로봇까지 있습니다. SF 영화의 한 장면 같은 이 호텔은 대만과 중국 상하이 등 100여 개의 지점으로 확장 계획을 세우고 있습니다.

우리 생활의 한 부분을 차지해 가고 있는 로봇은 산업적 관점에서도 가장 빠른 성장이 기대되는 분야로 꼽히고 있습니다. 코트라 조사에 따르면 전문·개인 서비스용 로봇 시장은 2020년까지 각각 최대 25%, 35% 성장할 것으로 예상됩니다.

끌리는 아이디어의 비밀

흥미진진한 새로운 시대가 오고 있습니다. 그동안 우리가 성큼성큼 '산술급수적'으로 미래를 향해 걸어왔다면 지금은 '기하급수적'으로 걸어갑니다. 산술급수적과 기하급수적이 비슷한 말처럼 들린다면 여기, 둘의 차이를 잘 표현한 예가 있습니다. 우리가 집 거실에서 숫자를 하나씩 더한 '산술급수적'으로 30번을 걸었을 때 길가로 나와 있을 것입니다. 하지만 거실로부터 '기하급수적'으로 30번을 움직였을 때 우리는 10억 미터 떨어진 곳, 다시 말해 지구를 26바퀴를 돌고 난 지점에 있게 됩니다.

기하급수적 발전이라는 개념을 제시한 『볼드』의 저자 피터 디아만디스Peter Diamandis는 디지털 카메라가 나왔을 때 코닥 임원들이 '이 기술은 언제 시장에 심각한 위협이 될까?'를 잘못 판단한 것이 가장 큰 실수였다고 지적합니다. 기술의 힘을 과소평가한 것입니다. '무어의 법칙'을 만든 인텔의 설립자 고든 무어는 기술의 발전이 10년 더 유지되리라고 예상했습니다. 하지만 무어의 법칙은 60년째 유지되는 중입니다. 에어비앤비, 우버는 모두 기하급수적 발전을 십분 활용한 기업들로 짧은 시간 안에 수십억 달러의 회사로 성장시켰습니다. '괜찮은 아이디어'가 수십억 달러의 회사로 발전하는데 그리 긴 시간이 걸리지 않습니다. 특히 변화를 주도하는 기술들은 무료화되고 대중화되었습니다.

체스 챔피언과의 대결에서 승리를 거둔 IBM의 인공지능 '왓슨'은 그 후 의대에 보내졌고 최근 유명 요리학교를 졸업했습니다. 정황 이해 능력을 바탕으로 계속해서 눈부신 발전을 하는 중입니다. 하지만 우리는 원한다면 무료로 왓슨과 일할 수 있습니다. IBM은 왓슨을 클라우드에 공유하여 누구나 함께 일할 수 있도록 하고 있기 때문입니다. 스카이프는 장거리 전화를 무료화했고, 수백만 화소의 디지털 카메라는 휴대폰 속으로 들어온 지 오래입니다. 변화를 만들어 낼 기회는 무궁무진합니다. 3D 프린터, 네트워크와 센서, 인공지능과 로봇 공학은 우리가 미래를 준비하는 데 주목해야 하는 기술들입니다. 열린 아이디어만 있다면 많은 기회를 만들 수 있을 것입니다. 이 새로운 기술들과 아이디어들이 마케팅에서 어떻게 접목되고 있는지 하나씩 살펴보겠습니다.

2018 칸 국제광고제에서는 인공지능을 활용한 다수의 광고가 시선을 끌었는데요. 영국 일간지 『타임스The Times』의 'JFK Unsilenced' 캠페인은 총격 사망으로 공개되지 못했던 존 F. 케네디 전 대통령의 댈러스 연설을 인공지능을 통해 완벽하게 살려냈습니다. 이 연설은 원래 텍사스주 댈러스에서 예정되어 있었던 연설이었지만 케네디 대통령이 그 연설을 위해 오픈카를 타고 지나던 중 총격으로 사망해 들을 수 없게 되었습니다. 『타임스』는 세상에 공개되지 못한 비운의 '위대한 연설'을 831건에 달하는 케네디 생전의 음성 데이터를 기반으로 인공 지능 사운드 엔지니어링 기술을 통해 오디오 스피치를 완성하게 됩니다. 이 캠페인은 경쟁사인 다른 언론에서도 다루어졌고 많은 화제를

낳았습니다. 광고 회사가 밝힌 광고 가치 금액은 890만 유로이며 10억 건의 미디어 노출이 되었습니다. 아무도 취재하지 못했던 케네디의 연설을 타임스가 해낸 프로젝트로, 이슈를 만들어 내야 하는 언론사의 특성을 인공지능이라는 기술을 통해 이끌어 낸 좋은 사례입니다.

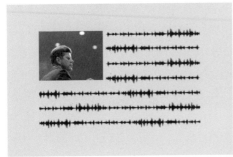

끌리는 아이디어의 비밀

이 밖에도 오래전부터 문화 마케팅에 투자해 온 금융회사 ING는 혁신^{이노베이션}이라는 기업 미션을 'The next Rembrandt' 프로젝트를 통해 알렸습니다. 안면 인식 기술 및 딥 러닝 알고리즘을 통해 렘브란트 작품을 분석하고 특징을 찾아내어 전에 없던 새로운 작품을 탄생시켜 좋은 평가를 받았습니다. 렘브란트의 작품 특징을 그대로 재현하되 새로운 해석이 가미된 이 새로운 작품은 기술이 예술과 문화 영역에서 미칠 영향력을 보여주는 것이기도 합니다.

아마존 고^{Amazon Go}는 네트워크와 센싱 기술을 통해 점원도 계산대도 없는 새로운 오프라인 쇼핑 세계를 구현해냈습니다. 고객은 장바구니에 원하는 물건을 넣고 그냥 집으로 돌아가기만 하면 됩니다. 이게 어떻게 가능하냐고요? 고객이 스마트폰으로 아마존 고 애플리케이션을 실행한 후 아마존 계좌를 개설합니다. 물건을 고르고 쇼핑백에 담으면 센서를 통해 물건이 계산됩니다. 물건을 사기 싫어지면 그저 쇼핑백에서 다시 꺼내 올려놓기만 하면 됩니다. 컴퓨터 시각화와 인식 센서, 딥러닝 등을 통해 별도의 계산대와 단말기를 설치하지 않고도 쇼핑을 할 수 있게 한 것이죠. 사람들은 여전히 실제로 제품을 보고 구매하고 싶어 합니다. 센서와 네트워크는 오프라인 쇼핑 경험을 디지털화시켜 온, 오프라인의 경계를 획기적으로 허물 수 있습니다.

끌리는 아이디어의 비밀

이러한 센싱 기술이 광고에 적용되면 고속도로 한가운데서 나의 중고차 가격을 알 수도 있습니다. 대만의 중고차 판매 기업 카구루^{KAGULU}는 중고차 데이터베이스를 기반으로 한 자사의 검색 시스템을 활용하여 빌트인 센서와 카메라 디지털 플레이가 설치된 대형 트럭으로 그 옆을 지나가는 자동차 모델의 중고차 가격을 실시간으로 보여주는 'Price Scanner' 캠페인을 진행했습니다. 카구루의 이 프로젝트는 뉴스에 소개될 정도로 큰 미디어 노출 성과를 거두었고 후발주자로서 브랜드 인지도를 확보하는 데도 좋은 성과를 이뤄냈습니다.

그밖에 얼굴 인식을 이용하여 광고 회사에 얼마나 맞는 인재인지를 분석하는 프로모션을 진행한 광고 회사도 센싱을 활용한 흥미로운 마케팅 사례입니다.

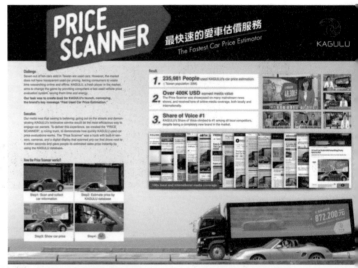

로봇을 이용한 소셜 로봇 캠페인도 있습니다. 이탈리아 프리미엄 생수 브랜드 산펠레그리노^{SAN Pellegrino}가 진행한 Three Minutes in Italy 캠페인은 로봇을 이용하여 시공간을 초월한 여행을 가능케 했습니다. 이 브랜드의 원천이 되는 이탈리아 시칠리아 지역의 아름다운 도시 타오르미나에 스카이봇^{Skybot}이라는 이름의 로봇을 페이스북을 통해 원격으로 조작하여 3분간 현지를 방문할 수 있습니다. 원격 조종을 통해 도시의 골목을 탐험하기도 하고 그곳에 있는 사람들에게 인사를 건넬 수도 있습니다. 몸만 이곳에 있을 뿐 보고 말하고 교감할 수 있는 색다른 프로젝트입니다. 코카콜라 또한 로봇을 활용하여 축제에 참여할 수 없는 사람들을 축제 현장에 불러오는 소셜 이벤트를 펼치기도 했습니다.

최신 기술과의 접목은 언제나 신선합니다. 다양한 기술들은 우리가 가지고 있는 아이디어를 구체화시키고 현실화시킬 수 있습니다. 상상으로만 가능했던 것들이 현실화되는 때입니다. 그래서 기하급수적인 발전의 시대는 아이디어의 새롭고 의미 있는 변화들을 만들어 내는 새로운 기술을 활용한 대담한 용기와 도전이 필요할 것입니다.

끌리는 아이디어의 비밀

③-23 신념을 소비하는 사람들을 위한 공유 가치 창출

티셔츠의 문구가 마음에 들어 구입한 적이 있나요? 책상 앞에 붙여놓고 되새기는 문구가 있나요? 가족 사진을 사물함 안쪽에 붙여 두나요? 아니면 사람들이 볼 수 있는 바깥쪽으로 붙여 두나요? 기발하고 독특한 연구 성과로 주목받고 있는 텍사스대학 심리학과 교수 샘 고슬링^{Sam Gosling} 박사는 소지품, 생활하는 장소 등을 통해 상대방이 어떤 성격 유형을 지녔는지 분석해 내는 '스누핑^{Snooping}'에 대해 연구했습니다. 그는 자기 정체성을 드러내는 전형적인 방법으로 티셔츠나 포스터, 사진, 상장 등을 이용한다고 주장합니다.

자기 정체성의 주장은 다른 사람들을 향한 것일 수도, 자기 자신을 향할 것일 수도 있으며, 양쪽 고유의 심리적 기능을 가지고 있는 경우도 있습니다. 우리가 주위에 물건을 늘어놓거나 주변 환경을 꾸미는 것은 대부분 정체성에 대한 메시지를 표현하려는

목적뿐만 아니라 우리 자신의 감정과 생각을 조절하기 위한 것입니다. 가족 사진을 사물함 안쪽에 붙여 놓았다면 따뜻한 감정과 기억에 잠기고 싶지만 계속해서 마음이 산란해지는 것을 원하지 않기 때문이고, 사람들이 볼 수 있는 위치에 액자를 두었다면 사랑하는 가족들을 자랑하고 싶은 이유에서 비롯된다고 합니다. 특히 사무실 문 앞에 붙여둔 포스터는 실제로 사무실 직원들이 보는 시간보다는 그곳을 방문하는 방문객들에게 더 큰 인상을 줄 것입니다.

제품의 속성과 기능만이 선택의 기준이 되는 것이 아니라 그 제품, 브랜드가 가지고 있는 상징성도 소비자 행동에 영향을 미치는 것을 '브랜드 동일시'라고 합니다. ^{Levy 1959} 사람들은 브랜드를 소비함으로써 개인의 자아를 강화한다고 알려져 있습니다. ^{Grubb & Grathwoh 1971} 지금의 소비자들은 브랜드를 개인의 취향에서 소비하는 것에 그치지 않고 적극적으로 자신을 표현하는 수단으로 받아들이고 있습니다. 착한 기업의 제품을 소비하고자 하는 행동을 알아차린 기업들은 기부, 코즈 마케팅^{Cause Marketing}, CSR 사회 공헌 활동으로 가치를 높이려 했습니다. 하지만 언제부터인가 기업들은 코즈 마케팅에 한계를 느끼게 됩니다. 단순한 기부로는 효과가 미비했던 것입니다. 하버드 대학교 경영학과 교수 마이클 유진 포터^{Michael Eugene Porter}는 선의를 넘어선 공유 가치 창출을 기업의 비즈니스 모델로 활용해야 한다고 주장합니다. CSV는 기업의 활동 자체가 사회적 가치를 창출하는 동시에 경제적 수익을 추구하는 것을 말합니다.

소비자 또한 적극적으로 자신의 신념을 드러내고 있습니다. 특정 정치 현안에 대한 의견, 동성애나 페미니즘 등에 대한 지지처럼 사회적 이슈에 대한 신념을 드러내는 것을 조심스러워하는 분위기가 사라지고 SNS의 해시태그를 이용하여 적극적으로 의견을 표현합니다. 이렇게 개인의 취향과 신념을 '커밍아웃'하는 젊은이들이 늘면서 '미닝아웃 ^{meaning out}'이라는 단어도 생겨났습니다. 의미, 신념을 뜻하는 '미닝^{Meaning}'과 '벽장에서 나오다'라는 뜻의 '커밍아웃^{Coming Out}'이 결합된 단어입니다. 자기 주관을 적극적으로 표현하고 취향과 신념을 '커밍아웃'한다는 의미로 사회적 책임을 다하는 기업의 물건만을 구매하고, 더 나아가 자기가 믿는 변화를 위해 사회적, 정치적 문구를 옷, 가방 등의 아이템으로 드러냅니다. 이는 기업이나 개인 모두 '선한 것이 강한 것'이라는 기본에 충실해야 된다는 것을 의미합니다. 의식적으로 소비하는 것을 '옳은 소비'로 생각하고 논란을 일으킨 기업의 제품을 구매하는 것을 부끄럽게 여기기도 합니다. 이러한 트렌드는 '미닝 아웃'에서 더 나아가 '컨슈머 오블리주Consumer Oblige'라고도 불립니다.

이제 소비자들은 자신을 표현하는 방식으로 소비도 포함시켰습니다. 단순히 특정 기업, 상품을 거부하는 불매 운동을 넘어 공장형 도축 산업에 반대하는 이들은 자연스럽게 동물 복지 마크가 붙은 제품을 구매하고 동물 실험을 하는 화장품 브랜드를 거부합니다. 최근 플라스틱 대란에 발맞춰 플라스틱 컵 대신 개인 텀블러를 가지고 다니려고 하며, 위안부 할머니들을 응원하는 브랜드의 제품을 구매하고, 세월호 배지를 달아 신념을 드러냅니다.

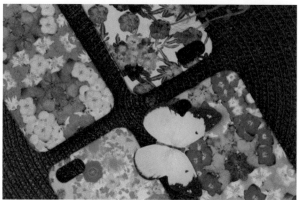

위안부 할머니들을 후원하는 마리몬드 제품

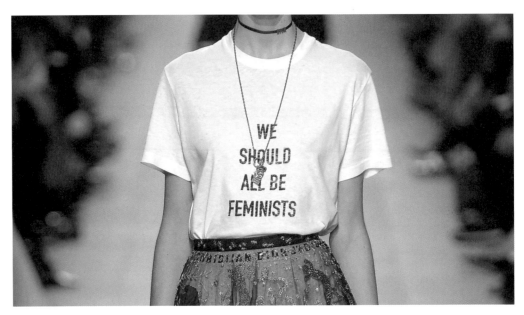

크리스찬 디오르의 슬로건 패션

광고 속 메시지에서도 이와 관련한 뚜렷한 변화가 보입니다. 점점 더 다채로워지는 고객들 삶의 방식을 포착하여 사용자들의 생각 및 가치관에 브랜드의 핵심 가치를 자연스럽게 녹여내는 것입니다. 2016년 P&G의 생리대 브랜드 위스퍼가 전 세계적으로 실시한 '여자답게#Like A Girl' 캠페인은 '여자답게'라는 표현에 대해 다시 한번 생각하게 합니다. 이 광고는 생리대 광고임에도 불구하고 다큐멘터리 형식으로 이루어져 있습니다.

광고에서 감독은 성인 남녀 모델 여러 명과 소년에게 "여자답게 뛰어보라"고 주문합니다. 그들은 모두 다소 힘없고 소극적인 모습, 즉 '여자아이'처럼 보일 법한 행동을 합니다. 감독은 어린 소녀들에게도 똑같은 주문을 합니다. "여자답게 뛰어보세요, 여자애처럼 싸워보세요, 여자애처럼 공을 던져보세요." 같은 요구였지만 소녀들은 전속력으로 힘차게 달렸고 온 힘을 다해 공을 던졌습니다. '여자답게'라는 것은 사회가 만들어 낸 고정관념의 하나라는 것을 여자아이들은 보여줍니다. 편견을 깬 이 캠페인 광고는 지금까지

끌리는 아이디어의 비밀

5억 5,000건 이상의 조회 수를 기록하며 전 세계적인 공감을 이끌어 냈고 칸 국제 광고제 The Cannes Lions International Festival of Creativity에서 PR 부문 그랑프리를 수상하기도 했습니다. 광고에 참여했던 한 모델 여성은 인터뷰를 통해 "우리는 여자이기 때문에 여자처럼 달리고, 여자처럼 공을 차지만 좋은 성적을 내고 아주 잘 해내고 있어요. 남들이 뭐라고 하건 간에 나는 여자처럼 수영하고, 여자처럼 걷고, 여자처럼 아침에 일어나죠. 당연히 전 여자이니까요."라고 말합니다. 감독은 실험을 진행했을 때 소극적으로 행동했던 한 여성에게 "만약 다시 여자애처럼 달려보라고 한다면 당신은 어떻게 달릴 건가요?"라고 묻자 그 여성은 "전 제 자신처럼 달릴 거에요I'll run by myself."라고 말하며 힘차게 달려보입니다.

중국에서는 25살이 넘은 미혼 여성을 '남겨진 여성'이란 뜻의 '셩뉘剩女'라고 합니다. 그리고 이러한 여성들이 걱정된 부모들이 자녀의 프로필을 들고 공원에 나가 짝을 찾는 샹친쟈오相角라는 문화도 존재합니다. 종이에 자식들의 사진과 키, 몸무게, 학력, 직업, 연봉, 자산 등에 관한 내용을 작성해서 공원에 걸어 놓고 조건에 맞는 사람들끼리 만남을 주선합니다. SK-II는 'Marriage Market Takeover' 캠페인 영상을 통해, 결혼 시장에 마치 상품처럼 놓인 중국 미혼 여성을 향한 편견을 심층적으로 조명해 사회적인 공감을 불러일으켰습니다. 영상은 미혼의 독신 여성들의 부모님들이 가진 생각이나 상황에 대해 인터뷰한 내용을 보여줍니다. 주변인들은 미혼 여성들을 결혼만으로 평가하고, 결혼을 하지 않았다는 이유로 '남겨진 여성'으로 규정합니다. 하지만, 영상은 그런 압박들이

끌리는 아이디어의 비밀

당신의 미래를 좌우하도록 두지 말라고 말합니다. 사회가 규정해 놓은 타임라인을 거부하고 자신만의 기준대로 당당히 자신의 삶을 개척하는 여성들을 응원하는 이 영상은 국제적으로 큰 이슈가 되기도 했습니다.

세계적인 음료업체인 코카콜라는 지난 1월 캔과 플라스틱병을 재활용하는 시스템을 2030년까지 구축하겠다고 밝혔습니다. 또 2030년까지 포장 용기의 평균 50%를 재활용 재질로 제작한다는 목표를 세웠습니다. 이에 영국 『파이낸셜타임스』는 "코카콜라가 세계적인 '포장 문제'를 해결하기로 약속한 건 소비자들이 해양 플라스틱 문제를 해결하기 위한 노력을 강조하는 데 따른 것"이라고 분석하기도 합니다. 소비자 개인은 힘이 없지만 미닝아웃을 통해 형성된 여론이 세계적인 기업을 움직이게 했다는 뜻입니다.

한편, 미국의 영부인 멜라니아 트럼프의 재킷이 화제가 되기도 했습니다. 텍사스주 멕시코 접경 지역의 이민자 아동 수용시설을 방문했을 때 입은 옷에 쓰인 '난 정말로 상관 안 해, 당신은?I really don't care, Do U?'이라고 적힌 문구 때문이었습니다. 이민자 부모-아동 격리수용 문제에 신경쓰지 않는다는 뜻 아니냐는 지적에 그녀는 "그저 기성복 재킷일 뿐이며 나를 비판하는 사람들을 겨냥해 입었다"고 답했지만, SNS에서는 하루 만에 패러디물이 쏟아져 나왔습니다. 한 의류업체에서는 원래 문구와 반대의 의미를 담은 '난 정말로 신경이 쓰여, 당신은?I really care, Don't U?' 재킷 사진을 SNS에 올리는가 하면 '우리는 모두 관심을 가져야 한다We should all care'는 문구가 적힌 재킷을 입은 자유의 여신상이 불법 이민자 소녀의 손을 잡고 있는 일러스트도 등장했습니다. '슬로건 패션Slogan Fashion'으로까지 번진 미닝아웃meaning out은 소비자가 단지 가격과 가성비가격 대비 성능비를 넘어서 생각을 드러낼 표현 도구로서의 소비 행태를 보여줍니다. 또한 자신의 신념을 내세우는 미닝아웃의 확산은 우리 사회가 '다름'을 인정하는 사회적 수용성이 높아짐을 의미합니다. 이는 경제 발전과 소득 증가로 집단 의존성이 감소하고, 글로벌화로 인해 '다르고 낯선 것'을 포용하는 역량이 커진 결과로 볼 수 있습니다. 여기에 SNS나 블로그처럼 개인 단위로 의견과 취향을 표현할 수 있는 미디어가 힘을 실어주었습니다.

미닝아웃은 우리들의 아이디어에 두 가지 시사점을 줍니다. 첫째, 소비자들이 원하는 '가치'가 무엇인지 찾아보는 데서 아이디어의 출발점을 찾을 수 있을 것입니다. 둘째는 아이디어가 의도하는 바를 '점검'해야 한다는 것입니다. 편견에서 비롯된 아이디어나 혹은 의도하지 않았지만 커뮤니케이션에서 있을 수 있는 문제들에 대해 점검해야 합니다.

멜라니아의 재킷이 우연이든 그렇지 않든 우리는 취향과 신념이 소비하는 것으로 표현되는 세상에 있습니다. 슬로건 패션은 단지 트렌드일지 모르지만, 오늘날의 개인들은 부당한 것에 대해 끊임없이 이의 제기를 할 것이며 이 과정에서 사회는 발전해 나갈 것입니다. 기업도 그리고 우리도 사회 구성원이자 사회 생태계의 일원입니다. 사회적 문제 해결이 바로 지속 가능성을 확보하는 도구가 되어야 함을 이해하고 꾸준히 관심을 가져야 할 것입니다.

끌리는 아이디어의 비밀

③-24　드라큘라 성에서의 하룻밤
스토리두잉

　　　　국경을 뛰어넘어 전 세계 사람들에게 알려진 '드라큘라'는 다양한 이야기의 소재로 사용되며 널리 전해지고 있습니다. 드라큘라가 지역과 세대를 불문하고 널리 알려진 이유는 무엇일까요?

우리는 루마니아에서 실제 드라큘라의 모델을 만날 수 있습니다. 사실 흡혈을 하는 으스스한 존재인 그는 국민들의 지지를 받았던 민족 영웅입니다. 15세기 중반 루마니아의 옛 왕국 중 하나인 왈라키아 공국의 군주였던 블라드 3세는 오스만튀르크에 대항하여 자국민들을 지키고 부패했던 나라를 바로잡는데 애썼습니다. 블라드 가문의 이름과 용의 기사단을 뜻하는 라틴어 '드라쿨Dracul'이 합쳐져 '블라드 드라쿨'이라고 불렸습니다. 드라큘라는 드라쿨 끝에 a가 붙은 것으로 '용의 아들'을 의미합니다. 나라를 지킨 국민적 영웅의 모습이 그토록 잔인하게 그려졌던 것은 오스만튀르크에서 보낸 참담한 포로 생활 탓에 그들에 대한 복수심으로 인해 잔인한 방식으로 전쟁 포로를 처형한 것으로부터 비롯되었습니다. 그는 전쟁 시 굵은 가시가 박힌 큰 바퀴를 사람 몸 위로 지나가게 해 온몸에 구멍을 내기도 하였고, 장대를 깎아 만든 창으로 오스만군을 항문부터 입까지 꿰어내 전시하기도 했습니다. 그것들은 매우 천천히 아주 고통스럽게 진행되는 처형 방식이었으며, 독일계 상인 그룹과 정책상 문제가 생겼을 때는 400여 명을 산채로 태워 죽이는 잔인함을 보이기도 했습니다. 소설가 브램 스토커^{Bram Stoker}는 블라드 3세의 일화에 상상력을 더해 드라큘라라는 흡혈귀를 만들어 낸 것입니다.

드라큘라의 모델이 살았던 루마니아의 트란실바니아 지역에 위치한 브란성을 찾는 관광객은 연간 25만 명에 이릅니다. 인근 지역의 캐릭터 상품, 상점, 레스토랑뿐만 아니라 영화, 연극, 뮤지컬, 만화 등 다양한 컨텐츠의 인기 소재가 되고 있습니다. 드라큘라 이야기로 거두어들이는 수익만 해도 100만 유로^{약 12억 원}에 이른다고 하니 매력적인 하나의 이야기가 엄청난 사업 기회를 만든 셈입니다.

'House of Dracula'의 한 장면

루마니아 '브란성(Castle Bran)'의 전경

브란성(Castle Bran) 내부의 비밀 통로

끌리는 아이디어의 비밀

드라큘라 이야기에서 어떤 감정을 느끼셨나요? 드라큘 3세가 포로들을 처형한 방식, 특히 산채로 꼬챙이에 꿰어 죽인 뒤 전시한 부분을 들을 때 우리 몸 속에서는 특별한 호르몬들이 분비되었을 것입니다. 이야기를 들을 때 우리의 뇌는 몸속에 신경 전달 물질을 내보냅니다. 특히 그 이야기에 긴장감이 있다면 스트레스를 유발하는 코르티솔이라는 호르몬이, 마음을 따뜻하게 한다면 다른 사람과 유대감을 느끼게 하는 옥시토신이라는 호르몬이 분비되죠. 게다가 그 이야기의 끝이 해피엔딩이라면 뇌에서는 사람이 낙관적으로 행동하게 하는 도파민 호르몬을 분비합니다.

"벤이 죽어가고 있어요."

위와 같은 결론을 도출한 실험에서 실험자들이 본 영상의 첫 대사입니다. 뇌종양으로 죽어가는 두 살짜리 소년 벤의 실제 이야기입니다. 동영상을 통해 사람들은 두 가지 정서를 동시에 경험하게 됩니다. 괴로움과 연민의 감정입니다. 신경경제학자 폴 잭Paul Zak 은 실험에 참여한 사람들의 혈액 검사를 통해 괴로운 감정을 겪고 있을 때는 코르티솔을 분비하고 연민을 느낄 때는 옥시토신을 분비하는 것을 알아냈습니다. 이야기는 뇌의 화학 작용을 바꿈으로써 사람의 행동을 변화시킬 수 있습니다.

미국의 영문학자 존 닐은 자신의 책『호모 나랜스』Homo Narrans'에서 인간은 이야기를 즐기고 이야기를 통해 사회를 이해한다고 했습니다. 이것은 우리 몸이 이야기를 좋아하도록 진화해왔다는 것인데요. 하버드대 심리학과 교수 스티븐 핑커Steven Pinker 또한 이야기는 정보를 습득하고 관계를 맺는데 중요한 도구라고 주장합니다. 그렇기 때문에 인간의 진화 과정에서 이야기를 하고 전달하는 DNA가 유전되어 왔다는 것입니다. 이야기는 우리의 본능인 셈이지요.

다양한 브랜드들이 이러한 사람들의 심리를 이용하여 '스토리텔링' 마케팅을 펼치고 있습니다. 평범한 제품도 이야기를 덧입히면 특별한 것으로 탈바꿈됩니다. 에비앙이 약수라는 스토리를 입고 프리미엄 브랜드가 된 것은 이미 널리 알려진 사실입니다.

그렇다면 사람들은 어떤 종류의 이야기에 특히 매료되는 것일까요? 문학 비평가 로널드 토비아스^{Ronald B. Tobias}는 인간이 좋아하는 이야기의 패턴을 다음과 같이 분류했습니다. 바로 탐색, 모험, 추구, 구출, 탈출, 복수, 수수께끼, 경쟁, 약자, 유혹, 변질, 변형, 성숙, 사랑, 금지된 사랑, 희생, 발견, 비참한 과잉, 상승, 하강입니다. 또한 독일의 극작가이자 소설가인 구스타프 프라이타크^{Gustav Freytag}는 고대 그리스와 셰익스피어 시대 및 현대 소설을 통해 극적 구조를 가질수록 몰입도가 높아진다고 했습니다. 앞선 실험에서도 극적 구조에 따라 사람의 뇌는 절정에서 코르티솔을 분비하고 결말 부분에서 옥시토신을 분비한다는 것을 알아냈죠. 사람들의 마음을 움직이기 위해서는 이러한 극적 구조를 이해하고 적용함으로써 이야기를 더욱 매력 있게 만들 수 있습니다.

'위대함은 첫 발걸음으로부터 시작되었습니다'

2018 칸 광고제에서 이 간단한 카피를 필두로 한 인쇄 광고가 그랑프리의 영예를 안았습니다. 광고 속 낡은 신발은 유명한 복서 무하마드 알리의 것입니다.

구두약과 신발 케어 브랜드로 알려진 KIWI는 그의 신발을 통해 역경과 고난을 이겨내며 영광의 순간을 만들어낸 위대한 인물들의 발걸음을 함께한 신발들을 주인공으로 세웠습니다. 어니스트 헤밍웨이, 최초로 대서양을 건넌 여성 비행사, 미국의 16대 대통령 에이브러햄 링컨, 플로렌스 나이팅게일의 실제 신발들은 조용히 그들의 삶을 대변하고 있습니다. 그들이 만들 스토리를 담담하게 써 내려가며 그러한 역사적 순간을 함께 했던 신발이 그의 또 다른 초상화임을 알립니다. 그리고 그 신발들과 자신의 브랜드를 은근슬쩍 연결하죠. 제품의 기능에 대한 언급은 전혀 없지만 브랜드에 신발과 관련된 스토리를 입혀 기억에 남는 광고를 만들어 냈습니다.

그동안 브랜드들은 브랜드의 핵심 가치를 전달할 수 있는 스토리를 소비자들에게 전달하여 인지도와 충성도를 높여 나갔습니다. 여기서 더 나아가 최근에는 스토리텔링에 '실행'을 입힌 스토리두잉으로 발전되었습니다. 스토리두잉은 브랜드가 가지고 있는 이야기를 실행에 옮기는데, 이 과정에 소비자가 직접 참여하면서 호감도를 올리는 방법입니다. 코:컬렉티브^{Co:collectiove}의 대표 타이 몬태규^{Ty Montague}는 스토리를 만드는 것에서 나아가 스토리를 행동으로 옮기는 기업들이 더 성장할 것이라는 가정하에 스토리텔링 기업과 스토리두잉 기업들의 실적을 비교했더니 스토리텔링 기업의 영업 이익 성장률^{2007~2011년}은 6.1%였던 반면, 스토리두잉 기업은 10.4%로 더 높았음을 알게 되었습니다.

왼쪽부터 복서 부하마드알리, 대서양 횡단에 성공한 최초의 여성 비행사 아멜리아 에어하트, 소설가 어니스트 헤밍웨이의 신발시리즈

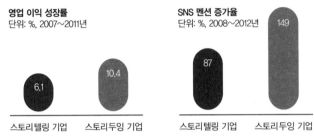

스토리두잉의 효과

영업 이익 성장률
단위: %, 2007~2011년

6.1 스토리텔링 기업
10.4 스토리두잉 기업

SNS 멘션 증가율
단위: %, 2008~2012년

87 스토리텔링 기업
149 스토리두잉 기업

※특성에 따라 타깃·월트디즈니·아메리칸익스프레스·애플·쳇블루·IBM의 6개를 '스토리두잉'
회사로 분류. 이들의 실적은 시어즈·타임워너·던킨브랜드 그룹(Dunkin' Brands Group, Inc.)·
버거킹 등 35개 '스토리텔링' 회사와 비교

출처: 스토리두잉이란 용어를 창안한 마케팅 브랜드 회사 코:컬렉티브(Co:collective)

에너지 드링크 레드불은 스토리두잉을 적극적으로 활용하는 브랜드로, 익스트림 스포츠 행사를 활발하게 개최하고 있습니다. 고층 건물 등 높은 곳에서 낙하산을 타고 내려오는 스포츠 선수인 베이스 점퍼 펠릭스 바움가르트너는 '우주 다이빙'을 시도합니다. 인간의 한계를 넘는 이 익스트림한 도전을 레드불이 후원하기로 합니다. 펠릭스 바움가르트너는 최첨단 우주복으로 무장한 상태로 어두운 성층권에서 지상으로 몸을 던지고, 도전에 성공합니다. 비행기보다 빠른 속도로 낙하한 이 '우주 다이빙'은 인류 최초의 수많은 기록을 남겼습니다. 인간 역사상 가장 높은 곳에서 시도한 스카이다이빙이며, 맨몸으로 음속을 돌파한 최초의 인간이 된 것입니다. 위험천만한 이 '우주 다이빙' 낙하 장면이 유튜브로 생중계되면서 전 세계 소비자와 언론의 관심이 집중되기도 했습니다. 이 행사로만 레드불은 1,700억 원이 넘는 홍보 효과를 창출하기도 했습니다.

위험을 감수하는 것과 거침없는 도전을 응원하는 레드불은 하늘의 F1으로 불리는 '레드불 에어 레이스'를 개최하기도 합니다. 20m 높이의 풍선 장애물을 정확한 순서와 운전 솜씨로 통과해야 할 뿐만 아니라 필수 미션까지 수행해야 하다보니 세계 최고의 베테랑 파일럿들만 참가할 수 있습니다. 최대 400km의 속도로 펼쳐지는 대격전, 곡예 비행을 직접 보기 위해 매년 수십만 명의 팬들이 몰려 대회가 열리는 도시 일대가 축제 현장을 방불케 합니다. 레드불은 다양한 도전들을 후원하면서 그들이 가진 브랜드 이미지를 계속 살아 숨쉬게 하고 소비자들을 참여시키며, 그들의 가슴을 뜨겁게 만들어 주고 있습니다.

인간의 한계에 도전한 레드불 스트라토스(Red Bull Stratos), 우주 낙하 프로젝트

레드불 에어 레이스 2018 캘린더(Red Bull Air Race 2018 Calendar)

루마니아에서는 온 동네 벽마다 그라피티가 그려져 있어 주민들의 걱정을 사고 있습니다. 외관상 지저분해 보이는 것 뿐만 아니라 인종 차별적 발언이나 욕 등이 쓰인 것이 더 문제가 되었습니다. 낙서는 TV나 인터넷과 같은 다른 매체처럼 끄거나 멀리할 수가 없어 지역 어린이들에게 영향을 미칠 수 있기 때문인데요. 유니레버는 자사의 청

소 제품 브랜드 Cif를 이용해 'Cif cleans up Rumania'라는 캠페인을 시작했습니다. 스마트폰 애플리케이션을 통해 공격적인 말과 욕설이 적혀진 곳을 촬영해 올리면 유니레버 프로젝트팀이 Cif 세제를 이용하여 말끔하게 지워주는 프로젝트였죠. 사람들은 엄청난 관심을 가지고 이 프로젝트에 참여했습니다. 총 25만 명이 웹사이트에 방문하여 Cif 앱은 다운로드 카테고리 1위를 차지할 정도였습니다. 이 프로젝트를 통해 385군데의 낙서가 깨끗하게 지워졌고 유니레버의 세제는 '근심을 지워주는 세제'로 호감을 사게 되었습니다. 꼭 필요한 활동과 세제의 제품력을 연결한 훌륭한 스토리두잉의 사례입니다.

끌리는 아이디어의 비밀

앞서 이야기했던 '드라큘라'도 스토리텔링을 넘어 스토리두잉으로 활용할 수 있습니다. 에어비앤비는 핼러윈데이를 맞아 드라큘라 성의 배경인 브란성을 하룻밤 숙소로 제공하기로 합니다. 드라큘라 소설의 원작자의 손자인 데커 호스트는 그동안 알려지지 않은 뱀파이어 역사의 어두운 비밀과 수 세기 동안 전설로 남은 이야기의 배경에 관해 성안 곳곳을 안내하며 많은 이야기를 들려줄 예정이라고 합니다. 뱀파이어와 만난다면 어떤 대화를 하고 싶은지 자신만의 재치 있는 답변으로 응모할 수 있으며 당첨자는 매우 이색적인 하룻밤을 보내며 진정한 스릴을 만끽할 수 있습니다.

브랜드에 스토리를 입히면 소비자의 기억 속에 조금 더 강렬하게, 조금 더 오래 남을 수 있습니다. 소비자들에게 제품의 이름, 특징, 성능을 기억하게 하기 위해서는 반복과 접근성을 높여야 하지만 제품의 이야기는 쉽게 기억할 수 있기 때문입니다. 아이디어 프레젠테이션에서도 의도나 디자인이 받아들여지기 원한다면 프레젠테이션을 스토리텔링 구조로 만들 수 있습니다. 이로 하여금 주의를 끌고 유지할 수 있도록 긴장감을 형성하고 마침내는 그것이 해소될 수 있음을 보여주는 것입니다.

또한 적절한 이야기 소재를 통해 인지도를 높였다면 이를 대중과 함께 공유하고 그 경험을 지속해서 나눌 수 있게 해야 합니다. 가치 있게 기억하고 전달할 수 있을 만한 이유가 있어야 한다는 것입니다. 스토리두잉 중심의 소통 방식은 스토리텔링에서 한단계 더 발전한 개념으로 스토리를 실제 살아 움직이게 합니다. 이야기를 만들고 전파하는 것뿐만 아니라 진정성을 가진 다양한 활동을 통해 발전시키는 것이죠. 소비자에게 과거형 이야기가 행동으로 옮겨진 현실의 이야기가 되는 것입니다. 살아 움직이는 이야기는 소비자들에게 더욱 선명하게 기억될 것입니다.

③-25 바람직한 역경
아이디어에 약이 되는 제약

"역경에 처하면 주변의 모든 것이 좋은 약이 되고 행동이 단련된다. 만사가 잘 풀릴 때는 눈앞의 모든 것이 흉기가 되고 살이 녹고 뼈가 깎여도 깨닫지 못한다." 역경에 대한 채근담의 구절입니다.

아이디어를 펼치는 것에는 제약도 한계도 없어야 하지만, 아이디어가 적정하게 효과적으로 사용되기 위해서는 그 제약과 한계를 분명히 알고 있어야 합니다. 실무에서는 예산과 사용 범위 그리고 그 필연성을 논리적으로 설명할 수 있어야 하며 효과를 증명할 수 있어야 하기 때문입니다.

『광고하지 마라』의 저자 혼다 데쓰야는 거대한 기업이었던 '샤프'와 '소니'의 쇠락 원인이 광고 회사의 탓도 일부 있다고 주장합니다. 그는 2008년도 파나소닉이 영업 이익액에 상응하는 금액을 광고비에 투자했지만 광고에 대한 투자 채산성이 존재하였는지 되묻습니다. 물론 구조적으로 많은 변수가 작용했겠지만 많은 사람들에게 알리면 소비자가 상품을 인지하여 매력적이면서 강력한 브랜드가 되고 그것이 이익률의 기반이 될 것으로 생각하는 시대는 지났습니다. 또한 '많은 사람들에게 즐거움을 줄 것이다', '제품의 인지도가 올라갈 것이다' 같은 막연한 바람 수준의 발상이 아니라 아이디어를 구체화해야 할 단계가 필요합니다.

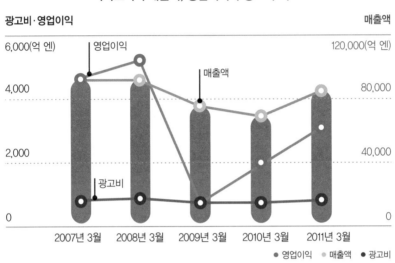

파나소닉의 매출액, 영업이익과 광고비 비교

닛케이광고 연구소 '기업 광고비 현황'

투자자들에게 그 해의 성과를 설명하는 애뉴얼리포트 제작 시 제품을 생산하는 장면으로 성과를 보여주자는 아이디어를 실현할 때 '현장의 모습을 촬영할 수 있는가?'는 중요한 변수가 될 수 있습니다. 이때 아이디어는 현장의 상황이나 사용할 수 있는 비용, 진행을 통해 가져올 수 있는 시각 효과 등이 함께 고려될 것입니다. 또한 무형의 제품인 서비스를 표현할 아이디어 중에서도 일러스트레이션으로 진행할 것인가, 그래픽 작업을 통해 표현할 것인가는 실무적으로 중요한 문제입니다. 광고 매체를 선택할 때에도 마찬가지입니다. 이렇게 제약은 아이디어를 제한하는 것처럼 보입니다.

하지만 실제로 제약은 아이디어를 구체화할 수 있게 합니다. 말콤 글레드웰은 다윗과 골리앗에서 '바람직한 역경'에 대해 이야기합니다.

1) 야구 방망이와 야구공을 합쳐서 1달러 10센트다. 방망이가 공보다 1달러 더 비싸다. 공은 얼마인가?
2) 5대의 기계가 5개의 제품을 생산하는 데 5분이 걸린다면, 100대의 기계가 100개의 제품을 생산하는 데 걸리는 시간은?

정답은 각각 5센트, 5분입니다. 이 두 가지 문제는 세계에서 가장 짧은 지능 검사인 3가지 문항 중 2가지입니다. 직관적으로 우리 뇌는 1번에서 공은 10센트로, 100시간으로 답하게 만듭니다. 예일대학교 교수 셰인 프레데릭이 고안한 이 검사는 '인지 반응검사CRT'라고도 하는데, 겉보기보다 더 복잡한 문제를 이해하는 능력, 즉 충동적인 대답을 넘어 분석적이고 깊이 있는 판단 능력을 측정합니다.

매우 간단한 방법으로 점수를 높이는 방법이 있습니다. 심리학자 애덤 알터와 대니얼 오펜하이머는 프린스턴 대학교의 대학생들과 함께 다음과 같은 실험을 합니다. 학생들은 보통의 방법으로 CRT 검사에서 평균 1.9점을 받았습니다.
하지만 아래와 같이 검사지 90%를 흐리게 하고, 크기를 10포인트로 줄이고 이탤릭체 글꼴로 바꾸었더니,

1) 야구 방망이와 야구공을 합쳐서 1달러 10센트다. 방망이가 공보다 1달러 더 비싸다. 공은 얼마인가?
2) 5대의 기계가 5개의 제품을 생산하는 데 5분이 걸린다면, 100대의 기계가 100개의 제품을 생산하는 데 걸리는 시간은?

바뀐 글씨로 문제를 푼 학생들은 갑자기 MIT 학생들의 평균 점수인 2.18점보다 훨씬 높은 2.45점을 기록했습니다. 우리는 보통 문제가 명확하고 단순하게 제시되었을 때 문제를 더 잘 풀 것으로 생각합니다. 주어진 문제지는 눈을 가늘게 뜨고 한 글자 한 글자 읽는 동안 짜증이 나기도 할 것입니다. 왜 이런 식으로 문제를 인쇄했는지 출제자에 대해 원망을 쏟아내기도 하겠죠. 하지만 아이러니하게도 문제를 힘겹게 읽는 동안 더 많은 집중력과 시간이 투자고 신중하게 생각하는 요인으로 작용합니다. 이 프로젝트를 진행한 알터는 문제를 '읽기가 힘들게' 만들면 사람들은 마주하고 있는 것을 더욱 깊이 생각하게 된다고 말합니다. 장애물을 극복해야 할 경우에 그 장애물이 사람들을 좀 더 힘들게 한다면 사람들은 그 장애물에 대해 깊이 있고 신중하게 생각해 더 잘 극복할 수 있다고 합니다. 제약이 바로 바람직한 결과로 이어지는 것입니다. 이미지를 마음껏 사용할 수 없는 상황에서도, 비용 절감을 요구받은 순간에도 우리는 제약을 추가 아이디어라는 뜀틀로 가뿐히 넘을 수 있습니다.

수많은 맥주 브랜드는 아티스트나 뮤지션들과 제휴하여 뮤직 페스티벌 행사를 막대한 비용을 들여 개최함으로써 특별한 문화적 혜택을 주고 있습니다. 버드와이저는 아티스트를 공식적으로 후원하거나 비용을 지불하지 않았는데도 다른 브랜드들은 구축할 수 없는 팝 컬처의 중심에 있음을 증명했습니다.

브라질에서 진행된 이 캠페인은 역사상 유명 뮤지션, 아티스트들이 활발한 활동을 벌이던 그 시간과 장소에서 버드와이저 맥주를 즐겼다는 점을 이야기합니다. 문제는 버드와이저 맥주를 즐기고 있는 뮤지션들의 사진을 공식적으로 사용하려면 초상권과 저작권 등을 고려해야 할 뿐만 아니라 엄청난 비용까지 필요했죠.

그래서 버드와이저는 유명 뮤지션과 아티스트들이 버드와이저를 즐기고 있는 과거의 사진들을 직접 사용하는 대신, 사용자들이 구글 검색을 통해 사진들을 찾아보도록 하는 'TAGWORDS' 캠페인을 진행했습니다. 예를 들어 '1969 Musicians Sessions Budweier'라는 키워드로 구글에서 검색하면 롤링스톤즈의 멤버들이 버드와이저 캔을

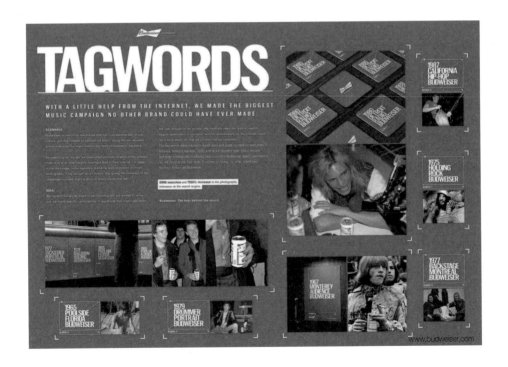

끌리는 아이디어의 비밀

들고 있는 사진이 검색됩니다. '1987 california hip-hop Budweier'를 검색하면 비스티보이즈가 공연에서 버드와이저 캔맥주를 관객에게 뿌리는 퍼포먼스를 하는 사진이 나오는 식입니다. 제안된 검색어는 원하는 장면이 가장 먼저 나올 수 있게 수많은 테스트 끝에 만들어졌습니다.

아티스트의 이미지를 사용하지 못하는 상황 속에서 아이디어를 실현하기 위해 사용자가 직접, 그리고 쉽게 검색할 수 있도록 하는 인게이지먼트 요소를 도입하여 해결한 것에 주목해야 합니다. 프린트, 옥외 광고를 통해 기업이 직접 만든 사이트나 프로모션 페이지 방문을 유도하는 진부한 방식을 구글 검색 엔진의 힘을 빌려 브랜드가 아티스트와 함께 해왔다는 증명을 검색하여 찾아보고 확인할 수 있게 하는 새로운 문제해결 방법으로 만들었습니다. 이 캠페인은 칸 국제 광고제 Print and Publishing 부문 Grand Prix 그랑프리를 수상했으며, Direct 부문과 미디어 부문에서도 골드와 실버상을 수상했습니다.

공간의 제약을 넘어 광고 비용을 절감한 사례도 있습니다. 독일 함부르크 공항에서 진행된 BMW M3 Coupe의 옥외 광고입니다. 가로 50m, 세로 2m의 라이트월^{Light Wall} 형태의 옥외 광고는 상하좌우가 대칭되는 단어를 골라 라이트월 밑바닥에 반사되는 효과를 이용하여 'Exceed Maximum' 최고를 뛰어넘는 BMW M3 Coupe의 메시지를 전달했습니다. 차별화된 제품 성능을 강조하는 메시지도 주목도 있게 전달할 뿐만 아니라 2m의 공간을 4m로 사용하는 2배의 광고 효과 창출의 효과도 덤으로 얻게 되었습니다.

HOW TO EXCEED THE MAXIMUM.

BRIEFING: BMW asked us to develop an idea for the BMW M3 Coupé for a very special billboard at the Hamburg airport – a 50 x 2 m light wall in the middle of the arrivals hall.

IDEA: For a car that exceeds limits, we created a billboard that exceeds limits. We designed a headline out of half letters. To complete them we used their reflection on the shiny floor.

RESULT: We doubled the media space for free. We doubled the attention for free.

www.b

끌리는 아이디어의 비밀

타깃을 한정해 새로운 비즈니스 기회를 창출할 수도 있습니다. 다양한 정보를 쉽게 접할 수 있는 현재, 위축된 여행 상품 시장에서 타깃을 '일하는 여성'에 한정해 만든 '코트립Co-trip' 잡지는 창간 이후 950만 부 이상을 판매하며 성공을 거둡니다. 코트립은 타깃에 맞는 맞춤 정보를 제공하며 새로운 시장을 창출해 나가고 있습니다. 빡빡하게 정보를 제공했던 두꺼운 가이드북에서 벗어나 정보량을 ¼로 줄여 메모할 수 있는 공간을 만들고, 가벼운 종이를 사용하여 쉽게 들고 다닐 수 있게 했습니다. 또한 2박 3일 안에 돌아볼 수 없는 장소는 과감히 버리는 편집 방식을 취했습니다. 이 가이드북은 '여행계획을 세우는 것은 즐겁지만 귀찮다', '알아보고 싶지만 시간이 없다'라는 여성들의 속마음을 꿰뚫어 광고하지 않았음에도 불구하고 입소문으로 출시 반년 만에 150만 부가 판매되었습니다.

소비자들은 실제로 가지 않더라도 상상의 여행을 즐기거나 친구에게 선물하기 위해 이 작고 예쁜 책을 구입합니다. 코트립은 같은 방식으로 여행 회화를 엄선한 가이드북 시리즈로 비즈니스를 확장하기까지 했습니다. '일본에 수입되지 않는 화장품이 있나요?' 같은 여성들이 자주 쓰는 문장들을 엄선하여 수록한 책은 유사 회화 책의 2~3배에 달하는 판매량을 기록하고 있습니다.

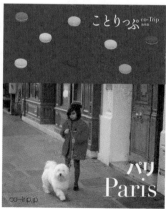

제약과 역경에 부딪혔을 때 아이디어를 제거하거나 축소하는 것은 위기를 극복하기 위해 화장실 휴지를 저가로 교체하거나 직원 식당의 팬케이크에 휘핑크림 없애는 것으로 대응하는 것과 같습니다. 최적의 대안을 찾기 위해 계속 노력하는 것이 중요합니다. 역경에 처하면 주변 것들로 좋은 대안을 만들 수 있다는 채근담의 구절이 다시 한 번 '바람직한 역경'을 일깨워줍니다. 제약은 항상 존재합니다. 제약을 발판 삼아 도약할 여러분의 아이디어를 응원합니다.

co-trip.jp

코트립과 연계한 다양한 상품들

끌리는 아이디어의 비밀

③-26　그것 봐, 내 말이 맞잖아
확증 편향

"알 수 없어. 도저히 알 수가 없어."

흑백의 화면 위로 비가 쏟아지고 있습니다. 승려와 나무꾼이 앉아 있고, 영화는 힘겹게 입을 뗀 나무꾼의 말로 시작됩니다. 나무꾼은 도대체 무엇을 알 수 없다고 말한 걸까요?

영화 『라쇼몽¹⁹⁵⁰』은 살인 사건에 연루된 세 사람의 진술로 이루어집니다. 숲길에서 아내와 길을 가던 무사가 도적에게 살해되었습니다. 나무꾼은 나무를 하러 도끼를 들고 가다가 무사의 시체를 발견하고 관아에 이르게 되지요. 밧줄에 묶인 도적과 무사의 아내가 불려오게 되고, 이들의 이야기는 시작됩니다.

도적은 무사에게 아주 좋은 검이 있다며 속여 나무에 묶은 다음, 그의 아내를 겁탈했다고 진술합니다. 그리고 여인이 두 남자 중 하나를 따르겠다고 하며 자신에게 싸움을 붙여, 도적과 무사는 결투를 벌이고 결국 무사는 죽게 됩니다. 그 사이 여인은 도망을 갔으며 그는 무사의 칼을 팔아서 술을 사 먹었다고 말합니다.

이때 여인은 그 진술이 잘못되었다고 절망적으로 말합니다. 그녀 말에 의하면 도적은 자신을 강간하자마자 바로 달아났으며 남편인 무사는 그런 상황에 놓인 그녀를 경멸의 눈빛으로 노려보았다고 했습니다. 그녀는 남편에게 자신을 죽여달라고 말하고 품속에서 단도를 건네었다고 말합니다. 애원하는 와중에 남편이 무시로 일관하자 그녀는 극도의 절망감에 휩싸였다고 했습니다. 기절한 뒤 깨어나 보니 단도는 남편의 가슴에 꽂혀 있었고, 자신은 자살을 시도했으나 그러지 못했다고 말합니다.

영화 속 무사는 죽었으므로 극 중 전개를 위해 그의 증언은 무당의 입을 빌려서 진술됩니다. 그도 억울한 심정을 재판장에게 호소합니다. 도적이 자신의 아내를 겁탈한 후 아내는 오히려 도적의 편이 되었다고 울분을 쏟아냅니다. 도적은 그러는 아내에게 관심이 없어졌고 아내는 두 남자에게서 도망칩니다. 도적은 그를 풀어주었고 무사는 도적을 용서합니다. 그리고 사무라이 정신을 살려 아내가 놓고 간 단도로 깨끗하게 자결했다고 말합니다.

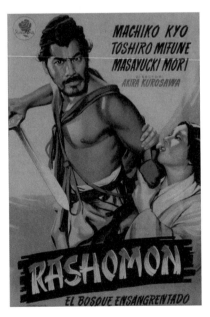

똑같은 상황을 놓고 세 사람은 전혀 다른 이야기를 하고 있습니다. 목격자인 나무꾼도 진술하게 되는데 상황은 더욱 혼란스러워지기만 하죠. 모두 다 자신에게 유리하게 내용을 왜곡하여 사실 관계를 이야기하기 때문에 영화에서는 무엇이 진실인지 알 수 없습니다.

구로사와 아키라의 『라쇼몽¹⁹⁵⁰』은 다양한 해석이 가능한 영화입니다. 여러분은 어떤 결론을 내리시겠습니까?

『라쇼몽』과 같은 일은 현실에서 쉽게 일어납니다. 911 테러를 겪은 부부에 대한 일화가 소개된 『공포와 상실에 관한 상념』은 테러 상황에 아기를 안고 도망치면서 겪은 일들을 서로 다른 관점으로 이야기합니다. 아내는 재로 뒤덮인 아파트 창문으로 사람들이 쏟아져 나오는 것을 보았지만, 그의 남편 매트는 창밖이 칠흑같이 어두워져 보이지도 않고 보고 싶지 않았다고 기억합니다. 이렇게 주어진 상황을 똑같이 받아들이지 않는 일은 가해자와 피해자, 교사와 학생, 의사와 환자, 보호자와 아동, 판매자와 소비자, 디자이너와 마케터의 관계에서 얼마나 빈번할까요?

남들과 똑같은 눈으로 세상을 보는 사람은 없습니다. 그것은 우리가 이기적이어서가 아니라 생물학적 성향부터 학습된 편향까지 온갖 요소가 세상을 받아들이는 방식에 영향을 미치기 때문입니다. 사람마다 정보를 다르게 관찰하고 주목하여 수집할 뿐만 아니라 그 정보를 지각하고 분석하는 것도 다릅니다. 이러한 습성은 외부로부터 입력되는 수많은 정보들을 빠르게 판단하고 처리하기 위한 인지적인 노력의 일환이기도 합니다. 우리는 기존의 신념에 부합되는 정보는 취하고, 그렇지 않은 정보들은 걸러냄으로써 신속한 결정을 내릴 수 있습니다. 계속 정확한 판단을 내리기 위해 정보를 수집하다가는 포식자를 피하지 못했던 선조들의 유전자가 진화한 결과입니다.

보고 싶은 것을 보는 이러한 심리를 인지적 편향, 확증 편향Confirmation Bias이라고 합니다. 소망적 보기, 터널시라고 불리기도 하는 이러한 경향은 선택적으로 정보를 수집하여, 무의식중에 자신의 기대를 지지하는 자료를 찾고, 그렇지 않은 자료는 무시하는 위험에 빠질 수 있습니다.

특히, '빈도 착각Frequency Illusion'이라는 현상은 지각 형성의 착각에 대한 대표적인 예입니다. 새 차를 사면 내 것과 같은 차가 여기저기서 보입니다. 그 차가 갑자기 도로로 쏟아져 나온 것이 아니라 전에는 눈여겨보지 않았을 뿐이지요.

네덜란드의 한 실험에서는 사람들에게 초콜릿 머핀의 크기를 추측하게 했더니 다이어트를 하는 사람들이 그렇지 않은 사람들보다 머핀의 크기를 훨씬 크게 추측했다고 합니다. Guido M. van Koningsbruggen, Wolfgang Stroebe, and Henk Aarts, "Through the Eyes of Dieters : Biased Size Percrption of Food Following Tempting Food Reimes." Journal of Experimental Social Psychology vol. 47, issue 2March 2011: 293-99.

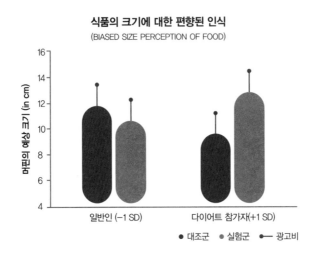

식품의 크기에 대한 편향된 인식
(BIASED SIZE PERCEPTION OF FOOD)

찰스 로드 Charles Lord는 1979년에 사람들이 여러가지 태도와 반대되는 증거에 노출되었을 때 어떤 태도를 보이는지 알아보았습니다. 그는 사형을 찬성하는 사람들과 반대하는 사람들로 그룹을 나누어 사형에 대한 연구 결과들을 제시했습니다. 어떤 연구는 사형이 살인을 억제하는 데 영향을 끼친다는 것을 지지하는 증거들이었고, 어떤 연구는 영향을 미치지 않는다는 연구 결과를 제시하는 것들이었습니다. 사형이 살인을 억제하는 데 효과가 있다는 연구 결과에 대해 사형에 찬성하는 그룹의 사람들은 연구가 '신뢰할 만하다.'라고 평가했지만 그 반대의 관점에 있는 그룹의 사람들은 '신뢰할 만하지 않다.'고 평가했습니다. 제시된 여러 가지 연구 결과들은 참가자들이 갖고 있던 신념에 일치하는 데 선택적으로 채택되었고, 일치하지 않은 정보는 무시되었음을 알 수 있습니다.

미국의 심리학자 레온 페스팅거 Leon Festinger가 1956년에 쓴 『예언이 빗나갈 때』에 실린 일화 또한 정보의 선택적 수집에서 나아가 믿고 있는 사실을 지지할 때 일어나는 일들에 대해 주의를 주고 있습니다. 페스팅거와 동료들은 '사이비 집단 교주의 예언이 빗나갈 때 사람들은 어떤 반응을 보일까?'라는 궁금증으로 신도를 가장한 후 '참여 관찰'을 하기로 했습니다. 해당 사이비 집단에는 UFO가 대홍수로부터 그들을 구원해줄 것이라는 교주의 말을 믿고 재산을 기부한 사람들이 대부분이었습니다. 약속된 날짜가 왔지만 아무 일도 일어나지 않자 사람들은 공황 상태에 빠졌습니다. 그러자 교주는 침착하게 아무일도 일어나지 않은 것은 간절한 그들의 기도에 응답한 것이라 설득했습니다. 사람들은 현실보다는 믿음을 선택했습니다. 양립할 수 없는 두 가지 믿음이나 행동이 존재할 때 거부감을 느끼고 그것을 해소하기 위해 불일치를 제거하려고 하기 때문입니다.

우리가 어떤 일에 대해 견해를 가질 때 다른 사람들도 똑같이 상황을 보거나 해석할 것이라고 간주해서는 안 되는 이유가 여기에 있습니다. 누구나 어떤 대상을 처음 접할 때 주관에 빠지기 쉽지만 목적을 달성하기 위한 욕구를 충족해야 할 때는 주관성에 더 취약합니다. 어떤 결과를 기대하면 그 기대를 뒷받침할 증거를 더 열심히 찾게 되죠. 하지만 바로 이 점을 인식하기만 해도 그 효과를 줄일 수 있다고 합니다. 확증 편향은 자기 검증^{Selfverification}과 자기 고양^{Self Enhancement}의 감각 기관에서 흔히 나타납니다. 나의 욕구를 결과에 반영시키지 않기 위해서, 최대한 '객관'을 유지하기 위해서는 나의 편향을 우선으로 점검할 필요가 있습니다. 받아들이는 정보들이 내 생각과 일치하는가? 나의 목표에 도움이 되는가? 두 가지 질문을 통해 조금 더 정보 수집을 투명하게 할 수 있습니다. 또 다양한 사람들의 의견을 들어보는 것도 중요합니다. '심리적 거리감'의 개념에 대해서도 소개했었지요. 좀 더 서로를 객관적으로 볼 수 있는 상황을 만들기 위해 체계적인 브레인스토밍을 시도하는 것도 좋습니다. 열린 자세로 아이디어를 내면서 그 상황만큼은 다양성을 잃지 않도록 노력하는 것도 도움이 됩니다.

우리가 무시한다고 해서 새로운 정보들이 사라지는 것은 아닙니다. 우리는 '언제든' 틀릴 수 있습니다. 그러므로 항상 생각을 열어두어야 하며 타인의 주관성에도 눈감지 말아야 합니다. 가장 중요한 정보를 보기 위해서는 정작 내가 보고 있는 시선을 점검해야 할 필요가 있습니다.

라쇼몽의 마지막 장면으로 가봅시다. 죽은 사람과 그를 죽인 범인이 잡혔으니 재판은 마무리되어 갑니다. 참고인으로 불려온 승려는 각자의 주장을 늘어놓는 사람들을 보고 절망합니다. 결국 나무꾼과 승려만이 나생문 밑에 앉아 있게 되었습니다. 그런 그들의 등 뒤로 누군가 버리고 간 아기의 울음소리가 들립니다. 나무꾼은 아기를 안고 자신이 기르겠다고 말합니다. 하지만 승려는 나무꾼이 아이를 키울 자격이 있는지 의심하죠. 이에 나무꾼은 자신에게는 아이가 여럿 있다며 하나 더 키운다고 무엇이 달라지겠냐면서 아이를 안고 걸어 나갑니다. 따뜻한 결말로 보이지만, 우리는 영화 속 사건 현장에 있던 무사의 아내가 지녔던 단도를 그가 훔쳤음을 알아야 합니다.

정보를 균형 있게 검토하고 해석하기 위해서는 다양한 정보에 대해 열린 마음을 만드는 것이 중요합니다. 우리가 작성하는 보고서는 결론을 만들기 위한 다양한 증거 자료를 수집하는 것으로 이루어집니다. 미국 와튼스쿨의 경영대학 교수인 제임스 엠쇼프 James Emsoff와 이언 미트로프 Ian Mitroff는 미국 대기업들의 전략 수립 과정을 연구하며 많은 경영자들이 이미 자신이 수립한 전략을 지지해주는 자료를 만들기 위해 노력하고 있으므로 그들이 진행하고 있는 프로젝트가 대부분 실패로 끝나고 있음을 경계하라고 말합니다. 나무꾼 같은 목격자일지라도 객관성을 잃으면 그 문제에 대해서 투명한 견해를 가지지 못하게 됩니다. 아이디어를 더욱 견고히 하기 위해 열린 사고로 끊임없이 점검한다면 좀 더 현명한 의사 결정을 할 수 있을 것입니다.

끌리는 아이디어의 비밀

③-27 아는 것이 적으면 사랑도 적다
의도된 호기심

"Mud teaches more than carpet ever could"

진흙은 카펫보다 더 많은 것을 가르쳐준다.

더럽게 얼룩진 아이들의 티셔츠에 적힌 문구입니다. 한창 뛰어놀 나이의 아이들 옷은 쉽게 더러워지기 마련입니다. 그들이 집으로 돌아왔을 때 한가득 쌓일 빨래에 한숨

www.omo.com

끌리는 아이디어의 비밀

쉴 어머니들에게 세제 브랜드 OMO는 'Dirty is good. 더러운 것은 좋다'라고 말하고 있습니다. 호기심이 한창 많을 아이들이 진흙에서 뛰어놀며 배우는 것들이 집안에서 깨끗한 옷을 입은 채 앉아 있는 것보다 더 많을 것이라고 말하죠. 아이들의 왕성한 호기심을 채우기 위해 마음껏 뛰놀도록 해주어야 한다는 메시지를 전달하고 있습니다. 세탁물의 가장 큰 비중을 차지하는 아이들의 옷을 소재로 세제 기능이 뛰어나니 안심하라고 역설적으로 말합니다.

유니레버unilever의 세제 브랜드 OMO는 동일한 슬로건 'Dirty is good' 아래 'Set them free' 캠페인의 영상광고도 진행했습니다. 아이들의 손끝에서 움직이는 무당벌레와 작은 풀벌레들은 그 시절 우리가 느꼈던 호기심을 투영하게 합니다. 아이들의 무한한 호기심을 채울 수 있도록 자유롭게 풀어주라는 메시지를 담고 있습니다. 작은 곤충과 벌레들을 소재로 한 것 또한 'Set them free'의 중의적 표현의 하나입니다.

어린아이들은 호기심이 많습니다. 궁금한 것과 탐험해야할 것들이 넘쳐납니다. 우리들의 어린시절도 작은 벌레들이 중요한 몫을 차지했을 때가 있었습니다. 하지만 더이상

www.omo.com

그것들이 중요한 관심거리가 되지 않을 때 주변은 당연한 것으로 가득차고, 우리의 티셔츠도 깨끗해졌습니다. 호기심은 좋은 아이디어의 중요한 재료입니다. 아이디어 사고의 과정은 의식적으로나 무의식적으로 흥미를 유발하거나 호기심을 갖게 하는 실마리에서부터 시작되기 때문입니다.

탐구를 활발히 하고자 하는 성향, 즉 호기심이 많은 사람들의 특징은 개방성과 외향성이 높다고 합니다. 개방성이란 새로운 세계에 마음을 열고 자신의 감각을 연마하는 것을 말합니다. 개방성이 높은 사람들은 나와는 다른 관심사나 가치관을 가지고 있더라도 수용하고, 배울 점은 무엇이 있는지 적극적으로 탐색합니다. 마치 어린아이와 같이 선입견을 가지지 않고 새로운 충동과 자극을 받아들이기 위해 경험하는 것을 두려워하지 않습니다. 이렇게 세상을 바라보는 사람은 예기치 않은 곳에서 많은 가능성들을 연결하게 될 것입니다. 내향적인 성향의 사람 또한 개방적일 수 있기 때문에 외향적인 성격이 아니더라도 호기심이 왕성한 사람들도 많습니다. 호기심이 작동되는 가장 큰 특성은 자신의 관점과 다르다고 생각하는 것들을 거부하지 않고 자기 안으로 받아들이고 관찰하며 탐구하는 데 있습니다.

『괴짜 경제학』의 스티븐레빗은 낙태와 범죄의 상관 관계 연구 아이디어가 아이처럼 생각했기 때문에 얻을 수 있었던 것이라고 말합니다. 그는 미국의 범죄율이 갑자기 낮아진 것이 '깨진 유리창의 법칙'처럼 범죄율을 줄이기 위한 노력보다는 '로 대 웨이드 사건'으로 인한 낙태 합법화임을 밝혀냈습니다. 책임질 수 없는 아이들에 대한 낙태가 허용되자 15년간 80퍼센트나 증가했던 강력 범죄율이 급격하게 하락했습니다. 이 주장과 그를 뒷받침하는 유의미한 데이터 상관 관계는 도덕적, 정치적으로 몹시 민감해서 어른의 입장에서 접근했다면 정면에 맞서기 쉽지 않은 연결이었습니다. 하지만 '명백한 것을 두려워하지 않음'으로써 다른 사람들이 하지 않는 질문을 할 수 있게 됩니다.[이]

이론의 신빙성을 증명하기 위한 방법 중 하나는 낙태 합법화가 먼저 이루어졌던 5개 주의 범죄율 감소 정도와 시기를 다른 주와 비교하는 것이다. 1988년과 1994년 사이 이 5개의 주의 강력 범죄는 13% 더 낮았고 1994년과 1997년 사이 살인은 23% 더 낮았다. 또한 낙태율이 더 낮은 주들의 1990년대 범죄율은 더 작은 폭으로 감소한 데 비해, 낙태율이 높은 주들의 1990년대 범죄율은 낙태율이 낮은 곳보다 30%가 더 감소하였다. 호주와 캐나다에서도 비슷한 연구 결과나 나왔다. <괴짜 경제학>

끌리는 아이디어의 비밀

호기심이 많은 사람의 또 다른 특징은 놀라고 신기해하는 반응을 많이 보인다는 것입니다. 똑같은 물건이나 상황이 주어지더라도 사람마다 그 자극을 받아들이는 크기는 다릅니다. 어떤 사람에게는 무관심으로, 어떤 사람에게는 혐오감으로 그리고 또 어떤 사람에게는 흥미로움으로 다가옵니다. 이러한 특성은 정보를 특별하게 처리할지 말지를 결정하는 뇌의 여과 기제인 '잠재적 억제' 때문입니다. 쉽게 말하면 우리에게 필요한 자극인지 아닌지 선택하여 결정하는데, 잠재적 억제가 낮은 사람들은 여러가지 자극에 대해 필요한 것이라고 생각하여 많은 것에 관심을 기울이는 특성이 있습니다. 시계의 초침 소리라든지 멀리서 들리는 대화 접시 위에 그려진 그림들. 자극을 다른 사람들보다 좀더 민감하게 받아들이는 사람들은 더 많은 양의 정보를 처리하고 있는 셈이 됩니다. Zabelina, D. L., O'Leary, D., Pornpattananangkul, N., Nusslock, R., & Beeman, M.2015. Creativity and sensory gating indexed by the P50: Selective versus leaky sensory gating in divergent thinkers and creative achievers. Neuropsychologia, 69, 77-84 주변 환경의 미묘한 변화들을 더 많이 받아들인다는 것은 받아들이는 정보의 양과 정보 처리의 민감도가 높다는 것을 의미합니다.

하버드 대학에서 탁월한 창의적 성과를 낸 학생들은 잠재적 억제가 감소되어 있을 확률이 일곱 배나 더 높은 것을 밝혀졌습니다. 겉보기에 무관한 정보를 걸러내는 일을 다른 사람들보다 더 어려워 한다는 것이죠. 실제로 보통 사람들이 보기에 관련없어 보이는 정보는 어떤 식으로든 관계가 있는 것으로 밝혀졌습니다. 예를 들면 시력과 학과 성적은 얼마나 관련이 있을까? 노예 상인이 노예의 피부를 핥는 것과 미국 흑인의 심혈관 질환 발병율의 관계는? 부모가 아이 이름을 짓는 것과 이웃집 아이의 성적과 관련이 있을까? 등 언뜻 보면 다른 카테고리에 속해 있는 것들을 연결짓는 일을 가능하게 한다는 의미입니다.

중국 간쑤성에서 진행된 연구 조사는 안경을 무료로 제공한 그룹은 그렇지 않은 그룹 사이에 비해 시험 성적이 25~50%가 향상된 것으로 나타났습니다. 노예 상인은 아프리카에서 미대륙으로 배를 몰고 가는 과정에서 탈수증으로 많은 노예가 죽자 소금 민감성이 높은 노예를 선별하기 위해 짠맛이 나는 노예를 찾고자 했다고 합니다. 그래서 세워진 가설은 현재 미국에 살고 있는 흑인들에게 고혈압 등 심혈관 질환이 다른 대륙에 살고 있는 흑인보다 많은 이유가 이러한 선별 방식으로 이동해 왔고, 장기간에 걸쳐 나타났다고 보았습니다. 또한 부모들이 이름을 짓는 방식은 영화나 드라마보다 대부분 상류층이 사용하고 있는 이름에서 따오는 것으로 밝혀졌죠. 이렇게 몇 개의 질문에서 알 수 있듯이 버려야 할 것과 버려서는 안되는 것들을 미리 구분하기 보다 평범해 보이는 사실들을 조금 더 들여다 보면서 유의미한 결과나 가정을 세워볼 수 있습니다. 호기심 가득한 내 안의 아이의 목소리에 귀를 기울임으로써 우리는 관련 없어 보이는 사실 의미있는 연결을 더 잘 할 수 있게 됩니다.

그렇다면 잠재적 억제를 감소시키기 위해서는 어떻게 해야 할까요? 특정 자극들에 너무 익숙해진 나머지 그에 대한 반응이 억압되는 현상을 '습관화'라고 합니다. [3-10. 냉장고 맹시에서도 다룬적이 있습니다.] 익숙해진다는 것은 어떤 상황에 자신을 적응시킨다는 것을 의미합니다. 습관화된 일상에서 호기심이 생기기란 어렵습니다. 그래서 우리는 다양한 분야에 대해 일부러라도 관심을 기울여야 합니다.

잘 알지 못하는 식재료인 콜라비를 장바구니에 담는 일은 거의 없습니다. 하지만 언젠가 우연히 저녁 식사에 초대되어 콜라비를 먹어보게 된다면 '이게 콜라비라는 것이구나! 하고 그 식재료를 알게 되죠. 장을 보러 갈 때 장바구니에 콜라비를 담지 않더라도 콜라비를 알아볼 것입니다. 또 콜라비를 접했던 경험으로 인해 콜라비 요리를 시도해볼수도 있습니다. 그렇기 때문에 여러가지를 아는 것은 중요합니다. 머릿속에 이미 어떤 이미지를 가지고 있는 것들은 기억속에 아무런 흔적도 없는 것들보다 훨씬 빨리 인지되기 때문입니다. 알지 못하는 것을 쉽게 무시하는 습성을 바꾼다면, 여러가지가 보이게 될 것입니다.

'아는 것이 적으면 사랑하는 것도 적다.' 레오나르도 다빈치의 말입니다. 그는 끝없는 호기심으로 다양한 분야에 관심을 가졌던 천재입니다. 다양한 분야에 관심이 많아 한 가지를 진득하게 해낼 줄 모른다는 비판을 받았지만, 그만큼 그가 탐구하는 세계들은 다양해지고 넓어졌습니다. 기존의 연결고리에서 벗어나 새로운 관계를 만들기 위한 열

끌리는 아이디어의 비밀

쇠, 호기심. 호기심을 의도적으로 가지려 한다면, 다양한 분야에 대해 '알아가는 것'부터 시작하면 어떨까요? 새로운 사람을 만날 수 있도록 모임을 물색하는 것도 좋습니다. 작가는 악기 연주를 배우고, 음악을 하는 사람이라면 그림을 그려보는 것도 좋습니다. 문학 소녀는 소설을 접고 우주의 신비를 알아보는 칼 세이건의 『코스모스』를 펴보는 것은 어떨까요? 그렇다면 분명, 모든 것이 신기했던 어린 시절의 사고 방식을 현재의 우리가 지적인 활동을 할 수 있도록 이끌어올 수 있을 것입니다.

③-28 점 하나의 힘
진행 효과

아이디어의 가장 큰 걸림돌은 무엇인가요? 필자의 경우는 흰색의 텅 빈 컴퓨터 화면이라고 생각합니다. 프로젝트를 받으면 제품의 어떤 점에 집중할지, 경쟁사들은 어떻게 하고 있을지 익숙하게 파악합니다. 하지만 정작 작업 시작 앞에서는 왠지 모르게 책상을 정리하고 싶고, 잊어버렸던 메일의 답장 쓰기가 걱정됩니다. 이러한 문제점을 '백지 공포증'이라고 합니다. 백지 공포증은 백지가 눈앞에 나타나면 어떤 것을 해야 하는지를 계속 고민하는 행동을 뜻합니다.

우리 마음속에 '시작'을 두려워하는 심리가 있다면, 다른 한 켠에는 그것을 이겨내게 해 줄 해결책도 있다고 합니다. 심리학자들은 목표 달성에 관한 연구를 하던 중 사람들이 특정한 상황에서 목표가 주어졌을 때, 무의식적으로 해당 목표를 완수하는 방향으로 의사 결정을 내리거나 행동할 가능성이 높다는 점을 밝혔습니다. 마치 커피숍의 스탬프 쿠폰을 받은 것처럼 말이죠. 이미 과업이 어느 정도 수행된 것처럼 느껴지게 만들면 자연스럽게 그 과업을 수행하는 쪽으로 행동하는 습성을 '부여된 진행 효과'라고 합니다. The Endowed Progress Effect: How Artificial Advancement Increases Effort, JOSEPH C. NUNES XAVIER DRE`ZE

끌리는 아이디어의 비밀

미국 서던캘리포니아대와 펜실베이니아대의 공동 연구진인 조셉 C. 넌스[Joseph C. Nunes]와 사비에르 드레제[Xavier Dreze]는 이 커피 쿠폰 효과의 심리학적 메커니즘이 무엇인지 살펴보는 실험을 진행합니다. 우선 커피 쿠폰 대신 세차장을 빌려 세차장 이용객들에게 두 가지 다른 형태의 쿠폰을 제공했습니다. 하나는 8개의 칸이 그려진 무료 쿠폰이었고, 다른 하나는 10개의 칸 중 2개의 스탬프가 찍힌 쿠폰이었습니다. 두 가지 모두 8번의 쿠폰을 채워야 한 번의 무료 세차를 제공하는 것이었지만 결과는 달랐습니다. 실험자들은 같은 목표를 할당 받았음에도 불구하고 이미 쿠폰이 찍혀 있었던 그룹의 실험자들은 2배가량 더 자주 세차하는 모습을 보였습니다. 8번의 목표를 채운 실험자 역시 미리 두 번의 스탬프가 찍혀 있던 그룹이었죠. 이 실험의 결론은 목표를 향해 어떤 종류의 진행을 시작하면 사람들은 목표를 완료하는데 더 많은 동기 부여를 가지게 된다는 것입니다.

이러한 심리 현상이 나타나는 이유는 다양한데요. 첫째, '미완성 효과[Zeigarnik Effect]'에서 찾을 수 있습니다. 끝마치지 못하거나 완성되지 못한 일은 마음속에 계속 떠오른다는 것으로, 러시아의 심리학과 학생인 블루마 자이가르닉과 그녀의 스승이자 사상가인 쿠르트 레빈이 제시한 이론입니다. 다음은 페이팔의 화면입니다. 네 개의 동그라미가 이미 완수한 작업 내용을 보여주고 있습니다. 프로필 화면의 동그라미는 100%에 조금 못 미치는 수준입니다. 우리는 100%를 완료하기 위해 약간의 수고를 들이는 것을 마다하지 않을 것입니다.

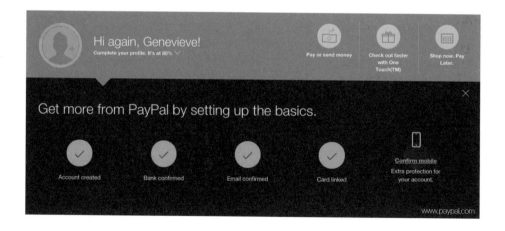

Here's your monthly update. See how your contributions add up and help other travelers. Plus, with TripCollective, you can collect points to reach new levels and unlock badges along the way!

Add a review

4	5,596	2
reviews	readers	helpful votes

427
total points

level
1

Your readers are from

17% **United States**

14% Philippines

9% Australia

60% other countries

Your most popular review

"Hands down our favourite ho..."
Villa Caemilla Beach Boutique Hotel

3,532

readers

www.tripadvisor.co.kr

트립어드바이저는 전세계 여행객들이 참여하는 하나의 큰 커뮤니티입니다. 여러 사람들이 공유하는 신뢰도 높은 여행 정보가 사용자 충성도로 이어지는 중요한 원동력이죠. 트립어드바이저는 사람들로 하여금 클릭, 방문을 통해 작은 액션을 취하도록 유도하고 리뷰를 남기는 등 점점 큰 미션을 수행하고 보상해주면서 결국 사용의 충성도를 이끌어냅니다.

같은 원리로 비영리 의료 서비스 왓시^{Watsi}는 환자가 진료비를 마련하기 위한 기금을 모으기 위해 목표 바를 제공합니다. 완성된 바를 채우고 노란색을 녹색으로 만들면 환자의 치료를 도와주게 됩니다.

끌리는 아이디어의 비밀

Meet the patients

100% of your donation funds life-changing healthcare.

Simone is a 72-year-old woman who lives with her family in Haiti. She is divorced and has three children and several g... Read More »	"Everyday I feel afraid," Isabel shares. "I want to heal, and to have more time with my family. We just don't have the... Read More »	Meet Adrienne, a 78-year-old mother and grandmother who lives with her sister in Haiti. According to our medical pa... Read More »
$340 raised $1,160 to go	$1,110 raised $320 to go	$1,300 raised $200 to go

watsi.org

둘째는 '목표 기울기 효과'입니다. 1930년대에 심리학자인 클라크 헐$^{Clark Hull}$은 미로에서 달리는 쥐를 대상으로 연구를 시행했습니다. 그는 쥐가 보상음식에 가까이 갈수록 더 빠르게 달린다는 것을 발견했습니다. 또한 쥐에게 무거운 추를 달아 추가 실험을 진행했는데, 음식에 더 가까이 다가선 쥐는 음식에서 멀리 떨어진 쥐보다 더 강한 힘을 발휘했습니다. 경주에서는 주자가 결승선 지점에서 전속력으로 달리는 것을 우리는 종종 볼 수 있습니다. 그것을 '킥^{Kick}'이라고 부릅니다. 우리는 기대하는 것, 그리고 원하는 목표를 달성하게 될 것이라는 믿음 때문에 더욱 힘을 내기도 합니다. 이러한 노력은 업무나 주어진 과업을 수행하는 데에도 적용할 수 있습니다. 로드 아일랜드 대학$^{University of}$ $^{Rhode Island}$의 연구자에 따르면 목표를 달성할 수 있다고 생각하느냐에 따라 실제로 행동에 큰 영향을 미친다고 합니다. 백지는 우리를 시작점에 놓습니다. 아직 아무것도 하지 못한 0%의 상태에서 무엇이든 쓰라고 권하고 싶습니다. 검은 점이든, 하나의 텍스트든, 필요할 것 같은 것도, 관련이 있을 법한 것도. 머릿속에 떠오른 어떤 것을 일단 옮겨 놓습니다. 아직 확신은 없지만 시작합니다. 그러고 나면 하얀 백지는 두 개의 스탬프가 찍힌 쿠폰이 됩니다. 목표는 선명해지기 시작하고 마음은 한결 가벼워집니다.

동기 부여에 관한 여러 가지 이론들은 많습니다. 하지만 이러한 이론들이 발걸음을 떼게 하지는 못합니다. 나에게 할 수 있는 동기 부여는 '일단 시작하는 것'입니다. 시작하세요. 아주 조금씩 노력하는 사이 우리는 무료 커피 한 잔을 얻을 수도 있을 테니까요.

③-29 분주한 집중력 디폴트 모드 네트워크

　　　모로코에서 제작되었던 네슬레의 초콜릿 브랜드 킷캣의 Break the Speed 캠페인입니다. '정신없는 하루의 반복 속에 킷캣으로 작은 여유를 가지세요.' 라는 메시지인데요. 이번에는 이 광고처럼 한가한 이야기를 해 보려고 합니다. '휴식'에 관한 내용입니다. 당장 회의를 해야 하는 상황이나 얼마 남지 않은 시간 내 결과물을 만들어야 하는 조급한 상황에 휴식이라는 단어는 무책임한 제안처럼 느껴집니다. 게다가 휴식을 취하는 모습은 상사에게 게으르다는 핀잔을 듣기에 적합하죠.

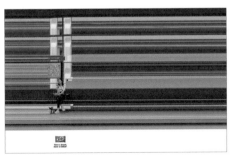
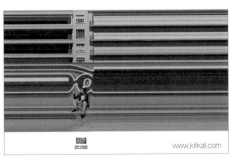

아이디어 발상에 물리적인 시간을 들여 몰입하는 과정은 필수입니다. 하지만 우리는 휴식 또한 아이디어를 꽃 피울 수 있는 중요한 시간임을 잊고 있습니다.

오래전부터 뇌과학자들은 창의력의 비밀을 풀기 위해 다양한 실험을 해왔습니다. 콜린 마틴데일Colin Martindale도 그중 한사람입니다. 그는 뇌전도 측정 장치를 이용해 창의력이 더 뛰어난 사람들의 뇌파를 측정했을 때 다른 사람들과 특별히 다른 점을 발견했습니다. 바로 8~12헤르츠 사이의 뇌파 진동이 높았는데, 이것을 '알파파 활동성'이라고 부릅니다. 이 알파파에 대한 단서를 근거로 창의력이 특히 높은 학생들과 그렇지 않은 학생들을 나눠 연구했습니다. 예상대로 아이디어가 풍부한 학생들은 알파파의 활동성이 전반적으로 높았습니다. 그리고 주목할 점은 알파파가 창의력을 측정하는 문제를 푸는 동안 계속 높지 않았다는 점입니다. 영감 단계에서 알파파는 높은 수치를 기록했지만 실행 단계에서는 평범한 학생들과 다를 것이 없었습니다. 이런 결과를 봤을 때 특정 상황에서 알파파가 높다면 누구나 창의성을 효과적으로 높일 수 있다는 이야기가 됩니다.

이후 많은 과학자들이 알파파를 '공회전' 상태와 같음을 밝혀내고 있습니다. 미국의 뇌과학자 마커스 라이클 박사는 우리가 휴식을 취할 때 뇌의 '디폴트 모드 네트워크'가 활성화된다고 말합니다. 이 공회전 모드가 활성화되면 뇌는 적극적인 휴식을 위해 활동하게 되고, 이 과정에서 뇌에 저장된 불필요한 정보가 정리되면서 저장 공간이 늘어납니다. 그리고 창의적 발상을 하는 동안에 뇌는 의식적인 사고 활동에서는 일어나지 않을 법한 비논리적인 여러 가지 연상을 만들기 위해 뇌의 중립 상태, 즉 공회전을 적극적으로 이용합니다. vgl. Masen, M. E. et al. 2011, A de fault mod of brain function, in: Proceed ings of the national Academy of Sciences 98, S. 676-682 즉, 디폴트 모드 네트워크 상태가 되면 뇌의 일부분이 활발해지고 이 활동을 통해 뇌가 더 효율적이고 창의적으로 일할 수 있게 해줍니다.

하지만 '휴식' 상태는 단순한 '자유' 시간이 아닙니다. 한 실험에서 이를 알아보기 위해 사람들에게 일련의 형상을 보여주고 소리를 들려주는 등의 자극을 주었습니다. 그 다음 이에 대해 묻는 몇 가지 질문을 했습니다. 질문의 난이도는 다양했는데 사람들은 자극을 상상해야 할 때, 그리고 난이도가 높은 질문을 할 때 알파파가 증가한다는 사실이 드러났습니다. Cooper 외, 2003

디폴트 모드 네트워크를 활성화시키기 위해 휴식을 취하는 것은 정말로 아무것도 하지 않는 것이나 잠을 자라는 것이 아닙니다. 현실의 자극으로부터 잠깐 벗어나 뇌가 상상력을 마음껏 탐구할 수 있게 시간을 주는 것을 말합니다. 자극을 계속 받아들이면서 머릿속으로 전혀 다른 이미지를 상상하기는 어렵습니다. 하지만 눈을 감고 집중하는 것은 좀 더 쉬워 보입니다. 음악을 들으면서 동시에 악상을 떠올리는 것도 마찬가지죠. 이 두 가지 일을 담당하는 뇌 영역들이 겹치기 때문에 우리는 현실에서 잠깐 빠져나와 주어진 자극들을 가지고 집중해야 할 필요가 있습니다. 이런 종류의 휴식은 가능한 긴장을 풀고 규칙적인 호흡을 해야 합니다. 그리고 의자에 푹 파묻혀 앉아 떠오르는 생각이나 감정을 모두 흘려 버려야 하죠.

하지만 휴식 시간이 주어지면 우리는 자연스럽게 휴대폰을 들여다봅니다. 심지어 화장실에 갈 때도 말이죠. 끊임없이 온라인 상태에 있으면서 자극과 접촉하고 있는 셈입니다. 뻔한 결과일지도 모르지만 온라인이 차단된 상태에서 창의성이 더 올라간다는 연구 결과도 있습니다. 아츠리[Atchley, 2012]는 창의력 증진에 관한 연구를 위해 실험 참가자들을 자연에 머물도록 했습니다. 참가자들에게 단 하나의 규칙을 적용했는데 그것은 바로 휴대폰 사용 금지였습니다. 참여자들은 두 그룹으로 나뉘어 창의력 검사를 받았습니다. 첫 번째 그룹은 자연에서의 생활을 즐기기 전인 오전에 테스트를 받았고, 두 번째 그룹은 산과 들에서 시간을 보낸 후 4일째 되는 날 테스트를 진행했습니다. 예상대로 두 번째 그룹이 첫 번째 그룹보다 문제를 약 50% 이상 더 많이 풀어냈습니다.

우리의 정신은 주의력을 빼앗는 여러가지 자극 속에서 해방되어야 아이디어의 인큐베이팅이 시작됩니다. 아이러니하게도 어느 정도의 정신적 나태함이 필요한 때에 유독 잡고 있는 문제들을 손에서 놓기가 불가능합니다. 자극을 많이 받아들여야 여러 가지 네트워크가 더욱 활성화 될지도 모르는데, 그 반대라니요. 하지만 열중하면 할수록 해결책은 좀 더 멀어지는 기분 역시 느꼈을 것입니다. 아이디어의 실마리를 잡을 수 없어 초조한 마음으로 시간을 보내는 일들은 더 많지요. 정작 진정한 휴식이 필요한 순간에도 성실한 모습을 보이기 위해 계속 사무실 의자에서 의미 없는 시간을 흘려보냅니다.

생각을 흐르듯 내버려 두는 일을 '의식적'으로 하기는 어렵습니다. 하지만 여러 가지 팁들이 많이 연구되어 있죠. 샤워나 양치질은 대표적인 공회전 휴식입니다. 또한 단순한 요리나 유리창 청소, 빨래 개기 등 소일거리 요구 사항이 많지 않은 일로 디폴트 모드 네트워크의 활성화에 훌륭합니다. 우편물을 부치러 잠깐의 산책하러 나가는 것도 좋습니다. 이동 시간도 훌륭한 인큐베이팅 시간입니다. 물론 휴대폰 화면에 집중하지 않는다면 말입니다. 열거하여 보면 자투리 시간으로 느껴지는 시간이 얼마나 아이디어를 위한 소중한 시간인지 알 수 있습니다. 편안한 명상에서부터 산책, 그리고 사무실 소일거리들을 기쁜 마음으로 받아들여 보세요. 휴식을 취하는 것처럼 보일지라도 우리의 뇌는 아주 바쁘게 돌아가는 중이니까요.

③-30 낯선 곳으로의 여행
아이디어 줍기

석유 관련 에너지 회사인 로얄더치셸Royal Dutch-Shell은 사명에도 조개Shell 가 들어가지만 회사 로고 또한 조개껍데기 형태입니다. 석유와 그다지 관련이 없어 보이는 조개가 어떻게 이 거대한 회사의 상징이 된 것일까요?

런던에서 태어난 가난한 유대인 가족이 있었습니다. 이 집에는 열한 명의 아이가 있었는데 그중 열 번째 아들은 총명했지만 학교 수업 방식에 적응하지 못해 늘 성적이 좋지 못했습니다. 그가 고등학교를 졸업하자 아버지는 아들에게 선물을 준비합니다. 그 축하 선물은 바로 아시아로 가는 배의 3등 선실 편도 티켓이었습니다. 티켓을 받은 소년은 배의 종착점인 일본 요코야미까지 도착했습니다. 주머니에는 단돈 5파운드가 전부였습니다. 그는 막 문호를 개방했던 일본에서 기회를 잡을 수 있을 것 같았지만 이방인에다 마땅한 신용도 없었던 터라 하루하루 시간만 흘러갈 뿐이었습니다. 그가 머물던 곳은 쇼난이라는 해안가 판잣집이었는데, 그 근처에서는 매일 어부들이 와서 바닷가의 조개를 캐고 있었습니다. 그들은 조개를 캐고 난 뒤 살만 파내어 담고 껍데기는 모래밭에

버렸습니다. 이렇게 버려진 조개 껍질은 햇볕을 받아 반짝거렸죠. 그에게 반짝거리는 조개껍질들은 매우 아름다워 보였고 '버려지는 조개껍데기를 가공하면 훌륭한 장식품 이 되지 않을까?' 하는 아이디어를 떠올리게 되었습니다. 그는 공짜나 다름없는 조개 껍데기를 주워다가 단추를 만들어 영국으로 보냈습니다. 런던에서는 그가 만든 상품이 고급 밍크코트의 단추가 되는 등 인기를 얻기 시작했습니다. 바닷가에 버려진 조개껍 데기들은 소년에 의해 아름다운 장식품이 되었고, 그렇게 해서 벌어들인 돈은 석유를 운반하는 배를 사들일 자금이 되었습니다. 삼등석 편도 배 티켓이 거대한 유조선이 된 것이죠. 이 모든 것의 시작은 낯선 곳으로의 여행이었습니다.

독일의 심리학자 지모네 리터Simone Ritter는 낯선 환경과 경험은 익숙한 습관을 뒤흔들기 때문에 창의력을 촉진시키는데 매우 효과적이라고 말합니다. 그는 유연한 사고는 우리 가 가진 능력이 아니라 우리 주변의 환경에 좌우되며, 우리의 삶을 지배하는 일상의 관 습적 행위들이 우리의 뇌를 심심하게 만든다고 보았습니다. 그렇기 때문에 신선한 시 각으로 세상을 바라보려면 뇌를 색다른 상황에 처하게 해야 한다고 주장합니다. 실제로

셀이 현재 사용하고 있는 가리비 조개 모양의 브랜드 로고는 1971년에 레이먼드 로위(Raymond Loewy)가 디자인했습니다. 로얄더치와 회사를 합병하면서 몇 가지 조건을 제시했는데 그중 하나가 사업 발상의 역사적 상징으로 조개껍데기 마크를 영원히 사용해야 한다는 것이었습니다. 로얄더치셸은 200년간 계속 조개껍데기 로고를 이용하고 있습니다.

모든 것이 새롭고 낯선 대상인 어린아이들은 수많은 스키마^{Schema: 인간의 머릿속에 조직화된 인지적 개념}이나 도식를 축적해야 합니다. 하지만 어느 시점이 되는 우리의 머릿속에는 더 이상 낯설고 새로운 환경에 대처하는 익숙한 프레임이 자리 잡죠. 그가 연구한 '카페에서의 가상현실' 실험은 뇌가 이례적인 상황에 부딪히면 기존의 스키마로 대처할 수 없다는 사실을 알게 되어 활발하게 움직인다는 사실을 밝혔습니다. 그는 사람들을 카페로 불러 아침 식사를 하도록 했습니다. 아침 메뉴는 네덜란드 사람들이 즐겨 먹는 하헐슬라흐^{Hagelslag}라는 초콜릿 플레이크를 뿌린 빵이었는데요. 일반적으로 하헐슬라흐를 만드는 순서는 빵 위에 버터를 바른 다음 그 위에 초콜릿 가루를 뿌립니다.

첫 번째 그룹은 원래대로 하헐슬라흐를 만들어 먹게 하고, 두 번째 그룹에는 생소한 방법으로 먹게 했습니다. 초콜릿 가루가 뿌려진 접시에 버터가 발려진 빵을 위에 대고 누르는 것이었습니다. 이렇게 사소한 자극을 주었을 뿐인데 두 번째 그룹은 창의력 테스

끌리는 아이디어의 비밀

트에서 첫 번째 그룹보다 훨씬 더 좋은 성과를 냈습니다. 뇌 네트워크가 자극을 받아 움직이기 시작했기 때문입니다.

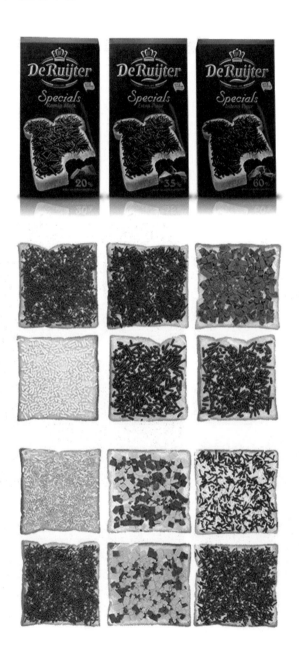

우리가 아이디어를 위해 여행을 떠나야 하는 이유는 바로 여기에 있습니다. 익숙한 일상을 흔들만한 낯선 경험을 할 수 있는 가장 쉬운 기회는 여행이 아닐까요? 여행은 더이상 신경 쓸 필요 없었던 것들에서 벗어나 낯선 환경에 의도적으로 놓이면서 우리의뇌를 자극합니다. 스키마를 위반하는 환경은 뇌에 신선한 충격을 주어 창의성에 불을붙이는 것입니다.

델타 항공의 'Runways' 영상입니다. 마치 비행기 활주로를 연상케 하는 길들이 계속해서 보입니다. 그곳에서는 스칸디나비아의 야외 테이블이 있고 호수와 숲이 우거진산과 호텔 방 사이로 드리우는 햇살, 향신료들의 길, 생동감 넘치는 나이트클럽을 지나 마침내는 이륙하여 구름 위를 나는 비행기의 모습을 보여줍니다. 점진법으로 긴장

끌리는 아이디어의 비밀

을 더 해가는 장면 구성도 매력적이지만 아름답고 흥미로운 영상 위로 광고 문구가 표시됩니다.

'기다리는 자에게 복이 있다'라는 속담이 있죠. 그 말은 너무 오래된 이야기에요.
행운은 그저 기다리기만 하는 것이 아니라 밖으로 나가서 그것을 찾아 나서는 자에게 옵니다.

우리는 전 세계에서 델타 항공으로 다른 세상을 찾아 나섰던 수백만 명의 사람들을 만났습니다.

행운은 찾아 나서는 사람들에게 있다는 것을 증명하는 사람들.
그들은 바로, 여행자입니다.

The old saying, 'Good things come those who wait' is just that-old

"Those good things... you have to get out there and chase them.

We see it in the millions of people we fly around the world.

All of them, living proof. Good things come to those who go."

행복은 기다리는 사람이 아니라 끊임없이 새로운 것들을 찾아 나서는 사람들에게 오는 것일 겁니다. 이처럼 여행은 낯섦을 느껴보는 매력을 가지고 있습니다. 사람들은 그러한 자극을 느끼고 싶어 여행을 떠납니다. 메릴랜드 대학의 이소 아홀라^{Sepp.o E.Iso-Ahola}는 행동주의 심리학에서 유래한 접근-회피 동기 개념을 이용해 '사람들은 왜 여행을 떠날까?'라는 질문에 답함으로써 여행 동기 연구에 큰 영향력을 주었습니다. ^{여행의 심리학 김명철} 그의 연구에 따르면 우리가 흔히 생각하듯이 여행은 무엇인가를 회피하려는 활동입니다. 그러나 아이러니하게도 동시에 무엇인가를 얻으려고 하는 접근 활동이기도 합니다. 여행은 도피이자 탐색이며, 탈출이자 시도입니다. 우리가 벗어나고픈 것들을 회피하면서 그것과 정반대에 있는 가치를 경험하기 위해 여행이 존재합니다.

게다가 여행을 하면서 경험에 대한 학습도 이루어집니다. 경험 학습이란 우리가 기존의 지식이나 경험, 호기심을 바탕으로 실험을 하고 실험을 통해 구체적이고 실질적인 결과를 도출하며 이 과정에서 추상적인 개념을 도출해내는 것을 말합니다. 매슈스톤과 제임스 페트릭은 이러한 여행을 통해 경험 학습을 하면서 자기 성장의 효과를 가져온다고 주장합니다. 여행할 때 우리는 그 장소에 가서 트래킹을 하기도 하고, 도시를 탐험하기도 합니다. 이런 경험들이 주는 즐거움은 신경계의 역량을 일시적으로 확장시켜 주기도 합니다.

고등학교를 갓 졸업한 가난한 복서는 집으로 가던 중 헌책방에서 우연히 책 한 권을 보게 됩니다. 그 우연한 만남은 매우 위대한 순간이 됩니다. 이 책은 어린 복서의 꿈을 완전히 다른 방향으로 바꿨으니까요. 그는 복서의 길을 버리고 건축물을 보러 무작정 해외로 떠났습니다. 바로, '인간을 위한 건축'으로 유명한 르코르뷔지에의 책을 보고 건축가의 길로 들어선 거장 안도 다다오의 이야기입니다.

멀리 떠나는 것만이 여행은 아닙니다. 눌어붙은 일상을 떠나 나만의 골목길 여행을 즐겨보세요. 소소한 여행으로 아이디어를 자극할 수 있을 것입니다.

끌리는 아이디어의 비밀

인터뷰

Interview

Interview 1

안제민

—

tvN(티비앤) PD

Q 현재 업무에 대해서 간단히 소개해 주세요.

　　A tvN 짠내투어라는 프로그램을 연출하고 있습니다.

Q 업무에 필요한 아이디어의 영감은 어디서 얻는 편인가요?

　　A 밖에 있는 모든 것이 영감의 원천이라고 생각해요. 네이버 뿜에 올라온 유머, 보배드림 베스트 게시판의 억울한 사연들, 새벽녘까지 술잔을 기울이며 나눈 대화, 시간을 때우려 생각없이 본 영화 등. 영감이란 찾으러 다니는게 아니라 내 안에 쌓인 숱한 경험들이 어느 순간 화학적으로 결합되어 마치 사리처럼 하나의 결정체가 되는 것이라 생각합니다.

Q 창의적으로 프로젝트를 진행하기 위한 나만의 방식, 방법론이 있나요?

　　A 최대한 많은 사람들에게 질문합니다. 사람들의 다양한 의견은 제각각일 때도 많지만 한편으로는 경향성을 보여주기도 해요. 함께 일하는 작가와 주변 피디는 물론이고 평범한 직장을 다니는 친구, 그 친구의 부인 등의 이야기를 듣다보면 평범함 속의 진리라는 것이 반짝반짝 빛나는 것을 느낄 수 있어요. 창의라는 건 우리 삶과 동떨어진 곳에서만 발견되는 새로운 금속 같은 게 아니라 지구의 대기처럼 나와 늘 함께하지만 내가 미처 발견하지 못한 것이라고 생각하거든요.

Q 뛰어난 아이디어의 조건은 어떤 것이 있다고 생각하나요?

A 상식과 종이 한장 차이. 기존 생각들과 너무 동떨어져 있으면 새로워 보이는 만큼 낯설다고 생각해요. 새로움과 낯섦의 양날의 줄타기를 잘해야 한다고 생각하는데요. 그래서 누군가에게 아이디어를 이야기했을 때 "나는 왜 생각을 못했지?" 같은 반응을 보이는 아이디어가 좋은 것이라 생각해요. 누구나 떠올릴 수 있지만 간발의 차이로 내가 먼저 발견한 아이디어가 바로 그것이죠.

Q 창의적으로 접근한다는 것은 위험 부담을 감수하는 일이기도 합니다. 프로젝트 진행 시 창의성과 관련하여 특히 힘든 일은 무엇인가요?

A 누군가 정답이라고 선뜻 말해주지는 않는다는 거죠. 시청률이라는 정량적 목표를 향해 가는데 그 과정은 주관적이기 짝이 없으니까요. '도쿄를 가는 게 시청률이 잘 나올까? 파리를 가는 게 잘 나올까? 럭셔리한 호텔에서 자는 것, 허름한 도미토리에서 자는 것 중에 어떤 걸 시청자들이 재미있어 할까?' 처럼 답이 없는 문제를 끊임없이 풀어야 하고 방송 다음 날 시청률이라는 채점지를 받아드는 과정들이 힘들게 느껴지기도 합니다.

Q 아이디어가 더 이상 도출되지 않을 때 해결할 수 있는 나만의 노하우가 있다면 알려 주세요.

A 그런게 있으면 제가 이러고 있겠습니까? 회의실에 붙어있을 만큼 있다가 친구들한테 문자를 하겠죠. "술먹자"

Q 관련 일을 하고 싶어하는 후배들에게 조언할 것이 있다면?

A 당신에게 아이디어가 많지 않아도 됩니다. 아이디어가 많은 사람들과 친하게 지내세요.

Interview 2

이정아

—

삼성SDS 서비스 디자이너

Q 현재 업무에 대해서 간단히 소개해 주세요.

Ⓐ IT 회사에서 서비스 디자인과 사용자 경험 디자인을 하고 있습니다. 고객사들의 IT 서비스를 위해 고객 여정을 그려보고, 터치 포인트마다 어떤 IT 서비스를 개발하고 적용할지 고민합니다. 그러한 고민을 바탕으로 솔루션이 정해졌다면, 사용자들이 키오스크나 모바일앱 등 IT 서비스를 가능한 편리하게 이용할 수 있도록 설계하는 것까지 진행합니다. 저는 그 중 프로젝트의 기획 파트를 맡고 있습니다.

Q 업무를 하면서 필요한 아이디어의 영감은 어디서 얻는 편인가요?

Ⓐ 업무 특성상 혼자 일하는 것보다 함께 일하는 것이 효과적입니다. 그래서 여러 사람들과 브레인스토밍하는 과정에서 많은 아이디어를 얻습니다. 브레인스토밍은 기획자와 개발자, 경영에 관련된 사람 등 다양한 백그라운드를 거친 사람들로 구성됩니다. 다양한 관점을 가지고 있기 때문에 서로에게서 영감을 얻습니다. 브레인스토밍은 포스트잇을 매개로 진행됩니다. 삼성페이 프로젝트의 경우 삼성페이의 운영자와 컨설턴트가 만나 진행되었습니다. 자연스럽게 생긴 시각차를 워크샵을 진행하면서 서로 알고 있는 것과 모르고 있는 것을 교류하면서 해결점을 찾아 나갔습니다.

Q 창의적으로 프로젝트를 진행하기 위한 나만의 방식이 있나요?

Ⓐ 워크샵을 자주하는 편입니다. 하루 5분이라도 업무를 진행하면서 느꼈던 점을 이야기 하려고 합니다. 연차나 직급뿐만 아니라 서로 대화를 나눌 시간이 부족해 아이디어들이 자유롭게 교류되지 못한다고 생각하기 때문입니다. 프로젝트를 진행하면

서 가지고 있는 개개인의 생각들, 그 아이디어가 중요하다고 생각하고 그것을 나눌 시간은 더욱 중요하다고 생각합니다.

Q 프로젝트 진행 시 창의성과 관련하여 특히 힘든 일은 무엇인가요?

🅐 디자인씽킹은 비지니스씽킹과는 다르다고 생각합니다. 새로운 아이디어는 정답을 찾아가는 것이 아니라 해답을 찾아가는 것입니다. 하지만 사람들은 정답을 말하려고 합니다. 작은 아이디어라도 발전할 가능성이 있기 때문에 펼쳐보이는 것이 중요합니다. 브레인스토밍 시 포스트잇에 적은 작은 아이디어가 다른 아이디어와 합쳐지면서 좋은 아이디어로 발전하는 경우도 많기 때문입니다.

Q 뛰어난 아이디어의 조건은 어떤 것이 있다고 생각하나요?

🅐 사용성과 독창성 그리고 상품성이 조화를 이루어야 합니다. 너무 당연한 것도 아니고 너무 상품성도 떨어지지 않아야 합니다. 상품성이란 기업의 존재 이유이기 때문입니다. 따라서 독창성 있는 아이디어들은 사용자 테스트로 검증 단계들을 거치면서 상품성을 테스트 받습니다.

Q 아이디어가 더 이상 도출되지 않을 때 해결할 수 있는 나만의 노하우가 있다면 알려 주세요.

🅐 업무가 잘 풀리지 않을 때는 환경을 바꿔보려고 하는 편입니다. 워크샵이었다면 아예 장소를 옮겨서 프로젝트 룸에서 카페로 이동하여 생각을 환기할 기회를 갖습니다. 그것도 아니라면 개인적으로 각자 생각하는 시간을 갖고 현재까지 진행된 상황을 발전시킵니다.

Q 관련 일을 하고 싶어하는 후배들에게 조언할 것이 있다면?

🅐 아이디어는 결국 사람들에게서 인사이트를 얻는 것이라고 생각합니다. 다양한 사람들과의 경험을 통해, 사람에게서 그 너머를 보는 힘을 키울 수 있습니다. 그러한 인사이트를 발견하려면 다양한 사람들을 만나보아야 합니다. 지하철을 타도 핸드폰보다 사람들의 행동을 관찰하고, 여행을 가서도 나만의 포토아이를 가지고 관찰하면 좋겠습니다. 특히 고전 소설을 많이 읽기를 권합니다. 사람의 감정과 내면을 깊이 있게 다루기 때문입니다.

Interview 3

성원호

—

멜론 컨텐츠오퍼링파트 파트장

Q 현재 업무에 대해서 간단히 소개해 주세요.

A 음악 관련 큐레이션 업무를 하고 있습니다. 사용자가 개인화와 TPO 추천을 통해 음악을 손쉽게 만날 수 있도록 하는 플레이리스트 기획과 매거진 업무를 총괄하고 있습니다.

Q 업무에 필요한 아이디어의 영감은 어디서 얻나요?

A 음악이라는 것은 모든 사회적, 문화적인 것들과 연관되어 있는 것 같아요. 플레이리스트라는 것은 하나의 플랫폼인거고, 그것을 통해서 사람들이 원하는 음악은 무엇인가, 지금 바로 무엇을 듣고 싶어하는가를 항상 챙기죠. 음악계뿐만 아니라 문화, 나아가 사회적 현상에 대해서도 항상 흐름을 읽고 이런 트렌드가 음악과 어떻게 결합될 수 있을 것인가를 생각합니다.

Q 창의적으로 프로젝트를 진행하기 위한 나만의 방식이 있나요?

A 어떤 새로운 서비스를 개시하거나 업그레이드 할 때는 기존 버전 서비스에 대한 이해와 평가가 우선되어야 한다고 봐요. 창의적인 프로젝트 진행이라는 것은 무에서 유를 창조하는 것은 아니거든요. 우선 우리의 서비스를 제대로 이해하고 다음 버전 서비스에서는 어떤 방향성을 가질 것인가. 무엇이 부족했는가를 먼저 살피고 그 다음 중요한 것은 파트원들이 서로의 아이디어를 스스럼 없이 풀어내는 것입니다. 여기서 중요한 것은 "NO!눈치"여야 한다고 생각합니다. 세상에 쓸모 없는 아이디어는 없거든요. 파트원들끼리 자유로운 아이데이션 시간이 중요합니다.

Q 뛰어난 아이디어의 조건은 어떤 것이 있다고 생각하나요?

ⓐ 실현 가능성입니다. 아무리 뛰어난 가능성이라도 실현 가능성이 낮으면 안되겠죠. 저희 업계 같은 경우에는 장기 프로젝트보다는 연 단위의 서비스 관련 기획이 많다보니 단 시일 내에 활용 가능한지, 그게 고객의 사용성에 어떤 영향을 미칠지를 생각하게 됩니다.

Q 프로젝트 진행 시 창의성과 관련하여 특히 힘든 일은 무엇인가요?

ⓐ 힘든 일이라면 너무 새로운 것을 찾으려는 압박에 시달린다는 점입니다. 실제로 고객들은 쉽고 간편한 추천 및 음악 서비스를 원하는데 너무 기발하다거나 너무 새로워서 고객이 미처 따라가지 못하거나 서비스가 안착되지 않는 것과 관련된 압박이 큽니다.

Q 아이디어가 더 이상 도출되지 않을 때 해결할 수 있는 나만의 노하우가 있다면 알려 주세요.

ⓐ 쉬거나 다른 것을 합니다. 너무 당연한 얘기인 것 같은데, 잠시 제가 있던 그 상황을 밖에서 바라보면 새롭게 아이데이션을 할 수 있는 힘도 생기고요. 현실적으로 더 이상 안나온다 싶을 땐, 일단 멈춥니다. 아이디어가 더 나올 상황인지 여기서 멈추고 정리를 해야 할 상황인지를 판단하는 것도 중요한 것이라고 생각합니다.

Q 관련 일을 하고 싶어하는 후배들에게 조언할 것이 있다면?

ⓐ 음악 큐레이션 서비스는 새로운 일은 아닐지 몰라도 어떻게 추천을 하고 조합을 하느냐에 따라 경쟁력이 더 커질 수 있는 서비스입니다. 실제로 고객들은 복잡한 것이 아닌 나를 현재 상황과 분위기에 맞춰 간편하게 접할 수 있는 청취 서비스를 원하거든요. 현재는 누군가 많이 아는가보다는 당장 있는 정보를 어떻게 조합할 것인가가 중요하잖아요. 음악업계도 그렇습니다. 새로운 것을 찾기보다는 산재해 있는 정보들과 트렌드를 통해 음악 서비스에 어떻게 접목할 것이냐가 중요합니다. 따라서 음악뿐만 아니라, 사회 현상이나 정치 등 기타 전반적인 상황에 대한 광범위하게 관심을 가졌으면 좋겠습니다.

Interview 4

김지은

—

롯데홈쇼핑 생활 부문 매니저

Q 현재 업무에 대해서 간단히 소개해 주세요.

🅐 홈쇼핑 MD로 일하고 있습니다. 홈쇼핑 채널을 통해 고객에게 판매하는 상품을 기획하고, 방송기획자인 PD, 방송에서 상품을 판매하고 안내하는 쇼호스트와 협업하여 완성된 방송까지 이루어지도록 조율하는 역할을 하고 있습니다.

Q 업무에 필요한 아이디어의 영감은 어디서 얻나요?

🅐 성향 자체가 호기심이 많은 편이라 새로운 것에 늘 관심을 가지고, 인터넷 기사나 블로그, 유튜브 등 SNS를 통해 트렌드를 파악하고 고객이 현재 관심사가 곧 시장의 관심사라고 여기고 직접 고객이 되는 시뮬레이션을 합니다.

Q 창의적으로 프로젝트를 진행하기 위한 나만의 방식이 있나요?

🅐 '만약에'라는 가정을 하고 새롭게 일을 시작해 봅니다. '만약에 기존에 유지해 오던 것이 사라질 경우 또는 기존 방식이 맞다고 생각했지만 지속적으로 매출이나 시장의 반응에 뒤쳐지는 결과가 나온다면'이라는 가정을 통해 '그렇다면 어떤 것을 해야 하는가?'라는 실행에 대한 고민을 하는 식으로 접근하고 있습니다. 기본적으로 안 될 것 같다는 생각보다는 무모하지만 실행을 먼저 해보고 경험에서 깨닫고 일단 진행하는 성향을 가지고 임하고 있습니다.

끌리는 아이디어의 비밀

Q 뛰어난 아이디어의 조건은 어떤 것이 있다고 생각하나요?

Ⓐ 아이디어가 뛰어나다는 것은 결과적으로 성공하였을 때 빛을 발하는 경우가 많기 때문에 아이디어를 실행하여 성공시키는 것이 뛰어난 아이디어의 조건이라고 생각합니다. '구슬이 서말이라도 꿰어야 보배다'라는 말처럼 누구나 듣고 나면 생각해 낼 수 있는 아이디어도 사장되느냐, 발전시키느냐에 따라 결과는 달라질 수 있습니다.

Q 프로젝트 진행 시 창의성과 관련하여 특히 힘든 일은 무엇인가요?

Ⓐ 창의적 아이디어의 결과가 뛰어나려면 과정에 대한 기다림과 신뢰가 꼭 필요합니다. 시간 단위 결과로 평가받는 홈쇼핑 MD의 경우 불확실성에 대한 도전과 모험이 필요합니다. 그리고 그 예측력은 경험과 감각에서 나오는 것인데 이 능력을 발휘하는 일과 결과를 책임지는 선에서 실행하는 것이 매우 어렵습니다.

Q 아이디어가 더 이상 도출되지 않을 때 해결할 수 있는 나만의 노하우가 있다면 알려 주세요.

Ⓐ 한발 물러나서 여유를 가지는 것이 저의 노하우입니다. 아이디어를 찾아야한다는 생각에서 먼저 벗어나려고 노력하며 내가 즐거운 일을 하면서 돌아다닙니다. 그러다보면 예상치 못한 순간에 좋은 아이디어가 떠오릅니다.

Q 관련 일을 하고 싶어하는 후배들에게 조언할 것이 있다면?

Ⓐ 겉으로 보이는 자유롭고 주도적인 부분이 MD의 모든 것이라고 생각하고 지원하는 신입사원들이 많습니다. 하지만, 그러한 탄탄한 기본기를 갖추지 않고 숙련되는 과정을 겪지 못한다면 지속적으로 일하기 어려운 직무라고 생각합니다. 모든 것을 다 책임지고 해낼 수 있다는 생각과 협력사에게 피해를 가지 않게 행동해야 하는 중요한 역할을 가진 직업이라는 생각을 가지고 매순간 신중한 자세가 필요합니다.

| Index |

Foreign Copyright:
Joonwon Lee
Address: 10, Simhaksan-ro, Seopae-dong, Paju-si, Kyunggi-do,
　　　　 Korea
Telephone: 82-2-3142-4151
E-mail: jwlee@cyber.co.kr

끌리는 아이디어의 비밀

2019.　4. 18.　1판 1쇄 인쇄
2019.　4. 25.　1판 1쇄 발행

저자와의
협의하에
검인생략

지은이 | 신호진
펴낸이 | 이종춘
펴낸곳 | BM (주)도서출판 성안당
주소 | 04032 서울시 마포구 양화로 127 첨단빌딩 3층(출판기획 R&D 센터)
　　　 10881 경기도 파주시 문발로 112 출판문화정보산업단지(제작 및 물류)
전화 | 02) 3142-0036
　　　 031) 950-6300
팩스 | 031) 955-0510
등록 | 1973. 2. 1. 제406-2005-000046호
출판사 홈페이지 | www.cyber.co.kr
ISBN | 978-89-315-8796-8 (03320)
정가 | 23,000원

이 책을 만든 사람들
책임 | 최옥현
진행 | 조혜란
기획·진행 | 앤미디어
교정·교열 | 앤미디어
본문·표지 디자인 | 앤미디어
홍보 | 김계향, 정가현
국제부 | 이선민, 조혜란, 김혜숙
마케팅 | 구본철, 차정욱, 나진호, 이동후, 강호묵
제작 | 김유석

■ 도서 A/S 안내

성안당에서 발행하는 모든 도서는 저자와 출판사, 그리고 독자가 함께 만들어 나갑니다.
좋은 책을 펴내기 위해 많은 노력을 기울이고 있습니다. 혹시라도 내용상의 오류나 오탈자 등이
발견되면 **"좋은 책은 나라의 보배"**로서 우리 모두가 함께 만들어 간다는 마음으로 연락주시기
바랍니다. 수정 보완하여 더 나은 책이 되도록 최선을 다하겠습니다.
성안당은 늘 독자 여러분들의 소중한 의견을 기다리고 있습니다. 좋은 의견을 보내주시는 분께는
성안당 쇼핑몰의 포인트(3,000포인트)를 적립해 드립니다.
잘못 만들어진 책이나 부록 등이 파손된 경우에는 교환해 드립니다.